삼자경 으로 배우는
중국어 3

順天乡大学孔子学院中国文化教材

순천향대학교
SOON CHUN HYANG
UNIVERSITY

삼자경 으로 배우는
중국어 3

박 형 춘 엮음

學古房

서 문

G2, 한중 FTA 두 시대를 동시에 살고 있는 우리에게 중국의 중요성은 새삼 강조하지 않더라도 이미 현실이 되고 말았다. 문명의 발상지로 세계사 속에서 줄곧 선두 자리를 지켜온 중국이 그 자리를 다시 찾아가는 모습은 전혀 새로울 것이 없어 보인다. 그러나 중국은 불과 얼마 전까지만 해도 우리를 포함한 전 세계 여러 나라로부터 괄시와 곱지 않은 시선을 받아야만 했다. 자의든 타의든 중국은 그랬었다.

지금은 오히려 우리가 그런 시선을 계속해서 가지고 있으면 있을수록 중국은 우리를 비웃을지도 모른다. 민족적 자긍심을 바탕으로 그간 부강해진 나라와 더불어 잠시 잊었던 중국 문화의 정수를 하나하나 꺼내 들어 그 의미를 되새기는 것은 물론이요, 그들의 조상이 이루어 낸 문화적 가치를 다시금 발견하고 있다. 어디 그뿐인가, 어쩔 수 없이 감춰 두었던 그들의 문화와 사상의 정수인 유교 사상을 과감히 드러내 놓고 이젠 전 세계로 퍼지도록 하는 데도 앞장서고 있다.

중국은 이미 변했고 앞으로 더 변해 갈 것이다. 변화하는 모습을 바로 본다는 것은 우리가 어떤 태도를 취해야 할지를 알려 주는 해답을 스스로 얻는 일이다. 그러나 안타깝게도 우리에게는 중국을 제대로 보는 눈이 아직 부족하다. '나라가 힘 있으면 뭐하나? 국민 수준이 형편없는데' 등의 저급한 시각은 이제 과감히 걷어야 한다. 중국은 일시적으로 막대한 경제적 부를 쥔 졸부가 아니라, 찬란한 문화와 역사적 전통을 함께 가지고 있는 저력 있는 나라이다. 그리고 그들의 문화와 역사는 그들이 스스로를 비춰 보는 자성의 거울이다. 그들은 이 거울을 통해 현재의 국가적 브랜드 중국을 지탱할 중국인을 구현하고 있다.

최근 급변하는 세계 정세 속에서 중국의 글로벌 리더 역할이 새삼 주목받고 있다. 국제 사회도 이제는 중국의 역할을 적극적으로 요구하고 있다. 그러나 최근 중국이 보여준 국제 문제에 대한 해법이 과연 글로벌 리더십에 부합하는지는 여전히 고려의 대상이다. 그럴수록 우리에게는 중국을 제대로 알고 이해하려는 노력이 필요하다. 이는 단지 언어를 잘 하는 것에 국한하지 않는다. 중국인의 생각을 읽고 대처할 수 있는 능력이 우리에게는 필요하다.

　　『삼자경』은 중국 아이들이 취학 전부터 입으로 줄줄 외우는 고전 중의 고전이다. 3자(字) 1구(句), 총356구 1068자를 수록하고 있으며, 인간의 윤리관, 도덕관, 자연관, 역사관 등 세상의 이치를 읽기 쉽고 이해하기 빠르게 함축적으로 표현하고 있다. 1990년에는 유네스코에 의해 아동 도덕 총서에 선정되기도 하였다. 중국어 교재로 『삼자경』을 택한 이유는 아직 교재로서의 『삼자경』이 보이지 않은 연유도 있지만, 그것보다 더 중요한 이유는 우리가 만나고 대화를 나누는 중국인이 어린아이 할 것 없이 배우고 익히는 일종의 자기 수양서이기 때문이다. 그들이 읽고 이해하고 있는 『삼자경』을 우리가 읽는다는 것은 중국인의 평소 생각을 읽는 것과도 마찬가지이다.

　　이번 삼자경 시리즈 제 3이 앞서 출간된 1, 2와 다른 점은 전체적인 내용을 중국어로 구성했다는 점이다. 학습 효과 제고 차원에서 고려된 결과로 내용에 대한 보다 심도 있는 사고와 접근이 가능할 것으로 기대된다. 끝으로 이번 원고 작업에서 많은 역할을 해 준 교육대학원 석사과정 진항정 군에게 감사 말씀을 드린다.

2017년 2월 25일
박형춘

차 례

周辙东，王纲坠。逞干戈，尚游说。

Zhōu zhé dōng, wáng gāng zhuì。Chěng gān gē, shàng yòu shuì。

❀ 字词解释

1、周zhōu：指周平王。

2、辙zhé：本指车轮辗(niǎn)过的痕迹，这里指迁移。

3、王纲wánggāng：指天子的纲纪(gāng jì)。这里指周王朝对诸侯的控制。

4、坠zhuì：本义落下，掉下。这里指周王朝对诸侯的控制力逐渐减弱。

5、逞chěng：指显示，施展，炫耀，卖弄。这里指施展，进行的意思。

6、干戈gāngē：干和戈，均为古代兵器，因此以"干戈"用作兵器的通称。后来引申为指战争。

7、尚shàng：指尊崇(zūnchóng)，注重(zhùzhòng)。

8、游说yóushuì：指某人陈述自己的建议、主张，希望自己的建议、主张被采纳、实施。这里指拥有各种学识的能人志士或有学之士。

❀ 现代译文

自从周平王东迁之后，对诸侯的控制就越来越弱。诸侯之间时常发生战争，游说之士开始大行其道。

❀ 原文史实

周幽王(姬涅Jī Gōngshēng，前795年—前771年)死后，经众诸侯推举周平王继承了王位。平王因周都镐京经常受到西北犬戎族的侵扰，于即位后第二年(公元前770年)将都城东迁至洛阳，古称洛邑(luò)。东迁后的周朝被称为东周。辙，本指车轮辗过的痕迹，这里当迁移讲。东周又分为春秋和战国两个时期。春秋因孔子修《春秋》而得名，《春秋》所记事件始于鲁隐公元年，就是周平王四十九年(前722)，止于鲁哀公十四年，就是周敬王三十九年(前481)，共计242年，历史上就把这一段称为春秋时代。战国是从周元王元年(前476)直至秦始皇统一中原前(前221)。各诸侯国连年征战不休，故被后世称之为"战国"。"战国"一名取自于西汉刘向所编注的《战国策》。孟子说整个春秋时代的战争都没有正义可言，因为他们全都是为了夺权争霸。到了战国时代也是如此。

周朝东迁以后，周室开始衰微，只保有天下共主的名义，而无实际的控制能力。周天子号令不通，律法失效，名存实亡。中原各国也因社会经济条件不同，诸侯国各自为政出现了争夺霸主的局面，各国的兼并与争霸促成了各个地区的统一。同时，东周时期的社会大动荡，为有学之士提供了展现自己的历史舞台，游说之风盛行，由于他们的出身不同，立场不同，因而在解决或回答现实问题时，提出的政治主张和要求也不同。他们著书立说，争辩不休，出现了百家争鸣的局面，促进了学术思想的空前活跃，诸子百家竞相宣传自己的主张，各种学派应运而生，因此学术史上将春秋战国称为子学时代。

春秋战国，不尽是中国学术繁荣的时期，也是全世界学术繁荣的时期。当时，印度出现了佛教创始人释迦牟尼，古希腊出现了大哲学家苏格拉底、柏拉图、亚里士多德，中国出现了大圣人大哲学家孔子、孟子、老子、庄子。近世德国哲学家雅斯贝尔(Yǎsībèiěr)把这个时代称为人类文化的轴心时代。

春秋战国时代由于铁器的出现和牛耕的普遍应用，标志着社会生产力的显著提高。大力兴修水利工程：楚国修建了芍陂，灌溉云梦之泽；吴国修了中国第一条人工运河，沟通了长江与淮河；秦国李冰父子修建的都江堰水利工程，把岷江一分为二，起到分洪、灌溉的双重作用，至今仍造福于川西平原；韩国的水工技师郑国帮秦国建的郑国渠沟通了泾水洛水，灌溉关中平原。春秋时还出现了杰出的工匠鲁班，他又名公输般，鲁国人。后世凡要学木匠的首先就要拜鲁班，称为鲁祖。战国时还出现了全世界最早的天文著作《甘石星经》及当时叫做司南的指南针。齐国出了名医扁鹊，他的著作《难经》探讨了81个医学问题。

　　尧舜夏商周的历史主要保存在《尚书》中，春秋的历史则保存在孔子修的《春秋》及左丘明的《左传》中，这些都已列为经书，前面已作介绍。另外还有两部记录春秋战国历史的书，一部是《国语》，一部是《战国策》。《国语》又名《春秋外传》或《左氏外传》，是中国最早的一部国别体史学著作，记载从西周穆王至春秋末周、鲁、齐、晋、郑、楚、吴、越八国史实，记事时间，起自西周中期，下迄春秋战国之交，前后约五百年，相传为左丘明所著。《战国策》又称《国策》，也是国别体史学著作，是西汉刘向依战国时的底本整理而成，记载了西周、东周及

秦、齐、楚、赵、魏、韩、燕、宋、卫、中山各国之事，记事年代起于战国初年，止于秦灭六国，约有240年的历史。主要记述了战国时期的游说之士的政治主张和言行策略，也可说是游说之士的实战演习手册。

　　战国末年，楚国出现了中国历史上第一个最伟大的爱国诗人屈原。屈原，名平，字原，楚国贵族，因才高识远遭猜忌而被流放，目睹楚国的衰微与人民的苦难，创作了大量忧国忧民的诗歌。公元前278年，秦将白起攻破楚都郢（今湖北江陵），屈原悲愤交加，怀石自沉于汨罗江，以身殉国，表达了誓与楚国共存亡的崇高情怀，终年62岁。屈原的诗歌是用楚地民歌加工改造而成的，因此称作楚辞。后世人赞其为，"书写楚语，发出楚声，颂扬楚地，讴歌楚物，"极富浪漫气息。屈原的代表作是《离骚》，是中国历史上最长的一首抒情长诗，共373句。屈原的作品可以用香草美人四个来字概括：香花香草比喻高洁，美人佳丽比喻理想。人品高洁和对理想的炽烈追求就是屈原的精神，又是屈原诗作的灵魂。

🔵 词语解释

1、**镐京Hàojīng**：古都名。西周国都。故址在今陕西省西安市西南沣水(Fēngshuǐ)东岸。

2、**犬戎Quǎnróng**：古代族名，又叫猃狁(xiǎnyǔn)，古代活跃于今陕、甘一带，猃(xiǎn指匈奴)、岐(qí指岐山)之间。到西周末期，由于周幽王废嫡(dí)立庶(shù)，申侯联合缯国(zēngguó)、西夷犬戎攻打周幽王，结果周幽王被野蛮(yěmán)强悍(qiánghàn)的犬戎族攻杀，幽王的宠妃褒姒(Bāosì)被掳(lǔ)，都城丰、镐西北被犬戎占领。强盛约三百年的西周覆灭(fùmiè)。此后，犬戎便成了华夏民族最可怕的敌人，直到唐朝，中原民族还把一切西北游牧民族统称之为"犬戎"和"戎狄(róng)"。

3、**侵扰qīnrǎo**：指侵犯骚扰(sāorǎo)。

4、**即位jíwèi**：指就位；入席；开始做帝王或诸侯。

5、**痕迹hénjì**：指事物经过后，可察觉的形影或印迹。如：航船的航迹；走路的足迹；树枝的划痕。

6、**修xiū**： 1)装饰，使完美：~饰、~辞、装~。

2)整治，恢复完美：~复、~治、~理、~好。

3)剪或削：~剪。

4)兴建，建造：~建、~筑。

5)编纂，撰写：~书、~史。

6)(学问，品行方面)钻研、学习、锻炼：~学、~业、~养。

7)长(cháng)，高：~长。

8)信奉宗教的人虔诚地学习教义，并付诸行动：~行、~女。

9)指姓氏。

7、**编注biānzhù**：指编辑注释，对文章内容，词句进行解释。

8、**夺权duóquán**：指用暴力占有或获取政权或权力。

9、**争霸zhēngbà**：指争夺霸权，攻城掠地，寻求最大权力，如春秋五霸，战国七雄等等。

10、**衰微shuāiwēi**：指(国家、民族等)衰弱，不兴旺，十分微弱。

11、天下共主tiānxiàgòngzhǔ：天下共主具有氏族原始社会的遗留下来的风俗，它的确立靠的是臣下对其权威的承认和自觉履行(lǚxíng)其义务，例如周天子和诸侯的关系那样，周天子就是通过分封制和宗法制来确立和巩固他天下共主的地位。

12、号令不通hàolìngbùtōng：指命令和指示受到阻碍，不通达。

13、名存实亡míngcúnshíwáng：指名义上还存在，实际上已消亡。

14、兼并jiānbìng：指合并；并吞，通常指土地侵夺或经济侵占。

15、动荡dòngdàng：指使起伏；不平静。比喻情况或局势不安定。

16、有学之士yǒuxuézhīshì：指有才学、有能力的人。

17、盛行shèngxíng：指广泛流行；普遍流行。

18、百家争鸣Bǎijiāzhēngmíng：指各种学术流派的自由争论互相批评。也指不同意见的争论。百家，是指持各种观点的人或各种学术派别。鸣，是指发表见解。

19、诸子百家Zhūzǐbǎijiā：原指先秦时期各种思想的代表人物和各个派别，后用来对先秦至汉初各种流派的总称。 诸子百家之流传中最为广泛的是法家、道家、墨家、儒家、阴阳家、名家、杂家、农家、小说家、纵横家、兵家、医家。 汉族在古代创造了灿烂的文化艺术，具有鲜明的特色。汉族有五千多年有文字可考的历史，文化典籍极其丰富。在春秋战国时期，各种思想学术流派的成就，与同期古希腊文明相辉映；以孔子、老子、墨子为代表的三大哲学体系，形成诸子百家争鸣的繁荣局面。 几经周折以孔子、孟子为代表的儒家思想在宋朝时期全面上位；同时，程度不同地影响其他少数民族，甚至影响到与中国相邻的国家。

20、繁荣fánróng：指事业蓬勃发展。或指草木茂盛。也指经济或事业蓬勃发展；经济昌盛，繁荣经济，一件事物发展到顶盛的时期。

21、轴心zhóuxīn：指轮轴中心。或指一个物体或一个三维图形绕着旋转或者可以设想着旋转的一根直线。比喻中心。

22、灌溉guàngài：指供给(gōngjǐ)水。为地补充作物所需水分的技术措施。 为了保证作物正常生长，获取高产稳产，必须供给作物以充足的水分。在自然条件下，往往因降水量不足或分布的不均匀, 不能满足作物对水分要求。因此, 必须人为地进行灌溉, 以补天然降雨之不足。

23、云梦之泽yúnmèngzhīzé：指中国湖北省江汉平原上的古代湖泊群的总称。

24、分洪fēnhóng：使上游洪水分流引入其它河流, 以保护下游两岸免受洪涝(hóng lào)灾害。

25、造福zàofú：指给人带来幸福。

26、探讨tàntǎo：指探索；研讨；探索讲求。

27、国别体guóbiétǐ：以国家为单位, 分别记叙历史事件。《国语》是中国第一部国别体史记, 是一部分国记事的历史散文, 起自西周穆王, 讫于战国初年的鲁悼(dào)公, 分载周、鲁、齐、晋、郑、楚、吴、越等国约427年的史实。

28、下迄xiàqì：迄：到, 至。如：~今为止。下迄, 指下至。

29、底本dǐběn：是古籍整理工作者专用的术语。影印(yǐngyìn)古籍时, 选定某个本子来影印, 这个本子就叫影印所用的底本。

30、才高识远cáigāoshíyuǎn：指才能超众, 见识深远。

31、猜忌cāijì：指猜疑妒忌。怀疑别人对自己不利而心怀不满。

32、流放liúfàng：流放是将罪犯放逐到边远地区进行惩罚的一种刑罚。它的主要功能是通过将已定刑的人押解(yājiè)到荒僻或远离乡土的地方, 以对案犯进行惩治(chéngzhì), 并以此维护社会和统治秩序。作为一种刑罚, 流放是中国古代法律制度的重要组成部分。流放刑罚在我国起源很早, 并且沿用历史悠久, 从远古流放之刑出现, 到清末被废除, 历经了几千年。

33、忧国忧民yōuguóyōumín：指为国家的前途和人民的命运而担忧。

34、悲愤交加bēifènjiāojiā：形容悲痛和愤怒交织在一起。

35、讴歌ōugē：指歌颂, 用歌唱、言辞等赞美。

　　1、"春秋"因何而得名？"战国"一词取自于何处？

　　2、何为"百家争鸣"？春秋战国又称为什么时代？

　　3、春秋战国时代社会生产力显著提高的标志是什么？举例说明？

　　4、屈原的诗歌以楚地民歌为题材加工整理而成，故称为"楚辞"，后世人赞其为？

　　5、屈原的作品可用哪四个字来进行概括，具体指什么？

　　6、如何理解"周辙东，王纲坠。逞干戈，尚游说。"请简述历史梗概？

始春秋，终战国。五霸强，七雄出。

Shǐ chūn qiū, zhōng zhàn guò。Wǔ bà qiáng, qī xióng chū。

⚙ **字词解释**

1、始shǐ：指(东周)开始于~。

2、终zhōng：指(东周)结束于~。

3、五霸wǔbà：指东周前期称为春秋，春秋时期以齐桓公、宋襄公、晋文公、秦穆公和楚庄王最为强大，史称五霸。

4、七雄qīxióng：指东周后期称为战国，战国时期以齐、楚、燕、韩、赵、魏、秦实力最为雄厚，史称七雄。

⚙ **现代译文**

　东周从春秋开始至战国结束，即，分为春秋时期和战国时期两个阶段。春秋五霸为齐桓公、宋襄公、晋文公、秦穆公和楚庄王。战国七雄分别为齐、楚、燕、韩、赵、魏、秦。

⚙ **原文史实**

　齐桓公是春秋第一霸。齐桓公(姜小白)，他任用法家思想的创始人管仲为相，推行改革。政治上，建立宫廷管制，增强君主集权，形成完整的中央政权机构，军事刑法上，将居民组织与军事组织结合，实行军政合一，兵民合一。这是法家一贯的主张，和平时期兼顾生产和训练，战争时期出征打仗。这与儒家重视人、尊重人的人本主义主张截然不同。经济上，按照土质好坏、产量高低来确定赋税征收额。外交上，管仲辅佐齐桓公以"尊王攘夷"的旗号，团结其他诸侯国击退北方戎狄；联合中原诸侯鲁、宋、郑等国进攻楚国，迫使楚国恢复向周王室纳税。公元前651年, 在葵丘大会各国诸侯, 周天子也派人前往, 此次盟会齐桓公确立了自己的霸主地位, 成为春秋第一霸。

齐国的祖先是姜太公。武王分封诸国时, 将诸侯封为公、侯、伯、子、男五等, 封姜太公为侯爵, 封地为今山东泰山以北。至战国周安王时, 政权被齐国大夫田氏取代。大夫是诸侯的臣子。田氏放逐齐康公, 自立为齐君, 成为战国时代七雄之一, 最后为秦国所灭。这里值得指出的是, 春秋的特点是周天子的政权被诸侯掌握, 战国的特点是诸侯的政权被大夫掌握。

齐国后, 宋襄公, 宋氏, 名兹甫, 继之称霸。宋是商朝的后裔, 商纣王的儿子武庚叛乱被杀后, 周成王封纣王的哥哥微子启于河南一带, 名为宋国, 享有公爵。齐桓公死后, 宋襄公与楚争霸。公元前638年, 宋襄公讨伐郑国, 与救郑的楚兵展开泓水之战。楚兵强大, 宋襄公讲究"仁义", 要待楚兵渡河列阵后再战, 结果大败受伤, 次年伤重而死。宋襄公之所以能令诸侯倾服, 正在于他的仁义。

春秋的第三霸是晋文公。晋国的祖先是周武王的儿子叔虞, 周成王将他封于山西一带, 称为晋国, 享侯爵。晋文公姓姬, 名重耳。春秋五霸中只有晋国是周天子姬姓, 其余都是异姓诸侯。晋文公因父亲立幼弟为继承人, 曾在外流亡19年, 等他回国主持政权时已经60多岁了。他流亡在外, 深知民间疾苦, 当政后减轻赋税徭役, 国力日强。后来晋文公帮助周王室平定内乱, 并迎周襄王复位, 博得尊王的美名。再后来又在城濮之战中大胜楚军, 威震诸侯, 成为霸主。至战国周安王时被韩、赵、魏三分其地成就战国七雄中的韩、赵、魏三雄。

秦穆公继而称霸。秦国的祖先因辅佐大舜而赐姓嬴, 其后代给周孝王养马而封于陕西一带, 这就是秦, 至周平王时正式封为诸侯, 享伯爵。秦穆公多次挺进中原, 击败晋国, 后向西发展, 攻灭西边十二国, 独霸西戎。至战国末, 秦兼并六国, 统一天下。

南边楚地庄公的祖先曾经是周文王的老师, 周成王封其曾孙于今湖北一带, 称为楚国, 享子爵。楚庄公在位期间整顿内政, 兴修水利, 攻破郑国, 大败晋军, 攻陷宋国, 最后陈兵于周都洛阳附近, 询问象征周天子权威的九鼎的轻重, 打算把鼎转移到楚地, 其实是

越王勾践卧薪尝胆

想借机称霸。 这就是问鼎中原的典故。 楚国本是子爵, 自称为王, 中原诸侯纷纷归附, 于是成为霸主。战国末为秦国所灭。

春秋除此五霸外, 吴越二国也于春秋末年先后称霸。 周武王时曾封建吴国, 享伯爵。春秋初年, 吴王于生日梦中自称王。 春秋后期, 吴王任用伍子胥、孙武(即孙子, 著有《孙子兵法》)改革内政, 扩充军队, 后攻入楚国都城郢, 就是今湖北江陵。接着, 其子吴王夫差攻陷越国, 逼迫越王勾践求和。夫差继而北上中原, 于黄池大会诸侯, 成为霸主。黄池就是现在的河南封丘。战国初年, 吴国被越国所灭。

越国的祖先是夏朝少康的儿子, 夏朝时封于今浙江绍兴一带。周朝封诸侯时仍然保留越国, 享子爵。越国被吴国攻占后, 越王勾践成为吴王的马夫。勾践立志复仇, 卧薪尝胆, 任用范蠡发展生产, 休养生息, 十年后, 趁吴王北上会盟诸侯之际, 攻灭吴国。夫差兵败自杀, 越王勾践挥师北上, 大会诸侯于徐州, 成为春秋最后一位霸主。战国末, 越国被楚国所灭。

周武王分封了71个诸侯, 后来西周诸王又陆续分封了一些诸侯, 到春秋时, 共有大小诸侯国124个。比较主要的有鲁国, 在山东泰山以南一带, 享侯爵;战国末年周赧王时被楚国所灭。蔡国封地在今河南蔡县一带, 享侯爵;春秋末被楚国所灭。曹国封地在山东兖州一带, 享伯爵;春秋末被宋国所灭。卫国封地在河南安阳一带, 享侯爵;秦二世废卫君为百姓。滕国封地在鲁国附近, 享侯爵;战国时被宋国所灭。郑国封地在今河南新郑一带，享伯爵；战国时被韩国所灭。燕国封地在今北京一带享伯爵；战国末被秦国所灭。杞国封地在河南开封一带，享伯爵；春秋末被楚国所灭。陈国封地在河南开封一带，享侯爵；春秋末被楚国所灭。薛国的封地紧邻滕国，享侯爵；战国时被齐所灭。邾国封地在今山东邹城一带，享子爵；后被楚所灭。莒国封地也在山东，享子爵；后被楚所灭。

　　齐、楚、陈、蔡、曹、卫、郑、宋都是孔子周游列国所到的国家。春秋时的众多诸侯国，到战国时逐渐被大国兼并。战国时最先称雄的是魏国。魏国用李悝，最早施行变法。李悝所著《法经》六篇，成为中国现存最早的法律著作，也是秦汉法律的基础。楚国用吴起，秦国用商鞅，燕国用乐毅，韩国用申不害，齐、赵也不同程度地开展变法，纷纷发展经济，整顿吏治、扩充军队，推行法治，先后称雄。公元前221年，秦国消灭六国，才结束了550年的分裂战乱，统一了中国。春秋战国时代是中国历史上第一次大动荡的年代。

⊙ 词语解释

1、兼顾jiāngù：指同时照顾，考虑到两个或更多的事情，都给予关注，在同一个时间考虑到两个或更多的事情。

2、截然不同jiérán bùtóng：截然：很分明地、断然分开的样子。形容两件事物毫无共同之处。

3、赋税fùshuì：指田赋及各种捐税(juān shuì)的总称，依照法律或习俗征收的款项，尤指应付给政府的费用。

4、辅佐fǔzuǒ：多指政治上，表示辅助处理或帮助皇帝治理国家的人。

5、尊王攘夷zūnwáng rǎngyí：尊王攘夷包含两层意思。一个是尊王。尊王就是尊重当时的周天子。齐桓公并没有挟制(xiézhì)周天子。齐桓公只是借助周天子的权威来震慑(zhènshè)和威服(wēifú)诸侯。这就叫尊王。另一个意思是攘夷(rǎngyí)，就是齐桓公号召所有的诸侯国在尊奉周天子的同时共同抗击夷狄(yídí)。

6、纳税nàshuì：指交税，缴纳赋税。是税收中的纳税人的执行过程，就是根据国家各种税法的规定，按照一定的比率(bǐlǜ)，把集体或个人收入的一部分缴纳(jiǎonà)给国

徭役

家.

7、放逐fàngzhú：古时候把被判有罪的人流放到边远地方。

8、掌握zhǎngwò：指了解、熟悉并加以运用。

9、后裔hóuyì：指已死去的人的子孙，后代子孙。

10、徭役yáoyì：中国古代统治者强迫平民从事的无偿劳动。包括力役、杂役、兵役等。它是国家强加于人民身上的沉重负担。

11、威震wēizhèn：亦作"威振"。指使人震惊的威力或声势。也指以威力或声势使之震动。

12、赐cì：1)指赏给。过去用于上级对下级或长辈对小辈，如：赐予、恩赐。2)指给予的财物或好处，如：厚赐受之有愧。3)敬称别人对自己的指示、光顾、答复等，如：赐教、盼赐复。

13、整顿zhěngdùn：指收拾准备，使混乱变整齐，使不健全的健全起来。

14、九鼎jiǔdǐng：九鼎是中国的代名词，相传，夏朝初年，夏王大禹划分天下为九州，令九州州牧贡献青铜，铸造九鼎，将全国九州的名山大川、奇异之物镌刻于九鼎之身，以一鼎象征一州，并将九鼎集中于夏王朝都城。删除九鼎象征王权至高无上、国家统一昌盛。夏朝、商朝、周朝三代将其奉为象征国家政权的传国之宝。战国时，秦、楚皆有兴师到周王城洛邑求鼎之事。周显王时，九鼎没于(mò yú)泗水(sì shuǐ)下。后世帝王非常看重九鼎的权利象征与意义，亦曾屡次(lǚ cì)重铸(chóng zhù)九鼎，武则天、宋徽(huī)宗也曾铸九鼎。

15、攻陷gōngxiàn：一般指在战争某个地方被敌军占领或是攻占敌方把守的地方。

16、逼迫bīpò：指施加压力促使；强行的迫使。

17、卧薪尝胆wóxīn chángdǎn：薪：柴草。睡觉睡在柴草上，吃饭睡觉都尝一尝苦胆。形容人刻苦自励，发奋图强。

⚙ 练习与理解

1、春秋五霸与战国七雄分别指的是(　　　)？

2、春秋五霸分别通过怎样的形式成为霸主的？

3、尊王攘夷是什么意思？

4、中国现存最早的法律著作，同时也是秦汉法律的基础是(　　　)？

5、秦灭六国，统一中国的意义？

嬴秦氏，始兼并。传二世，楚汉争。

Yíng qín shì, shǐ jiān bìng。Chuán èr shì, chǔ hàn zhēng。

⚙ 字词解释

1、兼并jiān bìng：指合并；并吞，通常指土地侵夺或经济侵占。

2、传chuán：这里指传递，传接继承。

3、楚汉chǔ hàn：指西楚霸王项羽、汉王刘邦两大集团。

4、争zhēng：指战争。

⚙ 现代译文

　　战国末年，秦国的势力日渐强大，秦氏嬴政，兼并六国，建立了统一的秦王朝。秦传到二世胡亥，天下又开始大乱，最后，形成楚汉相争的局面。

⚙ 原文史实

　　秦朝王室嬴姓，所以称嬴秦氏。中国古代的人名、国名都可称氏。如伏羲氏、神农氏等。秦始皇死后，秦二世胡亥与赵高合谋篡改秦法导致秦末农民起义。公元前207年，秦王子婴向刘邦投降，秦朝灭亡。秦国兼并六国，统一天下，建立秦朝，仅仅传了两代，统治了14年便天下大乱。楚指西楚霸王项羽，汉指汉高祖刘邦，这两人在秦末争夺天下。

　　春秋时，秦穆公称霸。到战国时，秦孝公重用商鞅实行变法。商鞅是卫国人，先秦法家代表人物，因战功受封于商，今陕西东南商县一带，因此称商鞅。商鞅通过两次变法，历时20余年，使秦国更加富强，为统一天下做了充分的准备。战国末年，秦庄襄王任用赵国商人吕不韦为相，吕不韦招集门客编著了一部包揽诸子百家学说的《吕氏春秋》，为秦朝统一奠定了思想文化基础。 庄襄王的儿子嬴政最后完成了统一大业。 嬴政统一了中国，秦始皇认为自己的功劳胜过之前的三皇五帝，采用三皇之"皇"、五帝之"帝"构成"皇帝"的称号，是中国历史上第一个使用"皇帝"称号的君主，所以自称"始皇帝"。他的后代就称二世、三世，以至万世。

万里长城

秦始皇废除分封制， 设三十六郡县。设三公九卿制：丞相统领百官，太尉掌管军队，御史大夫负责地图户籍章奏并监察百官；九卿分管各种事务。统一法律，将商鞅变法以来的律令加以补充、修订，形成了统一的内容更为缜密的《秦律》，并颁行于全国；统一文字，废除六国旧文字，统一使用小篆；统一货币和度量衡；以都城咸阳为中心，新筑东至燕齐、南达吴楚的驿道，交通全国。又派大将蒙恬北击匈奴，将原秦、赵、燕等国防范匈奴的长城连接起来，筑成西起甘肃临洮、东至河北碣石的万里长城，保护中原农耕文化不受北方游牧民族的侵扰；南征蛮越， 就是现在浙江、福建、广东、广西一带， 修建沟通湖南湘江和广西漓江的人工运河"灵渠"用来运送粮草物资到岭南地区。以上这些都是秦始皇在位12年的功绩。不过，北击南征、修驿道、筑长城所消耗的人力物力本来已经相当大，加上又修建壮丽的咸阳城、地广三百里的阿房宫、号称天下第一陵的骊山陵墓，更是耗费无数。董仲舒批评秦王朝"力役三十倍于古。田租口赋，盐铁之利，二十倍于古……故贫民常衣牛马之衣，食犬彘之食。"仅修建阿房宫就动用民工七十余万人。因此，引起了天下百姓的怨愤。

秦始皇驾崩后，秦二世胡亥当政。胡亥昏庸奸恶，重用奸臣赵高，斩杀旧臣弟兄；始皇子女三四十人几乎被他杀光，后来他自己也被赵高所杀。赵高本想篡位自立，恐天下不服，遂立胡亥之子子婴为秦三世。三世痛恨赵高，灭其三族。始皇时大兴土木，民怨已甚，二世更加横征暴敛，加上秦朝用法家的严刑酷法来统治天下，秦二世当政不久就爆发了陈胜吴广农民大起义。陈胜、吴广本是秦朝征用的兵卒，赴役途中至大泽乡(今安徽省宿州大泽乡镇)遇雨延期，依秦律当斩。情急之下，陈胜、吴广杀掉领队将领，率兵卒九百人起义反秦。起义顺应民心，队伍迅速发展至数万人，并在陈县(今河南淮阳)建立张楚政权，各地纷纷响应。但起义遭到秦朝军队的镇压，吴广在荥阳(今河南境内)被部下杀害，随后陈胜被叛徒杀害。

　　陈胜吴广起义后，楚国贵族江苏人项梁和侄子项羽在今苏州起义反秦，沛县泗水亭长江苏人刘邦也起兵响应。项梁、项羽率八千江东子弟渡江北上，联合刘邦，遥尊陈胜为领袖，奋勇击秦。陈胜牺牲后，项梁拥立过去楚国怀王的孙子熊心为王，仍称怀王，继续反秦。项梁在与秦军作战中阵亡。此后，秦军包围部分起义军于河北巨鹿，项羽率军与秦军决战，大败秦军，坑杀秦军俘虏二十万人，史称巨鹿之战，此战消灭了秦军主力。与此同时，刘邦率军进至咸阳郊外，于蓝田大破秦军，秦王子婴向刘邦投降。秦朝灭亡。秦虽有三世，但秦二世时天下就已大乱，三世子婴刚立，秦朝便亡，实际只有二世。刘邦入咸阳后，封存秦朝珍宝府库；废除秦朝苛法；与关中父老约法三章：明令杀人者死，伤人者按强盗治罪。深得秦民拥护。

鸿门宴-项庄舞剑意在沛公

　　最初楚怀王诸将有约，先入关中(指"四关"之内，即东潼关(函谷关)、西散关(大震关)、南武关(蓝关)、北萧关(金锁关)。现关中地区位于陕西省中部，包括西安、咸阳、宝鸡、渭南、铜川、杨凌五市一区)者为王。其中函谷关是进入咸阳的关口。刘邦入咸阳后，项羽杀气腾腾赶来，刘邦退至灞上(今陕西省西安市东南)，并赴鸿门请罪，之后项羽入咸阳，杀秦降王子婴，火烧阿房宫，大火三月不熄。之后项羽杀掉楚怀王，大封诸侯，将秦朝降将章邯、司马欣、董翳封为三秦王，三分关中，故今陕西又称三秦大地；将刘邦封为巴蜀汉中一带的汉王；自立为西楚霸王，建都彭城(今江苏徐州)。后经长达五年的楚汉战争，项羽于垓下(今安徽省灵璧县东南)战败，突围至乌江自刎而死。刘邦建立汉朝，为汉高祖。

项羽名籍，少学书不成，学剑又不成，力大能扛鼎，且和大舜一样眼睛有两个瞳仁。项羽打仗百战百胜，但不知修养品德，有勇无谋，性情残暴，终至战败。刘邦军围项羽于垓下(今安徽灵璧东南)，刘邦军用计唱楚歌，项羽听闻四面楚歌，以为楚军尽败，便逃至乌江。项羽一路逃到乌江，遇见乌江亭长，亭长劝项羽可以回到江东以图东山再起，但项羽以无颜见江东父老为由拒绝，并将自己坐下马赐予亭长。项羽于是下马步战，一口气杀了汉兵几百人，自己也受了十几处的伤。而后挥刀自刎。

刘邦依靠平民起兵得胜，原因在于他礼贤下士、善于用人。刘邦用张良、萧何、韩信三人，这对其成功有着至关重要的作用。刘邦论楚汉兴亡时说：运筹帷幄之中，决胜千里之外，我不如子房(张良，字子房)；镇守国家，安抚百姓，供给馈饷，不绝粮道，我不如萧何；指挥百万之众，战必胜，攻必取，我不如韩信。张良、萧何、韩信被称为汉朝开国三杰，汉朝建立后，张良封留侯，后学仙隐去；萧何为丞相，制定汉朝法律《九章律》废除了许多秦朝以来的酷刑；韩信初封楚王，因被告谋反，降为淮阴侯，后又被告与人勾结谋反，终于被吕后所杀。

⊙ 词语解释

1、篡改cuàngǎi：指用作假的手段对经典、理论、政策等进行改动或曲解。

2、包揽bāolǎn：指招揽过来，全部承担。在这里有包括的意思。

3、奠定diàndìng：意思是建立；安置使稳固；使稳固；使安定；为…作基础。

4、统领tǒnglǐng：指统率领导。

5、掌管zhǎngguǎn：指负责管理。又指指店中的掌柜或主事人。

6、监察jiānchá：指监督考察；监督检举。监察，用于对机关或工作人员的监督(督促)考察及检举。如果面对的目标是环境、仪表等，用监测、监视、监控等词。

7、律令lǜlìng：也称法令，指一般的法则、规律。政权机关所颁布的命令、指示、决定等的总称。

8、修订xiūdìng：指对文件、书籍、文稿、图表等的修改整理并装订成册。

9、缜密zhěnmì：指细致精密；谨慎周密。

10、颁行bānxíng：指公布实行。

11、驿道yìdào：中国古代陆地交通主通道，沿途设置驿站，同时也是属于重要的军事设施之一，主要用于转输军用粮草物资、传递军令军情的通道。

12、侵扰qīnrǎo：指侵犯骚扰。

13、沟通gōutōng：本指开沟以使两水相通。后用以泛指使两方相通连；也指疏通彼此的意见。沟通是人与人之间、人与群体之间思想与感情的传递和反馈的过程，以求思想达成一致和感情的通畅。

14、消耗xiāohào：指消散损耗。现在多指(精神、东西、力量等)因使用或受损而逐渐减少。

15、耗费hàofèi：指使用或消耗较大。

16、犬彘quǎnzhì：指的是狗和猪。

17、怨愤yuànfèn：指气愤，怨恨。

18、驾崩jiàbēng：指中国古代称帝王或皇太后、太皇太后的死为驾崩。

19、昏庸hūnyōng：指昏头昏脑，毫无才干。

20、奸恶jiān'è：指奸诈邪恶。

21、篡位cuànwèi：指臣子夺取君主的权位。

22、横征暴敛héngzhēngbàoliǎn：横：蛮横；征：征发，征税；敛：搜刮。指向人民强行征收苛捐杂税，进行残酷剥削。

23、响应xiǎngyìng：这里指赞同；支持；追随。

24、遥尊yáozūn：指对已死了的人追加封号，或由于距离遥远，但目标一致，尊其为领导或上级。

25、杀气腾腾shāqìténgténg：杀气：凶恶的气势。腾腾：气很盛的样子。指杀伐之气很盛，凶神恶煞的样子。充满了要杀人的凶狠气势。

26、突围tūwéi：指突破包围。

27、自刎zìwěn：指自己割断脖颈，自杀。自刎是中国古代武将绝望时最常使用的自杀报国的手段。在中国古代小说中，自刎是最常出现的自杀方式。日本武将靠切腹自杀，中国武将靠自刎报国。

28、百战百胜bǎizhànbǎishèng：指每战必胜，形容所向无敌。也比喻工作连续取得突破。

29、四面楚歌sìmiànchǔgē：比喻陷入四面受敌、孤立无援的境地。

30、东山再起dōngshānzàiqǐ：指退隐后再度出任要职。也比喻失势后重新恢复地位。

31、运筹帷幄yùnchóuwéiwó：运：运用。筹：计谋，谋划，引申为策划。帷幄：古代军队的帐幕。指拟定作战策略。引申为筹划、指挥。在军帐内对军队部署做全面计划。常指在后方决定作战方案。也泛指主持大计，考虑决策。

32、决胜千里juéshèngqiānlǐ：指坐镇指挥千里之外的战局。形容将帅雄才大略，指挥若定。

33、馈饷kuìxiǎng：指馈赠。又指运送粮饷。

⊙ 联系与理解

　　1、楚汉之争是指？

　　2、"皇帝"一词的由来？

　　3、简述秦始皇为政举措？

　　4、刘邦与管仲父老约法三章的内容是什么？意义是什么？

　　5、刘邦是如何评价汉朝开国三杰的？

高祖兴，汉业建。至孝平，王莽篡。

Gāo zǔ xīng, hàn yè jiàn。 Zhì xiào píng, wáng mǎng cuàn。

字词解释

1、**高祖gāozǔ**：指汉高祖刘邦。

2、**兴xīng**：这里指发动。

3、**建jiàn**：指建立。

4、**至zhì**：到了。

5、**孝平xiào píng**：指汉平帝刘衎(kàn)，刘衎(kàn)，即汉平帝。终年14岁，谥(shì)号孝平皇帝

6、**篡cuàn**：指非法夺取。封建时代特指臣子夺取君位。现指用阴谋夺取地位或权力

现代译文

汉高祖打败项羽，建立汉朝。汉朝的帝位传了两百多年，到了汉孝平帝时，被外戚王莽篡夺。

原文史实

刘邦建立汉朝登上皇位，为汉高祖，定都长安(今西安)。经文帝、惠帝、景帝、武帝、昭帝、宣帝、元帝、成帝、哀帝、平帝、孺子刘婴共12帝，享国214年，史称西汉。汉朝是中国封建帝制社会完全定型的朝代，也是孝道发展历程中一个重要的阶段，提倡"以孝治天下"。因此，两汉时代，除西汉开国皇帝刘邦(汉高祖)和东汉开国皇帝刘秀(汉光武帝)外，汉代皇帝都以"孝"为谥号，称孝惠帝、孝文帝、孝武帝、孝昭帝等等，表明了朝廷的政治追求和

对"孝"的尊崇。提倡孝道，褒奖孝悌(tì)，是汉"以孝治天下"最明显的标志之一。

王莽是汉元帝王皇后的侄儿，成帝时官至大司马大将军。他礼贤下士、俭朴恭敬、乐善好施，处处效法周公，赢得朝野称赞。汉平帝9岁即位，王莽效法周公，辅佐平帝，掌军政大权。汉末社会流行汉运将终，必有新王受命的说法，而王莽又"深得人心"，各地官吏纷纷上表，劝王莽摄政。平帝14岁驾崩，王莽遂立两岁的孺子婴(即刘婴)为皇太子，初始元年(公元8年)，王莽逼迫王皇后交出传国玉玺，接受孺子婴禅让后称帝，改国号为"新"，西汉灭亡。史书都说王莽是蓄意篡位，所以说"至孝平，王莽篡。"王莽在位16年，最终被农民起义军绿林、赤眉军所灭。

刘邦登基后，采用叔孙通的建议，恢复礼法，设三公和九卿，任萧何为丞相，采取与民休息、清静无为、休养生息的黄老政策。鼓励生产，轻徭薄赋。在政治上，则先分封功臣韩信、彭越、英布等为王，等到政权稳固，为了防止反叛和巩固皇权稳定则又以种种罪名取消他们的王爵，或贬或杀，改封刘氏宗亲为王，立"非刘氏而王者，天下共击之"的白马之盟。但到文帝、景帝时，同姓王的势力也日渐强大且骄横，轻视中央政府，故从文帝到武帝期间，西汉朝廷又不断打击同姓王。汉景帝时，又下令王国官吏的任免权及行政权收归中央，诸侯王不能问国政，只能从封国领取衣食租税。诸侯王国的势力从此削弱。后来，武帝更借口诸侯王所献的助祭金不足，废除了106个王侯封号，削减封地，彻底解决了诸侯王国威胁中央的问题。

刘邦驾崩，惠帝登基，实为吕后称制，吕后死后，众臣平定诸吕之乱，迎立文帝，继之后景帝即位，继续采取黄老无为而治的手段，实行轻徭薄赋、与民休息的政策，社会经济

董仲舒：
罢黜百家，独尊儒术

三莱醉正不尚浮跨
奸臣当国卒老于家

得以迅速恢复，史称"文景之治"。汉武帝时，建立察举制，举孝廉，对汉代政治影响很大。经济上则重农抑商，将盐铁和铸币权收归中央，并将地方进贡的物品投放市场买卖，以增加朝廷收入，因此国势逐渐强盛。文化上采用了董仲舒的建议，"罢黜百家，独尊儒术"，使儒家思想得到重视，并在以后逐渐成为中国历经二千年的主流思想。

匈奴自周朝以来便不断侵扰中原，高祖出征匈奴，被匈奴围困于白登山(今山西省大同市东北马铺山)。"白登之围"后，"白登之围"后，刘邦认识到仅以武力手段解决与匈奴的争端不可取，因此，在以后的相当一段时期里，采取"和亲"政策以笼络匈奴、维护边境安宁。惠帝、文帝、景帝都以"和亲"的方法勉力维持与匈奴的关系。至武帝时才派大将卫青、少将霍去病多次远征匈奴，迫使匈奴北迁，并在得胜之地建武威、张掖、酒泉、敦煌各郡，称为河西四郡。霍去病年少英勇，六次击退匈奴，威震边关。可惜在作战中染上瘟疫，去世时年仅24岁。武帝痛惜，赐葬自己的陵墓茂陵。霍去病马踏匈奴的石雕正反映了少年英雄的勇武神威。

征匈奴的同时，武帝派使臣张骞(Zhāng Qiān)冲破千难万险出使西域(今新疆一带)，直达中亚伊朗等国，沟通了中西交通。从此形成以长安为起点，经伊朗中转，最后到达欧洲的商贸路线，史称"丝绸之路"。另外汉武帝还开发西南土族地区，在昆明附近，贵州遵义一带，将西南大部分地区纳归西汉王朝统治。汉武帝时，西汉帝国达到了鼎盛时期。

丝绸之路

汉昭帝年幼即位，霍光辅政，霍光遵循武帝国策，对内继续休养生息，得以让百姓安居乐业，四海清平。武帝时使臣苏武被困匈奴19年持节不屈，卧著嚼雪，同毡毛一起吞下，不辱汉朝使命，至昭帝恢复与匈奴和亲后方得返回汉朝。昭帝、宣帝恢复文帝、景帝时与民休养生息的政策，使得国力增强，吏治清明，天下富足，史称昭宣中兴。元帝时曾派宫女王昭君至匈奴和亲。成帝时元帝皇后王氏家族专权。成帝不理朝政，立歌女赵飞燕为皇后，终日淫乐。到哀帝、平帝时王莽已经掌权。王莽效法周公，建立大新朝后，按照《周礼》治天下，本想改变西汉末年社会混乱的局面，但因脱离实际改动频繁，而进一步激化了社会矛盾，终归失败。王莽新朝九年，湖北一带闹饥荒，饥民王匡、王凤聚众起义，因占居绿林山，故号称绿林军。次年，山东人樊崇在山东起义，因眉染红色，故号称赤眉军。绿林、赤眉军推举西汉皇族远支刘玄为帝，建立政权，年号更始。更始政权在河南昆阳凭借八九千人之力战胜了王莽的四十万大军，消灭了王莽军的主力。此后不久，王莽被杀，舌头被割下，死得及其凄惨。更始政权进长安后，内部斗争激烈，刘玄滥杀农民将领，绿林军将士杀出长安，与赤眉军联合，反过来消灭了更始政权。最后，指挥昆阳之战获得胜利的西汉宗室刘秀杀掉了王匡、樊崇等起义将领，建立了东汉王朝。

西汉的统治思想与秦朝是有密切关系的，也可以说是在吸取秦朝教训的基础上建立起来的，所以要弄清楚汉朝的统治思想，必须先弄清秦朝的统治思想。秦朝的统治思想基

焚书坑儒

本出于丞相李斯。曾建议不要将在秦国做官的六国人赶走，而应利用他们来攻六国，深得秦始皇赏识，拜为丞相。他建议拆除郡县城墙，销毁民间的兵器；反对分封制，坚持郡县制；又主张焚烧民间收藏的《诗》、《书》等百家语，禁止私学，以加强中央集权的统治，这就是著名的"焚书之祸"。还参与制定了法律，统一车轨、文字、度量衡制度。李斯政治主张的实施对中国和世界产生了深远的影响，奠定了中国两千多年政治制度的基本格局。秦始皇死后，他与赵高合谋，伪造遗诏，迫令始皇长子扶苏自杀，立少子胡亥为二世皇帝。后为赵高所忌，被腰斩于咸阳闹市。

焚书后第二年，始皇又招示天下有学之士，要吸纳建议以助治理，并寻求长生不老之药。长生不老之药未能找到，有学之士又有很多人指责始皇行暴政，始皇便在咸阳坑埋非议者460人，其余流放边疆。所埋人中持各家学说的都有，并非全是儒生，但都是读书人，这就是著名的坑儒。焚书坑儒便是秦朝暴力专政的法家统治思想的反映。但秦朝残酷粗暴的法家统治的结果是历时15年的短命亡国。秦的速亡，不能不让汉朝统治者深刻反思、总结教训，以免重蹈覆辙。对此认识最深刻的是汉文帝时的思想家、哲学家、文学家贾谊。

贾谊，少有才名，20岁做了博士，21岁升任太中大夫。因年少气盛遭人嫉妒，贬为长沙王太傅，后改为梁怀王太傅。太傅就是老师。梁怀王坠马而死，贾谊深自歉疚，抑郁而亡，年仅34岁。贾谊肯定秦朝靠暴力统一天下、结束战乱，这是对的，是顺民心的；但统一以后，老百姓希望过平安日子，不希望再打仗，而秦朝仍以对付战乱的暴力手段来对付百姓，这就错了。攻和守的方法应是不同的，秦朝亡在攻守都用暴力。汉家得天下则应吸取教训，不能再实行秦朝的法家学说。汉高祖刘邦也认识到取得天下之后，关键是守。

怎样守？刘邦的方法是废除秦朝苛法，与关中父老约法三章："杀人者死，伤人及盗抵罪"，民心大顺。以后吕后、文帝、景帝皆本此精神无为而治，与民休养生息。到了武帝时国势强盛，大一统的王朝急需一套与之相适应的统治思想。秦朝完成了政治军事的统一，没有完成思想的统一；汉朝无为而治只是过渡，并不能与统一的王朝相适合。汉武帝接受董仲舒"罢黜百家，独尊儒术"的建议，孔子被定为唯一尊崇的偶像，儒家哲学便成为大汉王朝的统治思想。儒家学说不仅是大汉王朝的统治思想，更成为此后历代王朝的统治思想。历史证明，儒家学说正是国家统一、民族团结、社会安定和谐、天下长治久安所需要的，其中很多思想精髓直到今天对于构建和谐社会、和谐世界仍有着积极的作用。秦始皇与汉武帝都是中国历史上大有作为的皇帝，秦始皇的最大功绩在于统一中国，汉武帝的最大功绩在于找到了与统一的中国相适合的治国思想。

⚙ 词语解释

1、外戚wàiqī：指帝王的母亲和后妃的亲族。

2、篡夺cuànduó：指用非正当，或不正当手段夺取(权力或地位)。

3、孺子rúzǐ：多指幼儿、儿童。这里指指天子、诸侯、世卿的继承人。

4、谥号shì hào：指古人死后依其生前行迹而为之所立的称号。帝王的谥号一般由礼官商议；臣下的谥号由朝廷赐予。一般文人学士或隐士的谥号，则由其亲友、门生或同僚所加，称为私谥，与朝廷赐予的不同。

5、尊崇zūn chóng：表示对人或事物的尊重和推崇，以至于崇拜。

6、孝悌xiào tì：孝，指还报父母的爱；悌，指尊重兄长。孔子非常重视孝悌，认为孝悌是做人、做学问的根本。孝悌不是教条，是培养人性光辉的爱，是中国文化的精神。

7、礼贤下士lǐxiánxiàshì：指对有才有德的人以礼相待，对一般有才能的人不计自己的身分去结交。

8、俭朴jiǎnpǔ：俭：指节省，不浪费。朴：没有细加工的木料，比喻不加修饰。俭朴指俭省朴实。

9、恭敬gōngjìng：指严肃、端庄有礼貌。

10、乐善好施lèshànhàoshī：乐：好，喜欢。喜欢做善事，乐于拿财物接济有困难的人。

11、效法xiàofǎ：指仿照别人的做法去做，学习别人的长处。

12、深得人心shēndérénxīn：指得到广大人民的热烈拥护。这里表示反义。

13、摄政shèzhèng：指代国君处理国政。

14、驾崩jiàbēng：中国古代称帝王或皇太后、太皇太后的死为驾崩。

15、传国玉玺chuánguóyùxǐ：传国玉玺又称"传国玺"、"传国宝"，是秦相李斯奉秦始皇之命，使用和氏璧所镌刻，后来为中国历代皇帝相传之印玺。其方圆四寸，上组交五龙，正面刻有李斯所书"受命于天，既寿永昌"八篆字，以作为"皇权天授、正统合法"之信物。

16、禅让shànràng：中国古代历史上统治权转移的一种方式，皇帝把帝位让给他人。

18、篡位cuànwèi：指臣子夺取君主的权位。

19、轻徭薄赋qīngyáobáofù：指减轻徭役，降低赋税。

20、骄横jiāohèng：指傲慢专横。如：此人骄横，自以为是。

21、削弱xuēruò：指力量、势力减弱；使变弱。

22、削减xuējiǎn：指从原定的数目中减去。

23、称制chēngzhì：1)秦始皇统一中国后，以命为"制"，令为"诏"。即位执政为"称制"。2)代行皇帝的职权。 临朝称制是指古代中国、日本等东亚国家在君主制时代由皇后、皇太后或太皇太后等女性统治者代理皇帝(朝鲜、越南、琉球等国称国王，日本称天皇)执掌国政，如果男性代理国政，太子称监国，其他男性称摄政。临朝称制由中国西汉时的吕后所开创，自有临朝称制以来，基本所有皇朝都有此现象，惟独明代没有一位皇太后进行临朝称制，这与自明太祖朱元璋所制定的《皇明祖训》有着密切的关系。

24、孝廉xiàolián：孝，指孝悌者；廉，指清廉之士。分别为统治阶级选拔人才的科目，始于汉代，在东汉尤为求仕者必由之途，后往往合为一科。亦指被推选的士人。后代，"孝廉"这个称呼，也变成明朝，清朝对举人的雅称。

25、罢黜百家，独尊儒术bàchùbǎijiā，dúzūnrúshù：为适应中央集权统治的需要，汉武帝即位后，采纳儒生董仲舒"罢黜百家，独尊儒术"的建议，只提倡儒家学说，禁止传播其他各家学说。汉政府在长安设立太学，设五经博士为教官，传播儒家经书，每年考一次，合格的授予官职。后来各郡也设立学校传授儒家经书，儒家思想逐渐成为封建社会的统治思想。它维护了封建统治秩序，神化了专制王权，因而受到中国古代封建统治者推崇，成为两千多年来中国传统文化的正统和主流思想

26、匈奴xiōngnú：古代的一个游牧民族，与(第4、5世纪侵入欧洲的)匈奴族有血缘关系或系同一民族，包括中国历史上的戎族与狄族。据中国史籍记载，公元前3世纪匈奴曾占领从里海到长城的广大地域，并统治蒙古的大部分。

27、和亲héqīn：指封建君主为了免于战争与边疆异族统治者通婚和好。

28、笼络lǒngluó：笼和络原是羁绊(jī bàn)牲口的工具，引申为用手段拉拢，控制。

29、出使chūshǐ：指派遣使臣；接受使命出访外国或长驻国外。张骞出使西域，汉武帝时期希望联合月氏夹击匈奴，派遣张骞出使西域各国的历史事件。汉武帝建元年(公元前140)，欲联合大月氏共击匈奴，张骞应募任使者，于建元三年出陇西，经匈奴，被俘，后逃脱。西行至大宛，经康居，抵达大月氏，再至大夏，停留了一年多才返回。在归途中，张骞改从南道，依傍南山，企图避免被匈奴发现，但仍为匈奴所得，又被拘留一年多。元朔三年(公元前126)，匈奴内乱，张骞乘机逃回汉朝，向汉武帝详细报告了西域情况，武帝授以太中大夫。因张骞在西域有威信，后来汉所遣使者多称博望侯以取信于诸国。张骞出使西域本为贯彻汉武帝联合大月氏抗击匈奴之战略意图，但出使西域后汉夷文化交往频繁，中原文明通过"丝绸之路"迅速向四周传播。因而，张骞出使西域这一历史事件便具有特殊的历史意义。张骞对开辟从中国通往西域的丝绸之路有卓越贡献，至今举世称道。

30、鼎盛dǐngshèng：指几乎到极端的盛世。

31、遵循zūnxún：指遵从，依照。

32、奠定diàndìng：指建立；安置使稳固；使稳固；使安定；为…作基础。

33、流放liúfàng：流放是将罪犯放逐到边远地区进行惩罚的一种刑罚。它的主要功能是通过将已定刑的人押解到荒僻或远离乡土的地方，以对案犯进行惩治，并以此维护社会和统治秩序。

34、焚书坑儒fénshūkēngrú：又称"焚诗书，坑术士(一说述士，即儒生)"，西汉之后称"焚书坑儒"。秦始皇在公元前213年和公元前212年焚毁书籍、坑杀"犯禁者四百六十余人"。

35、重蹈覆辙[chóngdǎofùzhé：蹈：踏；覆：翻；辙：车轮辗过的痕迹。重新走上翻过车的老路。比喻不吸取教训，再走失败的老路。

36、嫉妒jídù：指因人胜过自己而产生的忌恨(jì hèn)心理。

37、抑郁yìyù：指忧愤烦闷。

38、苛法kēfǎ：指烦琐的法律。

39、精髓jīngsuǐ：一指精气真髓。比喻事物的精华。二比喻事物的精要部分。

40、构建gòujiàn：指建立(多用于抽象事物)。

⊙ 练习与理解

1、汉朝"以孝治天下"，最明显的标志是什么？

2、汉初实行的"黄老政策"的具体内容是什么？

3、名词解释：罢黜百家，独尊儒术。

4、名词解释：焚书坑儒

5、简述"丝绸之路"的影响。

光武兴，为东汉。四百年，终于献。

Guāng wǔ xīng, wéi dōng hàn. Sì bǎi nián, zhōng yú xiàn.

❂ 字词解释

1、兴：这里指发动。

2、为：这里指"是"或者"称为"。

3、终：终止，灭亡。

❂ 现代译文

王莽篡权，天下大乱，刘秀(汉光武帝)推翻更始帝(王莽)，恢复国号为汉，史称东汉，为光武帝，东汉延续四百年，到汉献帝的时候灭亡。

❂ 原文史实

光武即汉光武帝刘秀，西汉景帝后人，东汉王朝的创立者。定都洛阳，仍沿用汉的国号，并息兵养民开创了"光武中兴"。光武帝之后经历明帝等12帝共196年。汉献帝时，群雄蜂起，天下大乱，最后曹操的儿子曹丕废掉汉献帝，建立魏朝，东汉灭亡。史学上将西汉东汉合称为汉朝，享国共410年。中间王莽新朝统治16年。这里所说的四百年，是指两汉大致的统治时间。光武帝、明帝、章帝是东汉的前期，共六十多年，这六十多年是东汉相对强大的时期。光武帝有学问，会用兵，对朋友仁义，愿意和自己共同创建东汉的功臣同享富贵，并得以善终。光武帝也酷爱和平，东汉初建，便偃武修文，让老百姓休养生息。对匈奴也停止用兵。光武帝很勤政，并说自己是乐此不疲。汉明帝时北匈奴逐渐强大，明帝遂派兵讨伐匈奴。其中有一位小军官叫班超，是大史学家班固的弟弟，在西域三十年大立奇功，

使西域五十余国都归属了汉朝，重新建立起大汉王朝自汉武帝以来在西域树立的权威。汉明帝还大规模整治黄河，此后八百年间，黄河没有发生过大的决堤泛滥。汉明帝和汉章帝在位期间，东汉进入全盛时期，史称"明章之治"。

汉章帝以后，皇帝大都年幼或者短命，外戚日益跋扈，章帝以后的和帝10岁继位，27岁驾崩；殇(shāng)帝继位时还是个三个月大的婴儿，第二年就驾崩了；安帝继位时13岁，32岁驾崩；顺帝10岁继位，30岁驾崩；冲帝两岁继位，3岁驾崩；质帝8岁继位，9岁驾崩；桓(huán)帝15岁继位，36岁驾崩；灵帝10岁继位，32岁驾崩。这些皇帝登基时都是孩童，活得最长的也只有36岁，当然政权旁落，政治昏败。

东汉后期掌权的外戚有章帝皇后窦(dóu)家、和帝皇后邓家、安帝皇后阎(yán)家、顺帝皇后梁家四家。这四家外戚与朝廷宦官内外勾结专权凶狠，飞扬跋扈，横征暴敛，卖官鬻爵，农民在多重残酷压榨下不堪重荷。那时土地兼并严重，自耕农破产，流民连绵不绝，各地武装起义不断。汉灵帝时太平道首领张角借传教之机组织徒众三十余万，口号是"苍天已死，黄天当立，岁在甲子，天下大吉"，于七州二十八郡同时起义。起义军因头裹黄巾，故称作黄巾军。黄巾军沉重打击了东汉政权，但在各地方武装的共同镇压下失败。黄巾起义后，地方豪强拥兵自重，190年，董卓之乱又起，自此东汉朝廷大权旁落，揭开了东汉末年军阀混战的序幕，东汉政府名存实亡。220年，曹丕篡汉，东汉灭亡，中国进入三国时期。

从文化学术来讲，汉代被称为经学时代，汉代的经学分为今文经学和古文经学。经学是指中国古代研究儒家经典学说，并阐明其含义的学问。西汉今文经学兴盛，东汉古文经学兴盛。今文经学重视经学与时代政治的关系，古文经学重视学术本身的研究。可以说今文经学是为政治的学问，古文经学是为学问的学问。今文经学的代表人物是董仲舒，古文经学的代表人物是刘歆。集两汉今古文经学之大成的是东汉末年的郑玄。郑玄编注六经，融通今古文经学，今古文经学之争至此方结束。

汉代的史学有巨大成就，出现了中国史学史上两部巨著《史记》和《汉书》。《史记》是西汉司马迁所著。司马迁，字子长，陕西延安韩城人，少年时随父司马谈读书，后又从董仲舒学今文经学《公羊春秋》，从孔安国学古文经学《古文尚书》，并游历全国各地名山大川，继承其父遗志修《史记》。又因替败降匈奴的李陵求情，触怒汉武帝，受宫刑。后任中书令，发奋继续完成所著史籍。《史记》是中国历史上第一部纪传体通史，上起黄帝下至汉武帝。全书包括十二本纪(记历代帝王政绩)、三十世家(记诸侯国和汉代诸侯、勋贵兴亡)、七十列传(记重要人物的言行事迹，主要叙人臣，其中最后一篇为自序)、十表(大事年表)、八书(记各种典章制度记礼、乐、音律、历法、天文、封禅、水利、财用)，共记三千余年的历史，一百三十篇，五十二万六千五百余字。《史记》气势宏大，见解深刻，内容丰富，结构周密，体例详备，文采洋溢，感情充沛，集中了古代史学的成就，被鲁迅先生称为"史家之绝唱，无韵之离骚"，无论在史学上还是文学上都具有极高的成就，是中国文化史上一流的作品。与宋代司马光编撰的《资治通鉴》并称"史学双璧"。

《汉书》的作者主要是东汉的班固。班固的父亲班彪就已经开始作《史记后传》，班固继承父亲遗志续作，改名为《汉书》。班固完成其中的大部分，去世后未完成的表志部分由班固的妹妹班昭及班固的学生马续完成。班固，字孟坚，陕西扶风人，生于光武帝时期，卒于和帝时期，活60岁。班固曾因被告私改国史而下狱，经其兄班超上书辩白，得汉明帝亲允后，方能继续写作。班固因在外戚窦家作过参谋，窦家失势后，连累入狱而死。班昭才华出众，文史兼通，和帝曾召入宫为嫔妃讲学，活70余岁。著有《女诫》7篇，讲女子道德，开中国训诫女子著作的先河。《汉书》是中国历史上第一部纪传体的断代史，专记西汉一朝历史，记事始于汉高祖刘邦元年，终于王莽地皇四年，分12纪、70传、8表、10志，共100篇。《汉书》把《史记》的"本纪"略称"纪"，"列传"略称"传"，"书"改曰"志"，取消了"世家"，汉代勋臣世家一律编入传。《汉书》史料丰富翔实，《史记》记三千年历史只用了五十余万字，《汉书》单记西汉一朝历史就用了八十余万字，可知其史料之丰。《汉书》开了正史中断代史的先河，正史中除了《史记》是通史，其余都是断代史。《史记》纵横驰骋、生机盎然，《汉书》雍容典正、质实谨严，共同成为后世史家之范本。 与《史记》、《后汉书》、《三国志》并称为"前四史"。

汉代子学首先最值得一提的是佛教的传入与道教的创立。据史书记载，汉明帝在一天夜里梦见西方金光闪闪，醒来后大臣告诉他所梦为印度释迦牟尼佛。汉明帝立即派大臣蔡谙(ān)往印度求取佛经，蔡谙以白马载经书归，并带回两个印度高僧迦叶摩腾与竺法兰和最早翻译的佛经《四十二章经》。 汉明帝表彰白马驮经有功，在东汉都城洛阳建了中国第一所佛教寺院白马寺。白马寺的建立标志着佛教正式传入中国。东汉后期顺帝时江苏人张道陵在四川大邑县鹤鸣山修道，夜梦太上老君传道与他，遂自号天师，奉太上老君为教主，传道济世，为人治病。张道陵又创立教义、教仪、教规等，并作注解读《老子》，道教正式建立。

子学中的哲学类最有成就的是西汉的《淮南子》与东汉的《论衡》。《淮南子》是汉武帝时淮南王刘安召集门客共同撰写的。淮南王刘安是汉高祖的孙子，企图叛变，失败自杀。淮南王的思想代表了汉初割据诸侯王的思想，自然与中央主张大一统的思想相对立，与代表中央思想的董仲舒相对立。《淮南子》可以说是汉初黄老之学的总集，其核心思想是内以治身，外以治国。《淮南子》与董仲舒思想的根本冲突在于：董仲舒主张废黜百家、独尊儒术，《淮南子》主张杂取百家来为我用；董仲舒主张君主应努力统一臣子和百姓的思想，《淮南子》主张君主应无为，而臣下各尽其能。《淮南子》也说自己是为汉朝立法，建立一套适应汉代统治的思想。 实际上《淮南子》与董仲舒的斗争就是主张统一的中央思想与主张割据的诸侯思想的斗争。

张衡与地动仪

《论衡》的作者是东汉前期的大学者王充。王充，字仲任，浙江人，出身寒门，生活于光武帝、明帝、章帝、和帝时代，做过小官，后期回家专事著述，晚年贫苦无一亩立身，活77岁。《论衡》85篇是他思想的集中体现。王充的思想也与董仲舒思想相对立，不过《论衡》与《淮南子》不同，并不反对董仲舒为大汉王朝建立的治国思想， 而是反对董仲舒学说中天人感应的神秘思想。《论衡》从宇宙、自然、社会、人生各方面论述了这些主张。

任何事物都有利弊两面，董仲舒学说的利是建立了适合统一的中国长治久安的治国思想，其弊则是其中的神秘色彩。当然，如果没有神秘主义的天人感应这套学说，董学未必能被汉朝统治者采纳，其利也就自然发挥不出来。《淮南子》与《论衡》是对董仲舒学说弊端的批判，但这种批判并不能抹杀董氏学说巨大的历史作用。《淮南子》与《论衡》都规模庞大、思想精深、内容丰富，涉及了自然、社会、人生等方面的问题，在汉代子学中成就是极高。

汉代子学中的科学值得一提的是东汉学者，南阳西鄂(今河南南阳市石桥镇)人张衡，发明了候风地动仪，可以准确测定地震的时间与方位。东汉和帝时的宦官、湖南郴州人蔡伦发明了造纸术，从此纸张得到广泛使用，时称"蔡伦纸"。另外又出现了《周髀(bì)算经》、《九章算术》两部算学巨著。 东汉末的名医河南人张仲景著有医学巨著《伤寒论》，提出了阴阳、虚实、寒热、表里八纲辨证，及汗、吐、下、清、温、和的治病六法。将各种疾病归纳为太阳、少阳、阳明、太阴、少阴、厥阴六经，建立了整个中医治病的法则，为后世医家所必读之书，张仲景也被称为"医圣"。

汉代文学的主要成就表现在赋的创作。赋是诗化的散文，需要押韵。汉初有由楚辞过渡而来的骚体赋，代表作家是贾谊；汉中期出现散体大赋，气势恢宏，体现了大汉王朝的强大，代表作家有四川的司马相如与扬雄。司马相如成就最高，有《子虚赋》、《尚林赋》、《长门赋》等。汉后期国势渐弱，出现了抒情小赋，代表作家为张衡。另外汉代出现了专门掌管音乐诗歌的机构，乐府。乐府采集大量地方民歌，后人就将这类诗歌统称为乐府诗。乐府诗清新质朴，是汉代诗歌的代表。汉代还出现了中国最早的小说《山海经》，内容十分丰富。

⚙ 词语解释

1、善终shàn zhōng：指能安享天年，安详而逝；美满的结局。也指把好最后一关，把事情做好。

2、酷爱kù ài：指极其爱好，非常喜爱。

3、偃武修文yǎn wǔ xiū wén：偃：停止；修：昌明，修明。停止武事，振兴发展文教。

4、休养生息xiū yǎng shēng xī：休养：休息保养；生息：人口繁殖。指在战争或社会大动荡之后，减轻人民负担，安定生活，恢复因战争或社会动荡造成的创伤。

5、勤政qín zhèng：指恪(kè)尽职守，勤于政事，认真负责地为国为民做事

6、乐此不疲lè cǐ bù pí：此：这。因喜欢干某事而不感觉厌烦。形容对某事特别爱好而沉浸在其中。

7、遂suí：顺，如意：~~心/~愿。用于"半身不遂"(身体的一侧发生瘫痪)。
suì:1)顺，如意：~心/~愿。2)成功，实现：未~/所谋不~。3)于是，就：服药后腹痛~止。

8、权威quánwēi：指权力，威势；使人信从的力量和威望；在某种范围里最有地位的人和事物。

9、跋扈báhù：指霸道、蛮横、独断专行。

10、旁落pángluò：指落在别人手里。

11、昏败hūnbài：指昏庸无能。

12、飞扬跋扈fēiyángbáhù：飞扬：放纵；跋扈：蛮横。原指意态狂豪，不爱约束。现多形容骄横放肆，目中无人。

13、横征暴敛héngzhēngbàoliǎn：敛：搜刮。指向人民强行征收苛捐杂税，进行残酷剥削。

14、卖官鬻爵màiguān'yùjué：鬻：卖。形容政治腐败，统治阶级靠出卖官职来搜刮财富。指当权者出卖官职、爵位以聚敛财富。

15、不堪重荷：承受不了沉重的负担，不能担当重任，指在经济上或别的方面无法承受。

16、苍天已死，黄天当立，岁在甲子，天下大吉Cāng tiān yǐ sǐ, huáng tiān dāng lì, suì zài jiǎ zǐ, tiān xià dà jí：“苍天”指汉王朝，汉代官员军队的衣服以苍青色为主，“黄天”是指黄巾起义军。甲子年(184年)是汉灵帝中平六年。意思为：汉王朝理当灭亡，黄巾起义应该取代它，就在中平六年，(起义军起义的那一年)天下就会太平了。

17、拥兵自重yōngbīngzìzhòng：指拥有军队，巩固自己，形容手握重兵的大将，不服从上级或者朝廷的管制，挑战中央政权。

18、大权旁落dàquánpángluò：处理重大事情的权力落到旁人手里(多指领导人被架空)。

19、序幕xùmù：指某些多幕剧置于第一幕之前的一场戏，通常交代人物的历史和人物之间的关系。引申用来比喻重大事件的开端。

20、名存实亡míngcúnshíwáng：指名义上还存在，实际上已消亡。

21、阐明chǎnmíng：指讲明白(道理或事件)。

22、兴盛xīngshèng：指繁荣，旺盛。

23、编注biānzhù：指编辑并注解。

24、融通róngtōng：指融合通达。

25、触怒chùnù：指令人发怒、生气。

26、纪传体：我国传统史书的一种体裁，始于汉代司马迁所著的《史记》。纪传体，以为人物立传记(皇帝的传记称"纪",一般人的称"传",特殊情形的人物称"载记",记载制度、风俗、经济等称"志",以表格排列历史大事称"表")的方式记叙史实。司马迁的《史记》是中国第一部纪传体史书(以前的史书多以编年体记述),中国的官方正史"二十四史"及其他史书,都依照《史记》体例,以纪传体编纂(biān zuǎn)而成。而日本的《大日本史》也是以纪传体写成的。

27、**通史tōngshǐ**:连贯地记叙各个时代的史实的史书称为通史,与断代体史正好相反。如西汉司马迁的《史记》,记载了上自传说中的黄帝,下至汉武帝时代,历时三千多年的史实。

28、**勋贵xūnguì**:指功臣权贵或功名富贵。

29、**详备xiángbèi**:指周详完备。

30、**洋溢yángyì**:1)充满;广泛传播。如:声名洋溢。2)水充溢流动。3)充分流露、显示。如:精力洋溢。4)渗透着、弥漫、充满着(情绪、气氛等)充分流露。如:热情~/节日的校园~着欢乐的气氛。

31、**充沛chōngpèi**:指充足。

32、**史家之绝唱, 无韵之离骚。shǐjiā zhī juéchàng, wúyùn zhī lísāo**:鲁迅评价《史记》,意思是:史记是我国第一部纪传体通史,开创了纪传体先河。所以说它是"史家之绝唱";史记的文采达到了相当高的水平。每一篇人物传记,都是有血有肉,叙事明晰。堪称文学作品的典范。简直就像屈原的《离骚〉,只是不像诗歌那样注重韵脚而已。

33、**辩白biànbái**:指申辩,说明事实真相。

34、**断代史**:是指记录某一时期或某一朝代历史的史书或史书体例。它是相对于"通史"而言的。以朝代或时代为断限,并对政治、经济、文化等方面均作叙述之史书。始创于中国东汉班固所著的《汉书》。二十四史中除《史记》外均属此体。

35、**纵横驰骋zónghéngchíchěng**:纵:南北方向;横:东西方向;驰骋:纵马疾驰。不受阻挡地往来奔驰。形容英勇战斗,所向无敌。也比喻写作上才思奔放,意到笔随。

36、生机盎然shēngjīàngrán：指充满生机和活力，形容生命力旺盛的样子。

37、雍容典正yōngròngdiǎnzhèng：指舒缓从容，典雅正规。

38、质实谨严zhìshíjǐnyán：指平直而根据事实，慎重严肃，一丝不苟。

39、表彰biǎozhāng：指表扬并嘉奖。

40、驮tuó：指用背(多指牲口)负载人或物。

41、撰写zhuàn xiě：指写作。

42、割据gējù：指以武力占据部分地区，在一个国家内形成独立地区，对抗中央朝廷的局面。

43、废黜fèichù：指罢免；革除(官职)；取消王位或废除特权地位。

44、贫苦pínkǔ：指贫穷困苦，缺乏生活必需品。

45、利弊lìbì：指正、反两个方面，好的方面与坏的方面。

46、批判pīpàn：指批示审断；评论，对于是非的判断；对被认为是错误的思想或言行批驳否定。

47、抹杀mǒshā：原意是用刀抹脖子。现指抹掉，完全勾销，一概不承认。可引申为将什么事情做到绝地，没有回头的可能。

48、赋fù：赋是我国古代的一种文体，介于诗和散文之间，类似于后世的散文诗。它讲求、韵律，兼具诗歌和散文的性质。其特点是"铺陈文采，体物写志"，侧重于写景，借景抒情。最早出现于诸子散文中，叫"短赋"；以屈原为代表的"骚体"是诗向赋的过渡，叫"骚赋"；汉代正式确立了赋的体例，称为"辞赋"；魏晋以后，日益向骈文(piánwén)方向发展，叫做"骈赋"；唐代又由骈体转入律体叫"律赋"；宋代以散文形式写赋，称为"文赋"。著名的赋有：杜牧的《阿房宫赋》、欧阳修的《秋声赋》、苏轼的《前赤壁赋》等。

49、押韵yāyùn：又作压韵，是指在韵文的创作中，在某些句子的最后一个字，都使用韵母相同或相近的字，使朗诵或咏唱时，产生铿锵(kēngqiāng)和谐感。这些使用了同一韵母字的地方，称为韵脚。

50、**骚体赋sāotǐfù**：骚体赋是汉赋中的一类，它是从楚辞中发展而成的，形式上属于骚体，所以称为骚体赋。骚体赋的大都是抒发怀才不遇的不平，抒发一种不得取势进科的牢骚，代表作是贾谊的《吊屈原赋》、《鵩鸟赋》，司马相如的《长门赋》，司马迁的《悲士不遇赋》等。

51、**乐府诗yuèfǔshī**：古诗的一种体裁，可入乐歌唱。"乐府"本是汉武帝设立的音乐机构，用来训练乐工，制定乐谱和采集歌词，其中采集了大量民歌，后来，"乐府"成为一种带有音乐性的诗体名称。今保存的汉乐府民歌的五六十首，真实地反映了下层人民的苦难生活。如《战城南》、《东门行》、《十五从军征》、《陌上桑》等，其文体较《诗经》、《楚辞》更为活泼自由，发展了五言体、七言体及长短句等，并多以叙事为主，塑造了具有一定性格的人物形象。《孔雀东南飞》(又名《古诗为焦仲卿妻作》)、《木兰辞》是汉魏以来乐府中叙事民歌的优秀代表作，称为乐府双璧。

✿ 练习与理解

1、东汉因何而逐渐衰落直至灭亡？

2、《史记》被鲁迅称为什么？是何意？

3、二十四史，是中国古代各朝撰写的二十四部史书的总称，其中被称作前四史的是？

4、举例说明汉代文学的主要成就？

5、简述董仲舒学说的利与弊？

魏蜀吴，争汉鼎。号三国，迄两晋。

Wèi shǔ wú, zhēng hàn dǐng。Hào sān guó, qì liǎng jìn。

字词解释

1、争zhēng：指力求获得，互不相让。这里指争夺。

2、鼎dǐng：立国重器，是政权的象征。这里借指汉朝江山或汉朝政权。

3、号hào:这里指叫做或称为。

4、迄qì：指到；至。

现代译文

东汉末年，魏、蜀、吴三国相争天下。后来魏灭了蜀国和吴国，却被司马懿篡夺(cuàn duò)了帝位，建立了晋朝，晋又分为东晋和西晋两个时期。

原文史实

魏、蜀、吴是东汉末年军阀混战中产生的三个政权。东汉末年，天下大乱，曹操"挟天子以令诸侯"征讨四方，对内消灭二袁(袁绍、袁术)、吕布、刘表、马超、韩遂等割据势力，对外降服南匈奴、乌桓(wū huán)、鲜卑(xiān bēi)等，统一了中国北方。220年，曹丕(cáo pī)篡汉称帝，建都洛阳，国号"魏"，史称"曹魏"。三国正式开始。221年，刘备为了延续汉朝、兴复汉室，于成都称帝，国号"汉"，史称"蜀汉"。229年，孙权在武昌(今湖北鄂城)称帝，国号"吴"，史称"东吴"。后又迁都建业(今南京)，自此三国正式鼎立。大禹治水铸九鼎以镇九州，鼎就成为国家政权的象征，争汉鼎就是争夺汉朝的天下。魏蜀吴三国鼎立的时代史称三国时代。三国之后为司马氏晋朝。晋朝又分为西晋东晋，所以称作两晋。

九鼎

平定黄巾起义以后, 汉灵帝见天下不稳, 便在洛阳练兵, 任命一个叫蹇硕(jiǎn shuò)的太监为元帅。蹇硕虽无能, 手下却有几个能人, 一位是中军校尉袁绍, 一位是典军校尉曹操。灵帝死后, 外戚灵帝何皇后的哥哥何进任大将军杀了蹇硕, 并想将宫中的太监全部杀掉, 但妹妹何皇后不同意。何进为吓唬何皇后, 密令河东太守董卓以讨宦官为名进京。

何皇后急了, 下令所有宦官各回老家；但由于何皇后的母亲为宦官说情, 何皇后又收回成命。何进进宫让何皇后杀掉所有太监, 还没出宫门就被太监斩杀。消息传出, 何进的弟弟何苗及好友袁绍、袁绍弟弟袁术联合将两千多太监全杀。董卓已在当晚赶到京城, 董卓本是豺狼成性, 进京后贬了何皇后, 废何皇后儿子刘辩, 另立9岁的刘协为汉献帝, 自命为大将军。董卓专权引起满朝文武和百姓的不满, 大家公推袁绍为盟主联名讨伐董卓。董卓下令迁都长安, 临行前对洛阳烧杀抢掠, 到长安后继续专权, 被司徒王允和部下吕布刺杀。从此天下大乱。讨董军内部也矛盾重重, 彼此攻城略地混战不休。那时最有实力的是袁绍与曹操。袁绍出身名门望族, 四世三公, 门生故吏遍天下, 势力强大, 但却志大才疏, 胆略不足, 刻薄寡恩, 刚愎(bì)自用, 好谋无决, 兵多而指挥不明, 将骄而政令不一, 内部不如曹操团结。曹操, 曹操出生在官宦世家, 字孟德, 曹操的父亲曹嵩(sōng)是宦官曹腾的养子, 曹腾历侍四代皇帝, 有一定名望, 汉桓帝时被封为费亭侯。曹嵩继承了曹腾的侯爵, 在汉灵帝时官至太尉。曹操因参加平定黄巾起义而有了自己的武装, 在董卓被杀、长安大乱时将汉献帝接出长安, 迎至许昌, "挟天子以令诸侯"。袁绍派十万兵进攻曹操, 战于官渡。曹操当时兵不足万，攻占乌巢(wū cháo)，张郃(hé)、高览闻讯投降曹操，告知袁军虚实，曹操派五千人深入敌后，焚烧袁军粮草，袁军军心浮躁，曹军以少胜多，全歼袁军，取得了官渡之战的胜利。后来，袁绍病死，曹操趁机北伐，统一了北方。8年之后，曹操又发动统一南方的赤壁之战，因曹军从北方来，不习水战，被吴蜀两国联合打败。赤壁之战奠定了三国鼎立的基础。曹操退回北方，招募百姓或利用士兵开垦汉末战乱中的荒田，发展经济，巩固统治。12年后病逝，享寿65岁。同年也就是公元220年他的儿子曹丕逼汉献帝禅位，自称皇帝，国号魏，定都洛阳。东汉灭亡，魏朝建立，曹丕为魏文帝，尊曹操为魏武帝。

公元221年刘备称帝，自号昭烈皇帝，国号蜀，定都成都。刘备，字玄德，汉景帝子中山靖王之后。幼时贫穷，与母亲卖鞋织席为生。后参加平定黄巾军起义，结义关羽、张飞。军阀混战中先后投靠袁绍、曹操等军阀。 赤壁之战前一年在湖北荆州三顾茅庐访得诸葛亮。诸葛亮为其分析三分天下的格局说："北让曹操占天时，南让孙权占地利，将军可占人和，拿下西川成大业，和曹、孙成三足鼎立之势。"赤壁之战后力量逐渐强大。称帝第二年东吴袭击杀害蜀将关羽，占领荆州，刘备亲率七十多万大军沿长江而下征讨吴国，被吴将陆逊火烧连营，全军覆没。刘备逃至白帝城，忧愤而死，享寿62岁。儿子刘禅继位，称后主，朝政全交给诸葛亮。诸葛亮励精图治，发展经济，开发西南，平定少数民族叛乱，七擒七释彝族首领孟获，最后使之真心归顺。此后，五次出兵伐魏，最后积劳成疾，鞠躬尽瘁，53岁时病死在陕西五丈原。诸葛亮一死，后主宠信宦官黄皓(hào)，吏治腐败，人心涣散，公元263年魏国攻蜀，后主投降，蜀国灭亡。此距诸葛亮去世刚好三十年。

公元229年孙权称帝，国号吴，定都南京，古称建业，孙权为吴大帝。孙权的父亲孙坚是汉灵帝时长沙太守，先参加平定黄巾起义，后又参加讨伐董卓，死后其子孙策控制长江下游一带。官渡之战这一年，孙策被刺身亡，孙策的东吴之地由弟弟孙权继承，时年19岁。孙权善于团结父兄的部下，用兄长的部下周瑜赢得赤壁之战的胜利。赤壁之战后，孙权大力开发江南，开垦荒田；征服少数民族山越人；制造能容千人的大船，航海至台湾，成为有史可查的第一次大陆人民大规模到台湾。经过孙权的治理，江南经济有了很大发展，吴国成为三国中寿命最长、灭亡最晚的一国。公元279年，西晋攻吴，次年吴国灭亡。此距蜀国灭亡已有16年。

魏朝建立六年, 文帝曹丕便去世, 明帝继位, 任用老将司马懿(yì)应对诸葛亮北伐。司马懿取得胜利, 在魏国的势力越来越大, 明帝死后就把持了朝政, 最后司马懿的孙子司马炎在公元265年逼曹魏禅让, 建立晋朝, 定都洛阳。这就是西晋, 司马炎为晋武帝。西晋是中国历史上三国后短暂的大一统王朝之一, 另与东晋合称晋朝。西晋的建立标志着三国时代的结束。西晋王朝建立后十分腐朽, 残暴, 奢侈。晋武帝出身世族, 其家族经过长期发展, 早就形成庞大的权贵集团。因此自西晋建立, 政风十分黑暗, 贪赃枉法, 贿赂风行。西晋大臣都是曹魏以来的贵族和王侯, 骄奢淫逸, 从不以国事为重。晋武帝又大量封宗室为王, 用以监督异姓功臣, 并允许诸王建有军队。武帝一死, 晋惠帝继位, 外戚杨骏辅政, 统治集团内部矛盾愈演愈烈, 终于爆发了"八王之乱"。八王之乱就是晋分封的汝南王、赵王、楚王、齐王、成都王、河间王、长沙王、东海王为争权夺势展开的战争。 最后东海王掌握朝政, 动乱才告结束。其余七王在战争中先后被杀, 西晋统治力量大大削弱, 中原经济被破坏, 社会矛盾被激化。八王之乱不久各地反晋起义相继暴发。就在晋末各地流民起义的同时, 山西的匈奴贵族刘渊起兵反晋, 于公元308年称帝, 国号汉。公元316年西晋灭亡。

公元317年, 司马睿在江南建立东晋王朝, 定都南京, 称晋元帝。东晋是偏安的王朝, 只统治江南的地区。 北方则由匈奴、鲜卑、氐(dī)、羯(jié)、羌(qiāng)五个少数民族先后建立了十六个国家, 史称五胡十六国。五胡除了鲜卑族是东北少数民族, 其余都是西北少数民族。 十六国最早的是匈奴人刘渊建立的汉国, 之所以叫汉国是要标明自己是刘汉王朝的正统继承人。没过多久, 刘渊的侄儿刘曜(yào)掌权, 改国号为赵, 史称前赵。刘渊部下石勒(lè)崇尚汉文化, 治国有方, 治理期间国强民泰。其子石虎穷奢极欲, 残暴荒淫, 不久前赵就被前燕所灭。与此同时甘肃一带还有汉人原西晋凉州刺史张轨(guǐ)建的前凉。之后又有氐人(dī rén)符坚建立的前秦灭前燕, 前凉统一了北方。符坚重农崇佛, 政治清明, 国力强盛。八年后, 符坚发动向东晋的战争, 想统一天下。在安徽的淝水之战中, 前秦大军被东晋击溃, 前秦政权也因此瓦解, 北方又陷入分裂割据中。中原一带有鲜卑人慕容垂建立的后燕, 慕容德建立的南燕, 汉人冯跋(bá)建立的北燕, 慕容冲建立的西燕。南北燕由后燕分裂而来。陕西、山西一带有羌人姚苌(yáo cháng)建立的后秦，后来被东晋攻灭。又有匈奴人赫连勃勃(hè lián bò bò)建立的夏国。甘肃一带先后有鲜卑人建立的西秦、氐人吕光建立的后凉、鲜卑人秃发乌孤(tū fā wū gū)建立的

南凉、匈奴人沮渠蒙逊(jǔ qú méng xùn)建立的北凉、汉人李暠(hào)建立的西凉。十六国中前赵和大夏、北凉三国是匈奴人建的，前燕、后燕、南燕、西燕、西秦、南凉六国是鲜卑人建的，前秦、后凉两国是氐人建的，后赵是羯人建的，后秦是羌人建的，前凉、西凉、北燕三国为汉人所建。公元439年鲜卑人建立的北魏结束了五胡十六国的纷乱，统一了北方。五胡十六国从刘渊建立汉国到北魏统一共131年。

东晋王朝的建立完全依靠江南望族的支持，所以东晋建立后朝政被诸望族控制。先后控制朝政的有王氏、庾(yǔ)氏、桓(huán)氏、谢氏几大家族。东晋为收复北方有祖逖(zǔ tì)、桓(huán)温两次北伐。祖逖为逃难江南的河北望族，东晋初年他率领逃难的荒民北伐，军队所向无敌，收复黄河以南失地，然因东晋王朝害怕祖逖功高难制，对其进行多方限制，祖逖忧愤而死，北伐失败。东晋中期望族桓温也三次北伐，攻灭李特所建的成汉国，但因朝臣牵制及桓温把北伐看成集中个人权力的手段，北伐最后也以失败告终。桓温死后，前秦苻坚率九十万大军南下，欲统一江南。东晋当权的望族谢安组织抗击，其侄谢玄以八万人在淝水与苻坚对峙。秦军由于军心不稳，士兵都是临时招来的各族百姓，离心离德，意气消沉，秦军派出劝降的人又出卖了秦军的虚实。晋军要求秦军后退，以便自己渡过淝水

决战，秦军想趁晋军渡河之时予以歼灭，同意后退。未想军心未稳，一退则不可复止，纷纷逃散，晋军渡河追击，大败秦军。淝水之战是中国历史上著名的以少胜多的战役，并且避免了江南经济文化受到大的战火的破坏，具有重大意义。淝水之战后，东晋内部政治斗争加剧，广州刺史桓玄掌权，逼安帝让位，建立楚政权，一年后被部下刘裕消灭，安帝复位，朝政被刘裕掌握。刘裕组织北伐，攻灭南燕、后秦，声威益高。公元420年晋恭帝让位刘裕，刘裕称皇帝，国号"宋"，东晋灭亡。

◉ 词语解释

1、军阀jūn fá：指拥有军队、割据一方、自成派系的军人或军人集团。

2、挟天子以令诸侯xié tiān zǐ yǐ lìng zhū hóu：指挟制着皇帝，用皇帝的名义发号施令。现比喻用领导的名义按自己的意思去指挥别人。

3、延续yán xù：指照原来的样子继续下去。

4、鼎立dǐng lì：指三方对立。

5、吓唬xià hu：指恐吓；使害怕。

6、密令mì lìng：指秘密下达的，只为少数人所知的命令、使命。

7、宦官huàn guān：是指中国古代京城，被阉割后失去性能力，专供皇帝、君主及其家族役使的官员。

8、豺狼成性chái láng chéng xìng：豺、狼：凶残的野兽。像豺狼一样凶恶残暴成了习性。形容为人残暴。

9、贬biǎn：1)降低(封建时代多指官职，现代多指价值)；减少：~黜(chù)、~值。2)指出缺点，给予不好的评价，与'褒'相对：有褒有~。

10、废fèi：这里指停止，不再使用：~弛(应该施行而不施行)。~除、~黜(罢免，革除)、~帝(被废黜的皇帝)、~弃、~止、~置。

11、自命zì mìng：指自己认为；自己命名。

12、志大才疏zhì dà cái shū：疏：粗疏，薄弱。指人志向大而才具不够。

13、胆略dǎn lüè：指勇气和谋略。

14、刻薄寡恩kè bó guǎ ēn：指冷酷无情，极少施恩于人。

15、刚愎自用gāng bì zì yòng：形容一个人过分自信，完全听取不了别人的意见，十分固执。

16、好谋无决hào móu wú jué：指对问题思考策划得多，但却不能或不善于作出判断或决断。

17、禅位shàn wèi：指禅让帝位。

18、三顾茅庐sān gù máo lú：顾：拜访；茅庐：草屋。原为汉末刘备访聘诸葛亮的故事。比喻真心诚意，一再邀请。汉末刘备三次诚访诸葛亮出山辅佐的故事。此后传为佳话，渐成典故，

19、忧愤yōu fèn：指忧虑悲愤，忧郁愤恨。

20、励精图治lì jīng tú zhì：励：奋勉；图：谋求，设法；治：治理。意思是形容一个国家的皇帝或者领导者振奋精神，竭尽全力想治理好国家。同时还可以用来形容领导者的精神品质和实际行动。

21、积劳成疾jī láo chéng jí：积劳：长期劳累过度；疾：病。因长期工作，劳累过度而生了病。

22、鞠躬尽瘁jū gōng jìn cuì：尽瘁：竭尽劳苦。指尽自己所能，贡献出全部力量。

23、人心涣散rén xīn huàn sàn：涣散：散漫，松懈。思想不统一。形容人心不齐。

24、把持bǎ chí：指拿，握；揽权专断，不让别人参与。

25、腐朽fǔ xiǔ：原指物质长时期遭受氧化、浸蚀等而导致的腐烂，后比喻人思想和观念陈腐、生活行为堕落、制度败坏腐朽。

26、残暴cán bào：1)指残忍凶暴。2)指凶恶者。3)指虐杀。

27、奢侈shē chǐ：指挥霍浪费钱财，过分追求享受。

28、对峙duì zhì：指对抗，抗衡。

29、离心离德lí xīn lí dé：心、德：心意。指思想不统一，信念也不一致。形容不一条心。

30、意气消沉yì qì xiāo chén：灰心丧气,无精打采,失去上进心。

练习与理解

1、"尊王攘夷"与"挟天子以令诸侯"有何不同？

2、刘备三顾茅庐访得诸葛亮, 诸葛亮为其如何分析三分天下的态势？

3、名词解释：赤壁之战。简述赤壁之战对魏蜀吴三国鼎立的影响并加以评价？

宋齐继，梁陈承。为南朝，都金陵。

Sòng qí jì, liáng chén chéng。Wéi nán cháo, dū jīn líng。

⊙ 字词解释

1、继jì：指连续，接着。如：~续、~任、~承、~往开来、前仆后~。

2、承chéng：这里指继续，接连。如：继~、~前启后。

3、为wéi：这里指当做，认做，叫做，称为。

4、都dū：指都市、首府、首都。

⊙ 现代译文

晋朝王室南迁以后，不久就衰亡了，继之南北朝时代。南朝包括宋齐梁陈，国都建在金陵(今南京)。

⊙ 原文史实

南北朝时期是中国历史上的一段大分裂时期，上承东晋十六国下接隋朝，由420年刘裕代东晋建立刘宋始，至公元589年隋灭陈而终。

东晋灭亡以后，江南先后由宋朝、齐朝、梁朝、陈朝四个王朝统治，四个王朝都定都金陵。 金陵就是今天的南京， 有三国时的吴国、东晋、宋、齐、梁、陈六个朝代先后在此定都，故称六朝古都。宋、齐、梁、陈这四个王朝统治的时代，历史上称作南朝。刘裕出身贫寒，从军建功，后功高震主，代晋自立，建立宋朝为宋武帝，两年后病逝。刘宋王朝在武帝之后经少帝传位文帝的30多年间，政治清明，社会安定，赋役宽简，民风纯正，出现少有的盛世气象，史称"宋文帝元嘉之治"。元嘉是文帝年号。文帝以后刘宋王朝内部宗室诸王争权夺利，内战连年，人民流离失所。掌握禁卫军大权的萧道成于公元479年受禅于宋顺帝称帝，建立齐朝，为齐高帝。萧道成是汉初相国萧何之后，博学能文，为人宽容，朴素节俭。但齐朝政治腐败，聚敛成风，宗室互相残杀。公元502年齐朝同族萧衍(yǎn)废齐朝自立为皇帝，建梁朝，为梁武帝。梁武帝博学多艺，精通儒、佛、道等文化，能诗善书，且慈孝谨慎，独处时也衣冠整齐，从不饮酒，弘扬文化功劳犹大。论才德他可以算作一流的皇帝。但是梁朝政治残暴混乱，武帝宠幸权贵，贵族子弟又大都不学无术。武帝晚年又出现侯景之乱。侯景原为北朝大将，初投降梁朝又反梁朝，害死梁武帝。梁武帝在位48年，活了85岁。武帝去世后8年，梁朝就灭亡了。出身低微的梁朝西江督护、高要太守陈霸先，通过平定"侯景之乱"，渐渐控制了梁朝的政权，于公元557年灭梁建陈朝，为陈武帝。陈霸先宽简朴素，后宫无粉黛金翠。但陈朝国力衰弱，疆域甚小，后主陈叔宝宠信后妃，荒淫奢侈，政治黑暗，公元589年被隋朝所灭。南朝结束。

魏晋南北朝出现了门阀士族，所谓士族就是享有特权、世代显赫的贵族，这样的家族又叫门阀。三国两晋及南朝都是军阀联合门阀统治。在魏晋南北朝时期人们是非常看重门第出身的，这是当时非常重要的一个社会现象。士族中有一些有名的人，叫做名士，他们崇尚空谈玄虚，不拘小节，追求风流潇洒，被称作魏晋名士风流。

东晋及南朝有大量的北方流民逃到江南，补充了南方劳动力的不足，也带来了北方的生产工具和生产技术，促进了南方农业的发展。魏晋南北朝时期佛教兴盛，特别是东晋南朝王公贵族竞相营建佛寺，梁武帝时南京僧尼达十万多人。寺院拥有大量资产、土地和劳动力，成为南方重要的寺院经济。寺院还放债索取抵押品，成为后世典当业的雏形。门阀士族兼并大量土地，吞并大量流民作为佃(diàn)客，形成南方的田庄经济。东晋南朝以来南方的丝绸业、造纸业、商业都有巨大发展。

⚙ **词语解释**

1、**功高震主 gōng gāo zhèn zhǔ**：功：功劳，功勋；震：震动、威震；主：君主。功劳太大，使君主受到震动而心有疑虑。

2、代dài：这里指替，代替。

3、清明qīng míng：这里指政治有法度，有条理。也指中国的二十四节气之一，在4月4、5或6日。是中国传统节日，也是最重要的祭祀节日之一，是祭祖和扫墓的日子。

4、赋役fù yì：赋税和徭役的合称。中国古代，赋初指兵赋。春秋后期，各国逐渐从田亩征赋，赋和税渐趋混合。秦汉以后，赋指按户口征收的税，徭役则另行征发，赋和役始有明显区别。明代以后，将按户口征发的徭役折征银两，把丁税并入田赋，至清则以赋役为田租的专称。

5、宽简kuān jiǎn：指宽大，不苛求。

6、流离失所liú lí shī suǒ：流离：转徙离散。指无处安身，到处流浪。

7、聚敛jù liǎn：指聚集，聚在一起。这里指课重税来搜刮(民财)。

8、慈孝cí xiào：指孝敬。何谓慈孝？慈者，仁爱也，慈母之省称。

9、谨慎jǐn shèn：指细心慎重或认为自己的看法有所根据，但还有所保留。也指对外界事物或自己言行密切注意，以免发生不利或不幸的事情。

10、粉黛fěn dài：原意指白粉和黑粉。后指年轻貌美的女子。

11、金翠jīn cuì：指金黄翠绿之色。或黄金和翠玉制成的饰物。

12、门阀mén fá：是门第和阀阅的合称，指世代为官的名门望族，又称门第、衣冠、世族、士族、势族、世家、巨室等。中国可追溯的门阀最早起源到春秋时期，如晋国六卿中的韩氏、赵氏、魏氏、智氏、范氏、中行氏等。门阀制度是两汉到隋唐最为显著的选拔官员的系统，也是魏晋时期世家大族控制朝政所依附的制度。直到唐代，门阀制度才逐渐被以个人文化水平考试为依据的科举制度所取代，形成了中国特点的官僚制度。

13、空谈kōng tán：指只发空论，没有实践；不符合实际情况的言谈。

14、玄虚xuán xū：指道家玄妙虚无的道理。形容神秘莫测，使人摸不透。

15、不拘小节bù jū xiǎo jié：拘：拘泥。不为小事所约束。多指不注意生活小事。

16、风流潇洒fēng liú xiāo sǎ：指行为落落大方，不拘束，自然大方。

17、佃客diàn kè：指晋代世家豪强门下的一种依附农民。或指租种土地的佃户和佃种
　　庄田土地的庄客。

⊙ 练习与理解

　　1、中国著名的六朝古都是哪里？都是哪几个朝代在此建都？

　　2、魏晋南北朝时期人口南迁(或江南地区得以发展)的原因及历史意义？

北元魏，分东西。宇文周，兴高齐。

Běi yuán wèi, fēn dōng xī。Yǔ wén zhōu, xīng gāo qí。

⊙ 字词解释

1、北běi：这里指南北朝时期的北朝。

2、元魏yuán wèi：北魏(386~557)，鲜卑族拓跋珪(tuò bá guī)建立的封建王朝，是南北朝时期北朝第一个朝代，又称拓跋魏，元魏。

3、分fēn：指分裂，分离。

4、东西dōng xī：这里指北魏(元魏)分裂为东魏(高欢)和西魏(宇文泰)。

5、周zhōu：西魏被宇文觉篡位，建立北周。

6、兴：这里指建立。东魏被高洋篡位，建立了北齐。

⊙ 现代译文

北朝指的是元魏。元魏后来也分裂成东魏和西魏，西魏被宇文觉篡了位，建立了北周；东魏被高洋篡了位，建立了北齐。

⊙ 原文史实

北朝承继五胡十六国，为胡汉融合的朝代。北朝包含北魏、东魏、西魏、北齐和北周五朝。从西晋以来的五胡十六国到公元439年被北魏统一，这时南方的刘宋王朝已建立20年。与东晋南朝相对在北方，史称北朝。北魏统治百余年后又分裂为东魏、西魏两国，东魏继而演变为北齐，西魏演变为北周。北魏皇帝本是鲜卑人，姓拓跋(tuó bá)，北魏孝文帝为了汉化，就将姓改为元，故魏又称元。北齐皇帝姓高，北周皇帝姓宇文，故而叫北元魏，分东西。宇文周，与高齐。北魏最初在西晋末年的变乱中曾建立代国，被前秦所灭，淝水(féi shuǐ)之战后，又恢复代国，公元398年改称魏，史称北魏，建都山西大同。北魏建立后42年统一北方。北魏前期统治残暴，大杀汉人，政治昏暗，贪污成风，民族矛盾、社会矛盾都很严重。北魏建立

后73年，淳孝博学的孝文帝即位，时年幼，冯太后主政，就已经开始改革。冯太后死后，孝文帝继续改革，其核心是加强鲜卑统治的汉化。孝文帝为避免山西大同旧都鲜卑保守势力大，于是迁都洛阳。并仿照汉人改官制、法律、姓氏，鲜卑多复姓，改革后以单姓为主。孝文帝也将姓由拓跋改为元，还禁止穿鲜卑服，仿汉服制定统一官服和便装。把汉语作为官方使用语言，30岁以下官员，官方场合不得说鲜卑语。另外还仿照汉族门阀制度确定鲜卑贵族，以便与汉贵族通婚合流。孝文帝的改革加深了北方的融合，巩固了北魏的统治，是少数民族入主中原自觉学习汉文化、自觉被汉文化同化的典型。整个三国两晋南北朝是中华民族大融合最深入的一次，也是诸多北方少数民族逐渐汉化融入中华民族大家庭的过程。在这次融合以前的中国人称为汉人，这是秦始皇统一天下后形成的一个多民族融合的结晶，并以汉朝的名号被固定下来。直到今天，少数民族以外的大部分中国人都叫汉族人。经过魏晋南北朝的民族融合以后的中国人称为唐人，唐朝最终结束了魏晋南北朝的分裂，这个民族融合的结晶，就以唐朝的名号固定下来。到今天，中国人在外国居住的地方被称为唐人街。这是中华民族的发展，是历史的进步。

孝文帝推行改革后，经济迅速发展，社会安定繁荣，但不久北魏统治者陶醉于歌舞升

平，日益奢侈腐化。孝文帝死后23年，北方六镇爆发了大规模的各民族人民起义，持续八年之久，席卷北方大部分地区，沉重打击了北魏统治。以后投降北魏的起义将领高欢把持朝政，自立静帝为东魏，统治16年后又被迫禅位给其子高洋，建立北齐。另一位投降北魏的起义将领宇文泰控制陕西一带，后拥立文帝为西魏，西魏统治23年后被迫让位给宇文泰之子宇文觉，建立北周。东魏、北齐因占洛阳以东、长江以北广大地区，非常富庶。但政权被鲜卑贵族把持，排斥汉文化，政治腐败，人心涣散，土地兼并严重，社会及民族矛盾尖锐，公元577年被北周武帝灭掉。西魏北周坚持走汉化道路，还模仿《周礼》改革，打击寺院经济对土地的兼并。北周大规模灭佛，强迫百万僧人还俗为农，增强国力，建立战斗力极强的府兵制。北周武帝灭齐以后正欲统一全国，不幸病逝。继位的宣帝昏庸无能，大权落于皇后父亲杨坚手中，北周武帝驾崩后三年，杨坚取代北周，建立隋朝。北朝结束。

从文化学术来讲，魏晋时期被称为玄学时代。玄学就是用老庄思想改造过的儒学。汉代经学的主题是统一思想，魏晋玄学的主题是精神的超越。这种超越恰恰补充了注重统一思想的儒学关于个人自由的不足。在玄学为主的时代思潮下，其他学术都受到玄学的影响。魏晋南北朝的经学远不如汉代兴盛，主要表现为郑学与王学之争。郑学是汉末郑玄学说，王学是魏晋王肃学说。郑学的特点是综合今古文经学，王学的特点是固守古文经学。西晋基本上是有政治靠山的王学得势的时代。但政治靠山失去时，所谓学术自然也就随之消失了。东晋以后真正有学术价值的郑学又恢复它的地位。

南北朝时的经学各有特点。南朝经学是融合了玄学的新经学，博采众长而不墨守一家；北朝经学却只墨守郑学，内容死板僵化。

这一时期史学大有发展，私家修史之风盛行，史学著作较前代增加了四十倍。正史中的《后汉书》、《三国志》、《宋书》、《南齐书》、《魏书》都成于这一时期。《后汉书》的作者是南朝刘宋时的范晔。范晔的祖父范宁是东晋时的著名经学家，著有《春秋穀(gǔ)梁传集解》，成就很高，收在《十三经注疏》中。范晔(yè)博览群书，精通音律，47岁时因谋反罪被杀。《后汉书》通纪东汉一朝的历史，分本纪10篇，列传80篇，志30篇，共120篇。该书善写类传，就是将有共同特点的人写在同一传中。每传皆有专论，借古喻今，指正当时得失，很有价值。《后汉书》史料详实，善于剪裁，成就极高，历来备受推崇，与《史记》、《汉书》并称为史学上的三驾马车，足见其地位。《三国志》的作者是被称为有良史之才的西晋时陈寿。陈寿生在三国时的蜀国，吴灭蜀后在西晋成其著作，享年64岁。《三国志》是记载魏、蜀、吴三国历史的一部纪传体国别史，有《魏书》30篇，《蜀书》15篇，《吴书》20篇，共65篇。《三国志》文笔质朴，取材严谨，无表无志，只有纪、传。价值亦高，与《史记》、《汉书》、《后汉书》并称四史。古人常说二十四史不必全读，前四史不可不读。南朝刘宋时的裴松之为《三国志》作注，增补大量史料，注文是正文的三倍，史料价值不亚于《三国志》。后人读《三国志》也必读裴注。《宋书》是南朝时梁朝著名文学家浙江人沈约所著。沈约为齐梁间文坛领袖，平上去入四声的发明者，被称为一代词宗。修《宋书》未到一年便写成，成书之速堪为二十六史作者之冠。享年72岁。《宋书》记南朝刘宋王朝一朝的史实。分本纪10篇，志30篇，列传60篇，共100篇。《宋书》文辞典雅，记典章制度甚详，收录奏章诗赋极多。《南齐书》的作者是南朝齐梁间的江苏人萧子显。萧子显是齐高帝萧道成的孙子，貌俊才高，能言善对，深得梁武帝赏识，于梁朝做官时修《南齐书》。但因病只活了48岁。梁武帝深惜其早逝，特下诏从厚安葬。萧子显因是南齐宗室，故对南齐先世百般颂扬，千般维护。但也正因为是宗室，在掌握史料上有不少便利，故能得到许多原始资料。另外《南齐书》文辞简洁，爱用类叙法。所谓类叙法是在一人的传里连带叙述诸人之事，既省多立传，又不淹没人，是作史良法。《南齐书》记南齐一朝之史实，分本纪8篇，志11篇，列传40篇，共59篇。《魏书》是北齐河北人魏收所著。魏收出身于官宦之家，风流而才高，有花蝴蝶的绰号；曾出使南朝，深得梁武帝赏识，认为他是北朝最有学问的人；奉北齐文宣帝高洋之命修《魏书》；终生无子，享年66岁。《魏书》记北魏、东魏、西魏三朝史事，分帝纪12篇，列传98篇，志20篇，共130篇。魏收修史，常以个人思想好恶来褒贬弃取人物，对于东魏述之甚详且多予颂扬，对于西魏则述之甚少且有意贬斥，对南朝人则贬为夷岛，列入《夷岛传》。因此不少人历来称《魏书》为"秽史"。不过《魏书》特设《释老志》一篇，专记佛教、道教历史，很有价值。作为北魏的历史，还是舍此无他。除五部正史外，还有东晋人常璩(qú)作的《华阳国志》，记录了从远古到东晋永和三年巴蜀史事，既述风土人物，又记政治沿革，分13志，影响很大，收在

《四库全书》史部地理类中。

子学在当时很是繁荣。佛教、道教都极兴盛。魏晋南北朝时佛教深入民间，发展迅速，高僧辈出。很多帝王也大力提倡佛教，梁武帝、陈后主都曾出家为僧，极盛时僧人达三百多万。佛经翻译取得巨大成就，西域来的高僧鸠摩罗什祖师(jiū mò luò shí zǔ shī)，于后秦翻译佛经二百部，现今最有名的

敦煌莫高窟-飞天

《金刚经》、《妙法莲华经》、《维摩诘(wéi mò jié)经》、《阿弥陀经》四大佛经都是他翻译的。佛经的翻译对佛教的传播起了至关重要的作用。印度高僧达摩祖师自海上东来，于北魏河南嵩山(sōng shān)面壁十年，创立了中国的禅宗。少林寺就是禅宗的祖庭。东晋高僧慧远大师在江西庐山创立净土宗。后秦高僧法显从长安出发到印度取经，历13年回国，写成著名的《法显传》，又名《佛国记》，是研究古印度及东西交通的重要史料。南朝佛教受玄学影响，注重义理；北朝佛教注重传教，开凿了著名的山西大同云冈石窟、河南洛阳龙门石窟及甘肃敦煌石窟的一部分。梁朝高僧慧皎(huì jiǎo)整理僧侣事迹所作的《高僧传》，僧祐(zēng yòu)汇集佛教文献所作的《弘明集》，北魏杨衒之(Yáng Xiánzhī)作记洛阳寺院盛况的《洛阳伽(jiā)蓝记》，都是中国佛教的重要典籍。由于佛教过于兴盛，影响到社会的政治、经济，北魏太武帝、北周武帝都曾下令灭佛，焚经毁像，逼迫僧人还俗，没收庙产。这两次灭佛与唐朝的唐武宗灭佛，史称"三武灭佛"。道教虽有极大发展，但不及佛教兴盛。此期道教的特点是对汉末的民间道教进行改造，神学理论、组织制度都更完备，赢得了上层社会的认同，并出现了东晋的葛洪、北魏的寇谦之、刘宋的陆修静、齐梁的陶弘景等一批著名道士。葛洪作为魏晋神仙道教理论的奠定者，作了一部道教史上划时代的著作《抱朴

子》,分内外两篇。内篇讲神仙养生的理论,外篇讲儒家治国平天下的主张。将道家的神仙方术与儒家的纲常名教结合,形成了迎合统治者需要的神仙道教。寇谦之重在制定道教的戒律仪轨、组织制度。陆修静以整理魏晋时期大量涌现的道教经典著称。陶弘景则构造了一个整齐有序的神仙世界。

子学中的哲学则以玄学为主,直接影响到魏晋时人的精神面貌与生活状态,这就是崇尚清谈、恣情任性。这种表现最突出的便是号称竹林七贤的阮籍、嵇康、山涛、向秀、阮咸、刘伶、王戎。他们相与友善,游于竹林,纵情诗酒山水,旷达不羁,孤芳自赏,愤世嫉俗,常赤身裸体,酩酊大醉,笑傲江湖。

子学中的科学数学方面,有刘宋时在世界上将圆周率第一个推算到小数点后七位的祖冲之父子;医学方面,三国时成就极高的华佗发明了外科手术时进行麻醉所需的麻沸散,西晋太医王叔和著有总结人体24种脉相与疾病关系的《脉经》,皇甫谧(mì)著有总结人体649个穴位、集西晋前针灸学大成的《针灸甲乙经》;农学方面有北魏贾思勰(xié)著的我国第一部完整的农书《齐民要术》。艺术的绘画方面出了东晋时伟大的人物画家顾恺之、陆

陶渊明-桃花源记

探微、张僧繇(yáo)。三人画人各有特色,《历代名画记》讲张得其肉,陆得其骨,顾得其神。另外南齐谢赫著有著名的绘画理论著作《古画品录》,论述了中国画气韵生动、骨法用笔、应物象形、随类赋彩、经营位置、传移摹写的六法,对后世影响很深。

书法方面出了中国书法史上最伟大的书法家东晋时的王羲之、王献之父子。王羲之被誉为书圣,王献之被誉为小圣,皆擅行书。王羲之的书法作品《兰亭集序》乃书法中的千古绝唱,唐太宗爱之如命,死后竟带入坟墓,今世所见都是后人的摹本。

文学方面,魏晋南北朝时期被鲁迅先生誉为文学的自觉时代,空前繁荣。代表文体是骈(pián)文,骈文是用对联的方式写文章,追求对仗的建筑美、平仄(zè)的音律美以及讲究辞藻、典故的绘画美。骈文是最能够集中展现汉语魅力的文体。骈文的兴盛是魏晋南北朝人厌倦现实人生、追求形式之美的时代风气在文学上的体现。三国时三曹父子与建安七子诗文成就颇高。三曹指曹操和儿子曹丕、曹植。建安七子指汉献帝时的王粲(càn)、孔融、陈琳、阮瑀(ruǎn yǔ)、刘桢、徐干、应场(yìngyáng)。三曹七子的诗文皆清新刚健,质朴有骨,被称为"建安风骨"。西晋有三张、二陆、两潘、一左。三张是张载、张协、张亢,二陆是陆机、陆云兄弟,两潘是潘安、潘岳叔侄,左是左思。成就最高的是陆机与左思。左思有著名的写魏吴蜀三国都城的《三都赋》,十年写成,写成后出现洛阳纸贵的局面。东晋出现了中国文学史上继屈原之后又一个伟大的诗人陶渊明。其诗清新自然意味深远,可与屈原、李杜、苏轼媲美,为田园诗之祖。《桃花源记》《归去来辞》更是集中展现中国读书人人生追求的千古名篇。刘宋时有山水诗创始人谢灵运和继承建安风骨的诗人鲍照。南齐有继承谢灵运山水诗颇有成就而被称为小谢的谢朓(Xiè Tiǎo)。梁朝有写千古离别之情《别赋》的才子江淹。 另有梁武帝长子昭明太子萧统编的一部著名的文章选集《昭明文选》，是中国古代最早的诗文选本，影响深远。陈朝还有徐陵编的《玉台新咏》，收录汉魏到梁朝的艳情诗以供后宫吟咏，也很有影响。著名的古诗《孔雀东南飞》就收录其中。北朝则有脍炙人口的乐府民歌《敕勒(chì lè)歌》和《木兰诗》。南北朝末年出现了一位集中体现南北朝文学成就的诗人庾信，所作《哀江南赋》代表了此期骈文的最高水平。 魏晋南北朝笔记小说流行， 最有名的有东晋时干宝作的神怪小说《搜神记》及南朝刘宋时刘义庆作的反映魏晋名士风流的志人小说《世说新语》。 魏晋南北朝之所以被鲁迅先生称为文学的自觉时代，还有一个重要的原因便是此期出现了一批很有成就的文学理论著作。 中国第一篇文学理论就是曹操大儿子曹丕著的《典论·论文》， 继之有陆机的《文赋》、南齐刘勰(Liú Xié)的《文心雕龙》和梁朝钟嵘(zhōng róng)的《诗品》。前两者是文章，后两者是专著。《文心雕龙》50篇， 全以骈文写成， 分总论、文体论、创作论三部分， 体制巨大思想精深，代表了中国文论的最高成就，影响深远。《诗品》评诗体源流，论历代诗人艺术成就，是论诗的专著。

⚙ 词语解释

1、承继chéng jì：这里指承袭；承接；继承。

2、演变yǎn biàn：指变化发展。

3、代国：代国(338年 - 376年)，十六国时期鲜卑人拓跋猗卢(tuò bá yī lú)建立的政权，是北魏的前身。

4、淳孝chún xiào： 指至孝，极尽孝道。

5、博学bó xué：指知识渊博

6、制定zhì dìng：定章程、计划、法规等。是指国家机关通过立法活动产生新的法律规范，通过这种方式制定的法律，称为制定法或成文法。

7、通婚tōng hūn：指双方结成姻(yīn)亲，互通婚姻。不同国家，不同种族的结婚，都可以叫通婚。

8、合流hé liú：原指河流汇合，比喻对立的或有差别的在思想行动上趋于一致，或艺术、学术等方面的不同流派融为一体。

9、融合róng hé：这里指相互结合。

10、巩固gǒng gù：指坚固，稳固而不动摇。

11、深入shēn rù：指研究、思考深刻、透彻；或指进入事物内部或中心。

12、结晶jié jīng：指物质从液态或气态形成晶体，比喻珍贵的成果。

13、陶醉táo zuì：指忘我地沉浸于某种情境中，表示很满意地沉浸在某种境界或思想活动中，沉醉于某种事物或境界里，以求得内心的安慰。

14、歌舞升平gē wǔ shēng píng：升平：太平。边歌边舞，庆祝太平。有粉饰太平的意思。

15、奢侈shē chǐ：指挥霍浪费钱财，过分追求享受。

16、腐化fǔ huà：指有机体腐烂。借喻思想行为变坏。

17、把持bǎ chí：指拿、握；揽权专断，不让别人参与，用于贬意。

18、富庶fù shù：指物产丰富，人口众多。

19、排斥pái chì：指不相容、使离开或不使进入。

20、人心涣散rén xīn huàn sàn：涣散：散漫，松懈。思想不统一。形容人心不齐。

21、尖锐jiān ruì：指尖而锋利。形容物体末端锋利，也形容声音尖厉或情况紧张激烈。

22、模仿mó fǎng：指按照现成的样子做。

23、取代qǔ dài：指推翻他人或排斥同类，以便自己顶替其位置。

24、思潮sī cháo：指在一定时期内反映一定数量人的社会政治愿望的思想潮流。或指起伏不平的思想、情绪。

25、博采众长bó cǎi zhòng cháng：指广泛采纳众人的长处及各方面的优点，或从多方面吸取各家的长处。

26、墨守mò shǒu：指固执拘泥，不会变通。

27、死板sǐ bǎn：泛指(人)做事不灵活，较真，认死理。

28、僵化jiāng huà：指思想凝固不变，不向前发展。

29、精通jīng tōng：指透彻理解并能熟练掌握。

30、详实xiáng shí：详细而确实。

31、剪裁jiǎn cái：指缝制衣服时把衣料按照一定尺寸剪断裁开，比喻做文章时对材料的取舍安排。

32、推崇tuī chóng：指尊崇，推重崇敬。非常重视某人的思想、才能、行为、著作、发明等，给予很高的评价。

33、三驾马车：原意是指三匹马拉一辆车。中国古代以拉车的马匹的多少来区分地位，所谓"三驾马车"，不是说三匹马拉的车，而是说三匹马一组一辕，分前、中、后三组来拉的车。现在已经产生许多引申义，如国家财政"三驾马车"、国民经济"三驾马车"、世界经济的"三驾马车"等。

34、良史liáng shǐ：优秀的史官。指能秉笔直书，记事信而有征者。

35、作注zuò zhó：指给文章做注解。

36、增补zēng bǔ：增加，补充。

37、颂扬sòng yáng：指称赞表扬；人们对美好事物的称赞。

38、贬斥biǎn chì：指为贬低并排斥或斥责。

39、秽史huì shǐ：指歪曲历史本来面目的史书；不光彩的生活史。

40、面壁miàn bì：佛教用语。面对墙壁默坐静修。

41、汇集huì jí：指聚集；累积。

42、典籍diǎn jí：指古代重要文献的总称。在不同领域，有不同的代表性典籍。也泛指古代图书。

43、戒律仪轨jiè lǜ yí guǐ：佛教的戒律、仪轨、规矩一方面释放着一种高冷的气质，另一方面也正是这种气质让人敬畏，并产生可远观不可亵玩焉的感觉。对不了解的人来说，很容易把戒律、仪轨、规矩这三者弄混，戒律是佛陀制定的，违犯了就是犯戒。仪轨，是经过很多代的大德祖师，在后来发展中吸收了种种其他因素而形成的一种仪式规矩，这仪轨纷繁复杂，不同寺院，不同地区又有不同的改变。这样的仪轨可能是在保持佛教仪式的庄严性上有着巨大的护航作用。规矩，就是民间，在居士内部流传的一些所谓的"仪轨"，更是纷繁复杂，人人说的都不一样。上多少香，供果几个，什么供果不可以供，鲜花怎么摆放等。

44、崇尚chóng shàng：指尊崇，提倡，讲究重视。常用于表述推崇某种观念，如"崇尚智慧"等。

45、清淡：指清高淡泊；清新恬淡；颜色、气味等不浓；食物含油脂少的；买卖不兴旺，营业额少。

46、恣情任性zì qíng rèn xìng：指放纵自己的性情，一点约束都没有。

47、旷达不羁kuàng dá bù jī：旷达：心胸开阔，想得开；不羁：不受束缚。指心胸开阔豁达，不受拘束。

48、孤芳自赏gū fāng zì shǎng：孤芳：独秀一时的香花。把自己比做仅有的香花而自我欣赏。比喻自命清高。也指脱离群众，自以为了不起。

49、愤世嫉俗fèn shì jí sú：愤：憎恶，痛恨；嫉：仇恨，痛恨；世俗：当时的社会状况。有正义感的人对黑暗的现实社会和不合理的习俗表示愤恨、憎恶。

50、酩酊大醉mǐng dǐng dà zuì：酩酊：沉醉的样子。形容醉得很厉害。

51、对仗duì zhàng：中古时诗歌格律的表现之一。律诗、骈文等按照字音的平仄和字义的虚实做成对偶的语句。

52、平仄：指中国诗词中用字的声调。平指平直，仄指曲折。平声和仄声，泛指诗文的韵律。

53、脍炙人口kuài zhì rén kǒu：脍：切细的肉；炙：烤熟的肉。脍和炙都是人们爱吃的食物。指美味人人爱吃。比喻好的诗文受到人们的称赞和传颂。

◉ 练习与理解

1、简述并评价魏孝文帝的为政举措？

2、被称为中国史学上"三驾马车"的分别是(　　　　)、(　　　　)、(　　　　)。

3、与《史记》、《汉书》、《后汉书》并称"四史"的著作是(　　　　)，作者是(　　　　)。

4、被称为"一代词宗"，平上去入四声的发明者，齐梁间的文坛领袖是谁？他是哪本史书的作者？

5、举例说明魏晋南北朝时期科学数学方面的成就？

6、简述魏晋南北朝时期的文学成就？

迨至隋，一土宇。不再传，失统绪。

Dài zhì suí, yī tǔ yǔ。Bú zài chuán, shī tǒng xù。

❂ 字词解释

1、迨dài：指等到，达到。

2、一土宇yī tǔ yǔ：指统一天下。

3、传chuán：这里指传位，传代。

4、统绪tǒng xù：泛指宗族系统。这里指皇室世系。

❂ 现代译文

　　杨坚重新统一了中国，建立了隋朝，历史上称为隋文帝。他的儿子隋炀帝杨广即位后，荒淫无道，隋朝很快就灭亡了。

❂ 原文史实

　　隋朝是上承南北朝下启唐朝的大一统王朝，是五胡乱华后汉族在北方重新建立的大一统王朝，结束了自西晋末年以来长达近362年的分裂局面。公元581年，北周的隋国公杨坚废静帝建立隋朝，称隋文帝，定都长安。隋朝只有文、炀二帝，37年。到了隋朝，天下统一，没有传过两代，就失去了统治的世系，亡国了。

　　隋文帝杨坚于北周世袭父封爵为隋国公。因女儿为周宣帝皇后，静帝年幼继位，他任丞相，总揽朝政，后建隋朝。在位期间勤于政事，生活俭朴。改革政治经济制度，搜查隐漏农户，重编户籍，削弱豪强势力，保证国家财政。统一南北朝时混乱的货币，简化地方行政机构。最重要的是建立了科举制的雏形，废除了从魏朝曹丕以来靠推举选官的九品中正

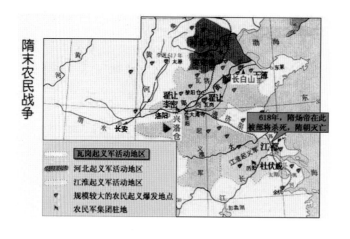

制，抑制了门阀，为普通人凭借才能学识做官开启了大门。还编成了隋朝的法律《开皇律》，共12篇500条。这些都使得文帝统治时期经济发展，政权巩固。

隋文帝皇后独孤伽罗(dú gū jiā luò)是生活在中国南北朝至隋朝时期的一位杰出女性政治人物，为隋文帝朝政治系统核心人物。在皇后积极参与和协助下，隋文帝北御突厥、南平陈朝，一统华夏，使得社会安定、国家富强，动荡分裂近四百年的南北双方在政治、经济、文化等各个方面逐步融合发展，从而开启了隋唐盛世。独孤伽罗在政治上是一位智慧严肃的皇后，生活中对感情的追求却带有鲜卑女子特有的天真炽烈气质。"性忌妾媵"是其显著个性，尤其是妒杀尉迟女(yù chí nǚ)导致独孤皇后背上了千古第一奇妒之名。

隋炀帝杨广，隋文帝杨坚与文献皇后独孤伽罗次子，隋朝第二位皇帝。在位期间开创科举制度，修隋朝大运河，营建东都，迁都洛阳，对后世颇有影响，然而频繁的发动战争，如亲征吐谷浑(tǔ gǔ hún)，三征高句丽(gāo gōu lí)，加之滥用民力，致使民变频起。造成天下大乱，直接导致了隋朝的覆亡。公元611年山东农民王薄率先起义反隋，全国响应，农民起义军汇成三支强大反隋主力：一支是河南的翟让(zhái Ràng)、李密领导的瓦岗军，一支是河北的窦建德军，一支是江淮地区的杜伏威军。在起义军的围攻下，南游途中的隋炀帝被大臣宇文化及杀死，公元618年隋朝灭亡。隋炀帝虽然无道，但有两件事还是值得一提。一是完善了科举制度，设进士科，读书人不经举荐就能自由报考，中央根据情况任用官员，这标志着科举制度的正式创立。二是开凿京杭大运河。京杭大运河全长五千里，沟

通了黄河、淮河、长江三
大水系，北达洛阳，南通
杭州，促进了南北经济文
化的交流，成为南北交通
的大动脉，其作用是巨大
的，意义是深远的。

京杭大运河南起余杭（今杭州），北到涿郡（今北京），
途经今浙江、江苏、山东、河北四省及天津、北京两市，
贯通海河、黄河、淮河、长江、钱塘江五大水系，全长
约1797公里。

🔅 词语解释

1、世袭shì xí：指帝位、
爵位、领地等世代
承袭。世袭或世袭
制度是指某专权一
代继一代地保持在某个血缘家庭中的一种社会概念。世界各地的人类社会的早期
都曾出现过世袭制度的统治政权，其中多数为封建世袭制度。是古代爵位、官职的
一种传承制度。先秦时代，中国实行世卿世禄的制度，上至天子、封君，下至公卿、大
夫、士，他们的爵位、封邑、官职都是父子相承的。这种世袭的次数在理论上来讲是
无限的，直到改朝换代或占据这个爵位或官职的家族在政治斗争中失败为止。

2、总揽zǒng lǎn：指全面掌握。

3、隐漏yǐn lòu：指隐瞒遗漏或错误。

4、科举制kē jǔ zhì：又称科举、科举制度，是中国古代通过考试选拔官吏的制度。由于
采用分科取士的办法，所以叫做科举。科举制改善了之前的用人制度(九品中正制)，
彻底打破血缘世袭关系和世族的垄断，但后期从内容到形式严重束缚了应考者，使
许多人不讲求实际学问，束缚思想。科举制从隋朝开始，直至清光绪31年(1905年)
举行最后一科进士考试为止，前后经历一千三百余年，成为世界延续时间最长的选
拔人才的办法。

5、雏形chú xíng：指事物初步形成的规模；未定型前的形式。

6、九品中正制jiǔ pǐn zhōng zhèng zhì：又称九品官人法，是魏晋南北朝时期重要的选官制度，是魏文帝曹丕采纳吏部尚书陈群的意见，于黄初元年(220年)命其制定的制度。此制至西晋渐趋完备，南北朝时又有所变化。从曹魏始至隋唐科举的确立，这期间约存在了四百年之久。九品中正制上承两汉察举制，下启隋唐之科举，在中国古代政治制度史上占有十分重要的地位，乃中国封建社会三大选官制度之一，实际是两汉察举制度的一种延续和发展，或者说是察举制的另一种表现形式。

7、抑制yì zhì：指约束，压制。

8、炽烈chì liè：形容非常热；强烈。

9、妒杀dù shā：指因嫉妒他人而杀人。

10、覆亡fù wáng：指灭亡，遭到破坏。

11、举荐jǔ jiàn：作为值得信赖或关注而推荐；作为值得注意或惠顾而提出。

◎ 练习与理解

1、隋朝统一中国，又迅速衰亡的主要原因是什么？

2、简述隋炀帝的"开科举，凿运河"意义及影响。

唐高祖，起义师。除隋乱，创国基。

Táng gāo zǔ, qǐ yì shī。Chú suí luàn, chuàng guó jī。

⚙ 字词解释

1、唐高祖 táng gāo zǔ：指唐朝的开国皇帝李渊。

2、起 qǐ：这里指发起；起兵。

3、义师 yì shī：指反抗残暴或为正义而战的军队。这里指李渊太原起兵反隋。

4、除 chú：这里指去除；扫除。

5、创 chuàng：这里指创建；建立。

6、国基 guó jī：指国家的柱石；国家的根本、根基。这里指李渊建立唐朝。

⚙ 现代译文

唐高祖李渊起兵反隋，最后隋朝灭亡，他战胜各路反隋义军，取得天下，建立唐朝。

二十传，三百载。梁灭之，国乃改。

Èr shí chuán, sān bǎi zǎi. Liáng miè zhī, guó nǎi gǎi.

☉ 字词解释

1、传chuán：这里指传承，传代。

2、载zǎi：指年。

3、改gǎi：指变更，更换。这里指唐被梁所灭。

☉ 现代译文

唐朝共传了二十位皇帝，享国近三百年。到唐哀帝被朱全忠篡位，建立了梁朝(后梁)，唐朝从此灭亡。

☉ 原文史实

隋末农民起义之际，各地官员地主趁机拥兵自立。公元617年，任隋朝太原留守的李渊占领长安，立隋文帝孙杨侑(yòu)为帝，第二年李渊废黜隋恭帝(杨侑)称帝，为唐高祖，建立唐朝，定都长安，并逐步消灭各地割据势力，统一全国。隋末农民起义军李密、杜伏威降唐，窦建德战死，翟让被李密杀害。唐朝经高祖、太宗、高宗、武则天、中宗、睿(ruì)宗、玄宗、肃(sù)宗、代宗、德宗、顺宗、宪宗、穆宗、敬宗、文宗、武宗、宣宗、懿(yì)宗、僖(xī)宗、昭(zhāo)宗、哀(āi)宗共21帝，289年。说二十传是没算上武则天；三百年是虚说，实际接近三百年。公元907年唐朝宣武节度使朱温灭掉唐朝，建立梁朝。

唐高祖李渊的母亲是独孤皇后的妹妹，故李渊与隋朝王室关系密切，深得炀(yáng)帝信任。这些都是李渊后来取得天下的重要条件。李渊建唐及建唐后平定各方割据，其子李世民功不可没。太原起兵是李世民的谋略，李渊曾答应他事成之后立他为太子，但李渊建立唐朝后，立李建成为太子。天下平定后，李世民功名日盛，李建成随即

贞观之治

唐太宗李世民 598－649

联合李元吉，排挤李世民。李渊的优柔寡断，也使朝中政令相互冲突，加速了诸子的兵戎相见。公元626年，李世民发动玄武门之变，射杀李建成和李元吉。公元627年，唐高祖李渊让位给唐太宗李世民，自称太上皇，8年后去世，享年70岁。

太宗统治时期，深以隋亡为戒，励精图治：任贤纳谏，重用魏征、房玄龄、长孙无忌、杜如晦(huì)等贤臣；发展科举；改善人民生活；平定蒙古一带的东突厥、新疆一带的西突厥；设管理西域的安西都护府，保证丝绸之路的畅通；又嫁文成公主到西藏，稳定西藏和大唐的和平。因此政治清明，社会安定，国力强盛，创造了历史上著名的"贞观之治"。太宗时参照隋朝《开皇律》制定了《唐律》，共12篇502条。唐高宗为让地方官员正确理解《唐律》，令大臣长孙无忌编写了《唐律疏义》30卷，逐条解释《唐律》。《唐律疏义》是我国现存最早的一部成文法典。高宗时仍有贞观遗风，但高宗晚年多病，朝政被皇后武则天掌握。

武则天，名曌(zhào)，自幼美丽聪颖，精通文史；太宗时选入宫，为才人；太宗驾崩，出家为尼；后高宗接回立为皇后，经常助高宗处理军国大政；高宗死后自立为帝，迁都洛阳，改国号为周，是中国历史上唯一正统的女皇帝。武则天掌管朝政达50年，其统治时期，明断果决，任用良臣狄仁杰，重用中小地方势力及酷吏，打击反对自己的功勋旧族，逼死掌大权的贞观老臣长孙无忌；扩大科举名额，不拘一格选拔人才，开创皇帝亲自考试贡士的殿试制度和开设武举制度；出兵打败吐蕃(tǔ fān)的进攻，巩固了边疆。这一时期人口增长，社会经济发展。不过武则天在打击反对派时也错杀不少好人；重用武氏家族为官，

开元盛世

唐玄宗李隆基 685-762

选官过量，造成统治集团的急剧膨胀；又太过宠信佛教，耗资巨大，带来了一定的社会问题。武则天活到82岁驾崩，墓前留了一块千秋无字碑，是非功过留与后人评说。

武则天驾崩后的八年间，皇室内部相互倾轧，争权夺利，先后发生七次政变。到公元731年，唐玄宗李隆基登基，才结束了这种局面。玄宗能干有为，重用贤相姚崇(Yáo chóng)、宋璟(sòng Jǐng)，改革武则天执政以来遗留的问题，裁减大批冗(rǒng)官，限制贵族，打击佛教，鼓励农耕，缓和了社会矛盾，巩固了统治，发展了经济。此时，唐朝经过百余年的平稳发展，政治、经济、文化全面繁荣，万国来朝，出现了中国历史上著名的"开元盛世"。开元盛世以后是唐朝衰弱的时期。唐朝初年因防突厥、吐蕃等少数民族内侵，在边疆设立一批军事重镇，驻重兵，军事首脑叫做节度使。玄宗喜边功，大量增设节度使，使全国六分之五的军队和地方行政大权被节度使控制。节度使有土地，有百姓，有军队，有财赋，逐渐形成地方割据势力。唐朝由盛而衰的直接原因就是节度使作乱。玄宗晚年贪图享乐，宠爱杨贵妃，疏于朝政，大权落于奸臣李林甫、杨国忠手中。又宠信节度使安禄山，杨国忠怕安禄山实力超过自己，就与安禄山针锋相对。公元755年，安禄山谎称奉旨诛杀杨国忠，从北京起兵，领15万人杀进长安，并在洛阳自称"大燕皇帝"。玄宗被迫南逃四川，行至马嵬(wéi)坡(今陕西兴平)，禁军骚动，逼玄宗杀死杨国忠、杨贵妃。此后玄宗奔蜀，留太子李亨抗敌。李亨北上，继皇帝位，称为肃宗，尊玄宗为太上皇，历八年方平叛乱。安禄山起兵后两年就被儿子安庆绪(xù)杀害，过两年安庆绪又被部将史思明杀害，再过两年史思明又被儿子史朝义杀害。叛军始终由安史两姓领导，因此称作"安史之乱"。安史之乱中，吐蕃趁机攻占唐朝河西走廊一带，还一度攻入长安。

安史之乱以后，中央集权削弱，社会经济严重破坏，唐朝由盛而衰，出现了节度使割据、宦官专权的局面。安史之乱本由节度使而起，乱后唐王朝不仅不削弱节度使势力，反而任命大批节度使以褒奖平定安史之乱的功绩。安史之乱后全国节度使竟达40余个。节度使拥兵自重，不向朝廷纳税，法令官爵也各行其是，甚至

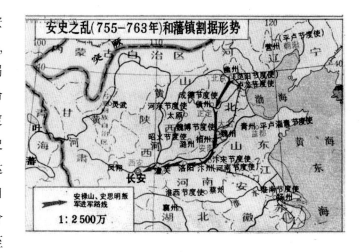

将节度使职位世袭。唐朝后期只有德宗、宪宗有过两次征讨节度使的行动，虽有一定改观，但都没从根本上解决节度使问题，唐朝最后也就亡于节度使手中。宦官专权始于玄宗重用高力士，从此宦官数量大增，而肃宗还命宦官统领禁军。唐朝后期朝政基本操纵在宦官手中，宦官可以任免升降将相，甚至决定皇帝的生死废立。顺宗、宪宗、敬宗都死于宦官之手，穆宗、文宗、武宗、宣宗、懿(yì)宗、僖(xī)宗、昭宗都由宦官拥立。顺宗、文宗想除掉宦官都以失败告终。顺宗命王叔文、王伾(pī)、柳宗元、刘禹锡十人改革宦官制度，史称"永贞革新"。结果大宦官俱文珍发动宫廷政变，强迫只在位一年的顺宗让位宪宗，二王被害，其余八人被贬为边区司马，史称"二王八司马事件"。文宗计划在请宦官来观赏石榴上的甘露之际埋藏伏兵，诛杀宦官，但此计被宦官识破，给文宗出谋的大臣大批被杀，史称"甘露之变"。

除节度使和宦官外，朝臣之间还发生了长达40余年的牛李党争。党争的实质是科举出身的庶族和靠门第做官的士族之间的斗争。牛即宪宗朝进士及第后官至宰相的牛僧孺(rú)集团，李即靠门第出身的李德裕集团。两党所争一在选拔人才的方式，一在对待节度使割据的态度。牛党多选用平民为官，李党多选用士族。对待节度使，李党主张平定，牛党则主张只要不直接危及中央，则顺其自然。党争持续于宪宗、穆宗、敬宗、文宗、武宗、宣

宗六朝。

　　唐朝后期政治的昏乱腐败、皇帝的奢侈、百姓的疾苦，激起大规模的农民起义。懿宗时有浙江农民裘甫(Qiú Fǔ)起义、桂林士兵庞勋起义。僖宗时更爆发了山东盐贩王仙芝与黄巢的起义。黄巢起义势力最大，历时10年，转战大半个中国，杀进长安，建立大齐政权，僖宗逃至四川，现在四川双流县还有接待过僖宗的应天寺。这几次起义虽然都被镇压下去，起义首领都战死、自杀或被杀，但却沉重打击了唐王朝的统治。黄巢起义军的叛将朱温在唐军围杀长安大齐政权时降唐，封为宣武节度使，朱温反过来又镇压黄巢起义，成为新发展起来的势力最大的节度使。昭宗时朱温联合宰相崔胤(yìn)，让昭宗杀了宫中700余名宦官，至此称霸多年的宦官势力才彻底消灭。而后朱温又借故杀了崔胤，迁都洛阳，把持朝政。公元907年朱温废昭宣帝自立，建立后梁。唐朝结束。

⚙ 词语解释

1、留守liú shǒu：指居留下来看管；军队进发时，留驻部分人员以为守备；部队、机关等离开时，部分人员在原驻地担任守卫、联系等工作。另指中国古代官名，隋以后驻守京师、陪都(间或军事重镇)，总理军、政、民、财的高级官员。古代帝王出巡或亲征时，以大臣辅太子(或亲王)留守京师，或称留守，或称留台，或为居守，无固定名称。隋炀帝杨广时，始于重要军事地点置留守，留守遂成为官名。

2、割据gē jù：指以武力占据部分地区，在一个国家内形成独立地区，对抗中央朝廷的局面。

3、谋略móu lüè：指计谋策略。

4、优柔寡断yōu róu guǎ duàn：优柔：犹豫不决；寡：少。指做事犹豫，缺乏决断。

5、兵戎相见bīng róng xiāng jiàn：兵戎：武器。以武力相见。指用战争解决问题。

6、玄武门之变xuán wǔ mén zhī biàn：唐高祖武德九年六月初四(公元626年7月2日)由当时的天策上将、唐高祖李渊的次子秦王李世民在唐王朝的首都长安城(今陕西省西安市)大内皇宫的北宫门—玄武门附近发动的一次流血政变。在起兵反隋的过程中，李氏兄弟二人配合仍算默契，直到唐朝建立。唐高祖李渊即位后，李建成为太子，常驻宫内处理事务，为文官集团代表。李世民为秦王，继续率领武将集团带兵出征，功劳也最大。太子自知战功与威信皆不及世民，心有忌惮，就和弟弟齐王李元吉联合，一起排挤和陷害李世民；同时李世民集团亦不服太子，双方持续明争暗斗。经过长期的斗争，李世民集团逐步占上风，控制了局面，最终李世民设计在玄武门杀死了自己的长兄皇太子李建成和四弟齐王李元吉，唐高祖李渊让位，李世民继承皇帝位，为唐太宗，年号贞观。

7、励精图治lì jīng tú zhì：励：奋勉；图：谋求，设法；治：治理。形容一个国家的皇帝或者领导者振奋精神，竭尽全力想治理好国家。同时还可以用来形容领导者的精神品质和实际行动。

8、纳谏nà jiàn：接受规劝。多指君主接受臣下进谏。

9、畅通chàng tōng：指畅行；顺利通过。

10、明断míng duàn：指公正的、头脑清晰的、健全并睿智的判断力。

11、果决guǒ jué：形容毫不犹豫，坚决果断。

12、酷吏kù lì：指用残酷的方法进行审讯，统治的官吏。

13、不拘一格bù jū yī gé：拘：限制；格：规格，方式。不局限于一种规格或一个格局。比喻打破常规。

14、膨胀péng zhàng：这里指扩大增长。

15、宠信chǒng xìn：指得到偏爱和信赖(多用于贬义)。

16、倾轧qīng yà：指挤压；排挤打击。

17、遗留yí liú：指以前的事物或现象继续存在；流传下来。

18、冗官：冗：闲散的，多余无用的。指闲散的的官吏。

19、节度使jié dù shǐ：古代集地方军政大权的官职。唐初在边境设置。后遍设于内地，形成藩镇割据的局面。至北宋初解除了节度使的兵权。节度使相当于现在的军区书记和司令职位。

20、针锋相对zhēn fēng xiāng duì：针锋：针尖，锋芒。针尖对锋芒。比喻双方在策略、论点及行动方式等方面尖锐对立。

21、谎称huǎng chēng：这里指说谎，欺骗。

22、河西走廊hé xī zǒu láng：是中国内地通往西域的要道，甘肃省西北部狭长堆积平原，位于祁连山以东，合黎山(hé lí shān)以西，乌鞘岭(wū qiào lǐng)以北，甘肃新疆边界以南，长约1000公里，宽数公里至近二百公里，为南北走向的长条堆积平原，自古以来就是富足之地，兵家极其重视的地方，因位于兰州黄河以西，为两山夹峙，故名。又称雍凉之地，古凉州雍州的属地。

23、褒奖bāo jiǎng：指表扬和奖励。

24、拥兵自重yōng bīng zì zhòng：指拥有军队，巩固自己，形容手握重兵的大将，专横跋扈不服从上级或者朝廷的管制，挑战中央政权。

25、各行其是gè xíng qí shì：行：做，办；是：对的。按照各自认为对的去做。比喻各搞一套。

26、禁军jìn jūn：封建时代直辖属于帝王，担任护卫帝王或皇宫、首都警备任务的军队。因时代、文化与地域的不同，有其他异名同义的名称，如禁卫军、亲卫军、近卫军、御林军等不同称呼。在封建时代式微后，这些名称往往成为军事荣誉称号，授予建立特殊功绩的部队。进入现代，除某些君主立宪国家仍保有正统禁军外，与之性质相近的军队为"宪兵"或保安部队。

27、操纵cāo zòng：指控制、开动机器或仪器等。引申为控制、掌握。

28、顺其自然shùn qí zì rán：指顺应事物的自然发展，不人为去干涉。

29、疾苦jí kǔ：指(人民生活中的)困难和痛苦；憎恶，厌恨；因病引起痛苦，患病的痛苦。

⚙ 练习与理解

1、名词解释"贞观之治"，及其影响并加以评价？

2、名词解释"开元盛世"，及其影响并加以评价？

3、简述安史之乱的起因，过程及影响？

4、唐朝由盛转衰的直接原因是什么？

梁唐晋，及汉周。称五代，皆有由。

Liáng táng jìn, jí hàn zhōu。 Chēng wǔ dài, jiē yǒu yóu。

字词解释

1、梁liáng：指公元907年，朱温篡唐建立后梁。

2、唐táng：指公元923年，李存勖(xù)灭后梁，建立后唐。

3、晋jìn：指公元936年，石敬瑭引契丹军攻灭后唐，建立后晋。

4、及jí：指和、跟。

5、汉hàn：指公元948年，刘知远在太原建立后汉。

6、周zhōu：指公元951年，郭威篡后汉，建立后周。

7、皆jiē：这里指都，全部。

8、由yóu：这里指原因，缘由。

🌐 **现代译文**

　　后梁、后唐、后晋、后汉和后周五个朝代的更替时期，历史上称作五代，这五个朝代的更替都有着一定的原因。

🌐 **原文史实**

　　唐朝灭亡以后，中国又进入混乱的五代十国时期，这是继春秋战国、三国两晋南北朝以来中国的第三个乱世。春秋战国乱了550年，三国两晋南北朝乱了361年，五代十国乱了54年。一次比一次短，正说明中华文化的凝聚力越来越强。

　　五代是指907年唐朝灭亡后依次更替的位于中原地区的五个政权， 即后梁、后唐、后

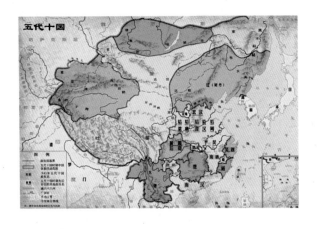

五代十国

晋、后汉与后周。960年，后周赵匡胤(Zhào kuāngyìn)发动陈桥兵变，黄袍加身，建立北宋，五代结束。而在唐末、五代及宋初，中原地区之外存在过许多割据政权，其中前蜀、后蜀、吴、南唐、吴越、闽、楚、南汉、南平(荆南)、北汉等十余个割据政权统称为十国。 北宋建立后先后统一了尚存的荆南、武平、后蜀、南汉、南唐、吴越、北汉等政权，基本实现了南方的统一。

　　五代十国大多是唐末节度使所建立的割据政权。这些政权基本上都是军阀统治，黑暗残暴，存在时间很短。后梁的创建者朱温是个反复无常、人品恶劣的小人。当政之期只知盘剥百姓，后被儿子朱友珪(guī)所弑，后梁接下来被后唐所灭。后唐的创建者是唐朝河东节度使李克用的儿子李存勖(xù)，建都洛阳。后晋的创立者是后唐河东节度使石敬瑭，石敬瑭是凭借割据河北山西北部的幽云十六州送给东北契丹族建立的辽朝，并认辽朝国君为父，每年向辽朝进贡绢帛30万匹为条件，取得辽兵支持，打败后唐而建立起后晋，定都开封，后被辽朝所灭。趁辽朝灭后晋之机，后晋河东节度使刘知远建立后汉，定都开封，不久即被后汉天雄节度使郭威所灭。郭威建后周，定都开封。后周颇有作为，郭威当政后马上推行改革，严惩贪官污吏，奖励生产，废除苛捐杂税，废止酷刑。郭威死后，养子柴荣继位，称为周世宗。周世宗是位很有作为的政治家，他进一步改革，鼓励开荒，减轻租税，兴修水利，压制佛教势力。很快北方经济恢复，国力增强。周世宗接着亲征入侵的辽人，收复失地，出兵西蜀、南唐等国。周世宗正打算进一步统一全国时，却不幸病逝，年仅39岁。但他的改革与南征北伐，为北宋王朝的统一奠定了基础。

　　与此同时在南方和太原还先后存在了10个割据政权，史称十国，就是吴国、南唐、前蜀、后蜀、吴越、楚国、闽国、南汉、南平、北汉。唐末淮南节度使杨行密建立吴国，定都扬州，后被臣下徐知诰所灭。徐知诰建立南唐，定都南京，改名李昪(shēng)，积极有为，发展生产，后灭楚国、闽国，地广千里，富庶繁华。李昪的儿子便是南唐中主李璟，孙子便是大词人南唐后主李煜(Lǐ Yù)。李煜当政时南唐被北宋所灭。唐末委派在四川的军人王建建立了前蜀国，定都成都。王建之子王衍继位，穷奢极欲，大兴土木，营建宫室，朝政昏暗，被后唐所灭。但入川的后唐将领孟知祥趁后唐内乱之机在四川建立后蜀国。其子孟昶(chǎng)继位后也能与民休养生息，发展生产，最后被北宋所灭。前后蜀统治50余年，很少战乱，国家安定，生产发展，所以成为五代十国时期最富庶的国家之一。唐末镇海、镇东两军节度使钱镠(liú)建立吴越国，定都杭州。吴越少战争，经济繁荣，商业发达，后被北宋所灭。唐末小军阀马殷在湖南一带建立楚国，定都长沙，后来被南唐所灭。唐末武威节度使王审知建闽国，定都福州。王审知出身农民，深知民间疾苦，统治时期轻徭薄赋，兴办教育，人民安居乐业。但是他之后的统治者都是暴虐之君，最后被南唐所灭。唐末青海军节度使刘隐建立南汉国，定都广州。南汉统治者荒淫残暴，致有较大规模农民起义，最后被北宋所灭。后梁荆南节度使高季兴建南平国，定都江陵。南平是十国中最弱小的一国，所以向周边国家都称臣，以维持其统治，诸国也都称他为"小无赖"，后被北宋所灭。后汉创立者刘知远的弟弟刘崇建立了十国中在北方唯一的一个政权北汉国，定都太原，后被北宋所灭。北宋王朝的建立才最终结束了五代十国的混乱割据局面。

隋唐五代的文化学术是繁荣而灿烂的。从学术史来讲，此期被称为佛学时代，佛学是这个时代思想学术的主体，是玄学的继续与发展，使佛学完成了中国化。隋唐经学的最大特点是完成了汉魏南北朝以来经学的统一。隋朝出了河北刘炜、刘炫两位经学家，精通并融合了南北朝的经学。他们的弟子、被太宗赐陪葬昭陵的河北人孔颖达便是唐初完成经学统一工作的最大经学家。唐初因科举考试和增强对抗佛道能力的需要，也为了政治巩固，唐太宗下令孔颖达统一经学。统一经学主要有三个方面的内容。一是北齐颜之推的孙子大经学家陕西颜师古奉诏编成了《五经定本》，统一了五经的文字。二是江苏大经学家陆德明综合汉魏南北朝文字音训成果，历20余年撰成《经典释文》，使五经每字都有了音训的标准。这部书也是音训学的巨著，影响深远。三是孔颖达撰成《五经正义》，统一了对五经的注解。此书是汉朝以来八百年经学各家各派注解的大统一。此三书一出便成为唐代科举考试经学内容的文字、音训、注释的法定文本。唐文宗开成二年，经学大师郑覃又校定群经，以楷书刻《易经》、《书经》、《诗经》、《仪礼》、《周礼》、《礼记》、《左传》、《公羊传》、《穀(gǔ)梁传》、《孝经》、《论

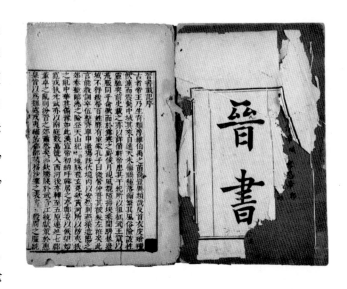

语》、《尔雅》于石碑上，存于太学，称为开成十二经。

史学在隋唐也有很大成就。隋朝以前私人修史之风很盛，隋文帝时下令不准私人修撰国史。唐太宗重视以古为鉴，修建史馆，并令宰相监修国史。国史官修，宰相监修于是成为规定的制度。唐初太宗、高宗两朝修撰的正史就有八部，其中《晋书》、《梁书》、《陈书》、《北齐书》、《周书》、《隋书》六部官修，《南史》、《北史》二部私修。《晋书》是唐太宗时著名宰相房玄龄参与修撰的。房玄龄学识渊博，运筹帷幄，辅佐太宗取得皇位，成就贞观之治。太宗为表彰其功，娶其女为妃，又嫁女儿高阳公主给房玄龄的儿子。享年70岁，比太宗早一年去世。太宗赐随葬昭陵。昭陵就是太宗陵墓。房玄龄监修六史，而《晋书》他参加修撰最多。《晋书》记西晋、东晋两朝的历史，分本纪10篇，列传70篇，志20篇，载记30篇，共130篇。《晋书》因集众人之力，三年就修成，且文采华丽，多宣扬纲常孝悌思想。详细记录了和东晋并列的五胡十六国，体现了大唐王朝远近一体民族团结的思想。《晋书》以前各家写晋史的有18种之多，《晋书》一出，十八史都被废弃。

《梁书》、《陈书》为姚思廉父子撰成。姚思廉父亲姚察，浙江人，博学能文，清正节俭，于梁陈二朝为官，隋朝以后深得隋文帝赏识。隋文帝平定陈朝，最大的收获就是得到姚察，

于是命姚察修梁陈二史。刚开始撰修不久他就去世了，享年74岁；儿子姚思廉继承父志，最终修成二史。思廉也像其父一样，道德文章都很出色。李渊攻入隋朝文帝孙杨侑(yóu)宫殿时，士兵抢劫财物，身为杨侑僚属的姚思廉毅然站出来大喝一声：唐公起义，本为安定王室，你等不得无礼。他的大义凛然吓退了唐兵。李渊、李世民听说后也深为敬佩，称赞他正直勇敢。李世民还派人送去三百匹布帛，在信中说佩服你的忠勇节义，所以赠送这些东西。太宗即位三年后同时修撰梁陈史，此时姚思廉已72岁，修成第二年去世，享年80岁，太宗也赐随葬昭陵。《梁书》记梁朝一代历史，分本纪6篇，列传50篇，共56篇。《陈书》记陈朝一代历史，分本纪6篇，列传30篇，共36篇。《梁书》为父子两代数十年修成，取材精当，持论公允，成就较高。《陈书》则因姚氏父子皆为陈朝臣子，且受宠信，故在修史中多方回护陈朝君臣，溢美过多。内容上也过于简略，成就不及《梁书》。二书文字简练高雅，一反六朝华丽文风，深得后人赞赏。

《北齐书》是河北人李百药所撰。 李百药出生于北齐一个有较高文化素养的官宦之家。祖父为北魏泰学博士，父亲是隋朝史官。李百药自幼多病，所以母亲为他取名百药，以求驱病。他好读经史，博学多闻。深受隋文帝赏识，因推病不受杨广召请，杨广即位后对其报复，几次贬官。唐太宗爱其才，命修《北齐书》，这时他已65岁，历10年撰成，与房玄龄同年去世，享年84岁。《北齐书》记东魏北齐的历史，分纪8篇，列传42篇，共50篇。《北齐书》敢于揭露统治者荒淫暴行，叙事简明，文笔清新是其所长，可惜今日传本，多有残缺。

《周书》为唐初史学家陕西人令狐德棻(fēn)所撰。 令狐德棻出身文化甚高的官宦家庭，少年就博览经史，很有名气，后被唐高祖看中。太宗命他修《周书》，并负责官修各史书的协调工作。高宗时任国子监祭酒，84岁去世。《周书》记西魏北周历史，分本纪8篇，列传42篇，共50篇。《周书》文字生动，视野开阔，将西魏北周历史放到当时鼎足而立的东魏北齐及南朝梁陈二朝的大背景中去写，从中可以窥其历史发展趋于统一的大势。 另外注重记录各民族关系的历史及各族人民反抗斗争的历史。

《隋书》是唐太宗的著名谏(jiàn)臣河北人魏征所撰。 魏征的族兄便是作《魏书》的魏收。魏征在孤贫中长大。隋末大乱，他先做道士观察天下时局，后参加李密的瓦岗军；瓦岗军失败投降唐军，魏征也到了唐军；后又被窦建德军抓去，窦军被李世民打败，魏征又二次投唐。李世民重用魏征，即位后，魏征更成了太宗的"镜子"，屡次犯颜直谏，匡正其失。太宗说：魏征忠正为国，凭借忠义纠正我的过失，希望我超过尧舜，这是诸葛亮也比不上的。太宗又将女儿衡山公主嫁给魏征的儿子，魏征64岁去世，太宗异常悲伤，亲往家中哭吊，亲自撰写碑文，并下令停止上朝五天，文武百官及各地在京官员全部参加丧仪。《隋书》记隋朝一代的历史，分纪传55篇，志30篇，共85篇。也成于众人之手，但魏征用力最多，为搜集史料，亲访遗老，专门拜访名医百岁老人孙思邈(miǎo)。又作序14篇，论53篇，总结隋朝历史经验教训，深刻透辟。志中的《经籍志》亦魏征亲撰，其中经史子集的图书分类方法，一直被后世沿用。

　　《南史》、《北史》的作者是初唐史学家河南人李延寿。　李延寿出生于一个热爱史学的小官家庭，祖父、父亲都有修史的愿望，这对李延寿影响很深。太宗下令编南北朝几部史书时，负责整理资料，得以泛览抄录许多珍贵史料。后又在蜀中做小官，因受令狐德棻赏识，召回负责修史工作。李延寿对已编成的《宋书》、《南齐书》、《梁书》、《陈书》、《魏书》、《北齐书》、《周书》、《隋书》(八书)都不满意，就用16年时间，独自写成《南史》、《北史》(二史)。享年80岁。初唐编撰的史书，只有这两部是靠个人力量在业余时间私修的，修成后李延寿上奏朝廷，唐高宗亲自为二史作序，列为正史，与《史记》、《汉书》、《后汉书》、《三国志》、《晋书》并提。二史内容翔实，文字简明清晰，故二史一出，八书极少有人问津，到宋代八书除《隋书》外皆已残缺。但二史无志，八书有志，要考查南北朝典章制度还必须依靠八书中的志，所以后来正史中二史八书并行，互为补充。《南史》记宋、齐、梁、陈四朝历史，分纪10篇，列传70篇，共80篇。《北史》记北魏、北齐、北周、隋四朝历史，分纪12篇，列传88篇，共100篇。二史补充八书史料不足的缺点，纠正八书中的谬误，还原历史真相，取消其中华夷之别，有益于民族团结。

　　五代后晋还修了一部正史，就是《唐书》，古人将后晋修的《唐书》称《旧唐书》。《旧唐书》作者题名刘昫(xù)，只是因为《旧唐书》修成之际刘昫正好任宰相，宰相监修国史。而《旧唐书》的主要编撰者是先于刘昫的后晋宰相陕西赵莹。赵莹英俊仁厚，于后梁中进士，和后晋创立者石敬瑭很投机，做了后晋宰相，奉命修唐史。后晋被辽所灭，赵莹被俘辽朝，辽祖爱其才德，仍授以官职，做辽太子的老师，但赵莹思念故国，遇有北来的后周使臣，悲不自胜，向南磕头，涕泪横流。后向辽祖请求死后归葬故里，辽祖同意，67岁去世后派人送灵柩南归，葬于陕西华阴故里。《旧唐书》从史料搜集到组织编撰成员，提出修史计划，最后监修，皆是赵莹负责，故古人称编修《旧唐书》，赵莹居首功。《旧唐书》分本纪20篇，志30篇，列传150篇，共200篇，记唐朝一代的史实。《旧唐书》修撰因距唐朝时间不远，采用大量原始资料，对突厥、回纥(hé)、吐蕃等少数民族的记载尤详，超过前代各史。对学术人物的记载也颇周详。

除正史外唐代还出了中国第一部史学理论著作《史通》和保存至今的第一部典章制度史专著《通典》。《史通》作者刘知几，江苏人，生于唐高宗时，去世于唐玄宗时，享年60岁。20岁中进士，几度入史馆兼修国史，但因与众史官意见不合，遂私撰《史通》一书。《史通》分内外篇，内篇36篇，外篇13篇，共49篇。内篇专讲历史编纂学，外篇叙述史籍源流，评论古人得失。《史通》见解卓越，论述精到，在中国史学史上有崇高地位。刘知几的儿子刘秩(zhì)作了一部典章制度专书《政典》，杜佑在此基础上扩充撰成《通典》。杜佑生于玄宗朝，活到宪宗朝，寿78，陕西人，做过德宗、顺宗、宪宗三朝宰相。《通典》两百卷，记载了从黄帝到唐玄宗时几千年的典章制度沿革，分食货、选举、职官、礼、乐、兵刑、州郡、边防八门。《通典》内容丰富，考订有据，定义举例十分严谨，历来受史家好评。尤其是《通典》将《食货》放在开篇，充分认识到经济在历史中的作用，具有划时代的意义。唐宪宗时的宰相李吉甫还撰写了一部《元和郡县志》，共40卷，将宪宗元和年间各府州县的历史、疆界、山川、户口、贡赋、古迹一一作了记录，是史学地理类的巨著。

子学在隋唐极为发达，尤其是佛道二教。佛教在隋唐达到全盛。隋唐的皇帝大多深信佛教，隋文帝一生致力佛教的传播，建设寺院3792所，增加僧尼50多万人。唐太宗也倡扬佛法，亲自撰写赞扬佛法的《大唐三藏圣教序》，武则天更是专门组织翻译佛经的译场。唐朝有十个皇帝将释迦牟尼舍利迎进皇宫供养。唐太宗时，高僧玄奘法师历时19年不辞万难到印度取经，归国后致力于佛经翻译，到63岁去世前的19年中，共译佛经74部，1335

卷。他是继鸠摩罗什祖师(jiū mò luó shí zǔ shī)后最大的佛经翻译家。另外他还将取经所经历的西域各国的风土人情写成《大唐西域记》12卷，成为重要的研究西域历史文化的典籍。稍后，又有高僧义净法师由广州海道往印度求经，历时25年，归国后译经56部，230卷。义净研究律宗，经他翻译，律宗经典基本译出。义净还另著《大唐西域求法高僧传》、《南海寄归内法传》。前者为自西域往印度求法高僧的传记，后者记佛教戒律规则。玄宗时又有高僧鉴真法师往日本传戒律，成为日本正规传戒之师。此期重要的佛教文献有赞宁法师的《续高僧传》、道世法师的《法苑珠林》、智昇法师的《开元释教录》、道宣法师的《广弘明集》。《续高僧传》是《高僧传》的继续；《广弘明集》是梁朝僧祐法师《弘明集》的继续，也是佛教论文汇编；《法苑珠林》是佛教常识集；《开元释教录》是佛教译经目录。

隋唐时期佛教传入中国后，八大宗派也全部形成。这八宗分别是隋朝唐智顗法师创立的天台宗、隋朝吉藏法师创立的三论宗(又称空宗、般若宗)、唐朝玄奘法师创立的唯识宗(又称法相宗、慈恩宗)、唐朝法藏法师创立的华严宗(又称贤首宗)、唐朝道宣法师创立的律宗、唐朝继慧远大师的善导大师正式创立的净土宗、唐朝善无畏法师创立的密宗、南朝梁朝由达摩祖师创立的禅宗。其中净土宗和禅宗一直兴盛到今天，现在除西藏以外的内地佛教寺院大都是禅净双修。密宗独盛于西藏。净土宗因修行简单，在广大普通百姓中流行，禅宗则流行于历代文人中。

禅宗从达摩传到慧可、僧粲(càn)、道信、弘忍，六传到武则天时代的慧能，慧能大师可以说是唐代佛学最伟大的代表人物。经过他的改造，佛学终于成为中国文化的一部分，他所构建的禅学则是佛学中国化的代表。佛教著作中唯一一部由中国人所著而能称经的，只有六祖慧能大师的《坛经》。慧能大师以后，禅几乎成了中国佛教的代名词。禅学的核心就是讲世间的万物万事都是无常变化、因条件组合而成的。无常变化就是佛教讲的空，条件就是佛教讲的因缘，因是内因，缘是外因。既然万物本性都是变化的空性，都是条件构成，条件又在运动变化，所以万事万物都是虚幻不实的，那么一切名利财色烦恼包括生死都是没有意义的。生死都没有意义了，那又何需为超越生死而烦恼？明白这一层的时候，人就开悟了。禅宗就是告诉你什么问题都不是问题，既然不是问题就不需要去解决，更不必去为它烦恼。这就是禅宗也是唐朝佛学讨论的问题。

隋唐五代道教蓬勃发展，隋文帝既信佛，也信道，其年号"开皇"就取自道经。唐王朝因姓李，便自称是老子李耳的后代，格外尊崇道教，唐高祖给儒释道三家排座次，将道教列在第一，佛教第二，儒教第三。太宗也尊崇道教，迷恋炼丹术，最后因服食丹药中毒而死。高宗更是将老子封为太上玄元皇帝，要求王公百官学习《道德经》，并作为科举考试内容。又把道教正式列为李唐王室的家教。高宗、睿宗还将自己女儿送去当道士。玄宗又封庄子为南华真人，列子为冲虚真人，文子为通玄真人，并刻了中国道教史上第一部道书总集《开元道藏》。最后在两京及各州建玄元皇帝庙，将高祖、太宗、高宗、中宗、睿宗五帝之神位供在老子像旁配祀。武宗狂热信道，下令灭佛，拆天下佛寺4600余所，还俗僧尼260500余人。这便是历史上著名的唐武宗灭佛，因武宗年号是会昌，又称会昌法难。其实质是佛教太过兴盛，威胁到唐王朝的统治，冲击了唐王朝的财政收入，武宗想通过灭佛富国强兵。五代皇帝也多信道，周世宗还专门向华山道士陈抟(tuán)祖师学飞升之术。此期著名的道士有成玄英、李荣、司马承祯、吴筠(yún)、王玄览、杜光庭、吕洞宾、张果老、谭峭、陈抟等。

隋唐五代子学中的哲学儒释道并行。隋朝大儒王通已有主张儒释道三教合流的见解。唐代由于佛道太盛，中唐时有大儒韩愈出来力排佛老，争儒学在中国文化中的正统地位。唐宪宗派人将陕西凤翔一个寺庙里的佛手指骨迎进皇宫供养，韩作了著名的《谏迎佛骨表》以劝阻，请将佛骨投入水火，来断绝百姓和后世的疑惑，结果被贬到广东潮州。韩愈著有《原道》篇，讲了反对佛道的理由、动机及禁止佛道的措施。另外针对佛教讲的一切都无意义的虚无，韩愈特别举出《礼记》中的《大学》来与之对抗。针对禅宗以心传心，由祖师代代传承，韩愈也列举了从尧、舜开始到禹、汤、文、武、周公、孔子、孟子的道统与之抗衡，并认为自己是孟子之后道统的传人。韩愈主要从政治经济上反对佛道，韩愈的弟子李翱则主要从哲学的角度反对。李翱针对佛道好谈性命之道的问题，举出《礼记》中的《中庸》与之对抗，又作《复性书》谈论性情修养的问题。在佛学兴盛的唐代，韩愈、李翱是仅有的两个旗帜鲜明以传承儒家大道为己任、反对佛教的思想家。另外柳宗元和刘禹锡也用儒家思想来诠释佛学，这些都为宋代道学的创立开辟了道路。

　　子学中的科学也有较大发展。天文历法方面，隋朝出现了经学家刘焯(zhuō)编的《皇极历》，唐朝又有天文学家李淳风编的《麟德历》、僧一行编的《开元大衍历》。唐太宗时的李淳风和唐玄宗时的僧一行是唐朝最伟大的天文学家。僧一行在全世界第一个发现恒星的自动，还在全世界第一个实测了子午线的长度。算学方面李淳风与王真儒等合作注释了汉、唐一千多年间的十部著名的数学著作，十部书的名称是：《周髀算经》、《九章算术》、《海岛算经》、《张丘建

算经》、《夏侯阳算经》、《五经算术》、《辑古算经》、《缀术》、《五曹算经》、《孙子算经》，合称为"算经十书"。《算经十书》标志着中国古代数学的高峰。医学方面隋朝有太医巢元方的《诸病源候论》，是一部研究病因、疾病分类、鉴别和诊断的医学巨著，对后世影响至大。唐初有继张仲景后最伟大的太医孙思邈。孙思邈从北朝末年直活到唐高宗末年，享年近130岁，完全是活历史，所以魏征修史常去请教他。孙思邈重视医德，著有讲医德的《太医精诚》。另著有讲方药的《千金要方》、《千金翼方》各30卷，记载了5300多个药方。之所以取名千金，是因为孙思邈讲"人命至重，贵于千金"。后世称之为药王，陕西耀县还有纪念他的药王庙。唐玄宗时有名医王焘著《外台秘要》40卷，专讲各种治病秘方，外台是王焘的官职名。唐高宗时编修了全世界第一部由国家编的药典《唐本草》，共录药844种。唐代宗时的医家王冰给《黄帝内经》作了注释。农学方面唐朝出了全世界第一部研究茶的栽培、加工、泡制的茶学专著《茶经》，由肃宗时陆羽所著，他也因此被称为茶圣。建筑上隋朝有工匠李春在河北赵县建的全长50米的安济桥，又称赵州桥，坚固美观，历一千三百年至今犹存，是全世界

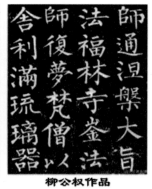

颜真卿作品　　　　柳公权作品

保存下来的一座最古老的石拱桥。 长安城也是当时全世界最大的城市建筑。 唐高宗在西安为其母建的大雁塔, 高64米, 是中国古代最高的佛塔。 唐代凡是中了进士的人都要到大雁塔游览, 并题上自己的名字, 叫雁塔题名, 后专以雁塔题名来代指中了进士。 唐代的陵墓建筑也很有特色, 秦始皇开创建陵, 是封土为陵, 而唐代是依山建陵。太宗的昭陵规模最大, 全长120里, 还有167座功臣陪葬陵。保存最完好的有高宗与武则天的合葬陵乾陵, 周长80里, 气势雄伟。工艺方面出现了雕版印刷术, 唐懿宗时印的《金刚经》是中国现存最早的雕版印刷品。 另外唐朝还出现了彩色陶烧制的唐三彩陶器, 有极高的价值。

　　艺术的书法方面, 隋朝有大书法家王羲之的七世孙智永法师, 享年100岁。著有行书《千字文》, 手书八百余本, 分赠诸寺庙。初唐有虞世南、褚遂良、欧阳询、薛稷(褚遂良的外孙)四大书法家, 盛唐有颜真卿、柳公权、张旭、怀素四大书法家。颜真卿、柳公权都将楷书写到了极致, 无与伦比。颜字肥厚, 柳字瘦硬, 世称"颜筋柳骨"。而颜字更是温润中正的儒家气象。张旭、怀素则是草书的极致。武则天时有书家孙过庭善草书, 并专门作了一本论书法理论的《书谱》, 极有影响。绘画方面隋朝有展子虔, 善于画山水。唐代最伟大的画家是吴道子, 善于画人物, 生动传神, 今传世的孔子画像就是吴道子所画。初唐的阎立德、阎立本兄弟善于画人物, 阎立本的《历代帝王图》极有价值。 中唐之际的张萱、周昉(fǎng)善于画仕女。山水画则分为南北派, 北派是贵族气息浓厚的青绿山水, 工笔重彩, 代表画家是李思训、李昭道父子。南派是文人气息浓厚的写意山水, 水墨点染, 代表画家是王维。画马著称的有韩干, 画牛著称的有韩滉(huàng)、戴嵩。 五代十国时有名的画家长于山水的有荆浩、关仝(tóng)、董源、巨然四大家, 号称"荆关董巨"。长于花鸟的有西蜀的黄筌(quán)

与南唐的郭熙，黄筌的画富贵，郭熙的画野逸。另外在雕塑方面，敦煌莫高窟石窟三分之二完成于隋唐时期，其敦煌飞天更是闻名遐迩。四川大足安岳石刻也在此期开始雕造。唐代音乐舞蹈的显著特点是吸收了印度、中亚、西域诸地的乐曲、乐器和乐工，演奏时规模宏大，气势壮观，超过各代。

"诗仙"李白-月下独酌

唐朝文学空前繁荣，"诗歌"最为光彩夺目，唐朝被誉为诗歌的"黄金时代"。唐朝文学的代表是诗，唐诗又叫格律诗、近体诗，分为律诗、绝句两类。诗句因有五字、七字之别，故有五言律诗、七言律诗、五言绝句、七言绝句之分。格律诗讲究押韵，对仗与平仄。唐诗豪迈雄浑，清朗刚

健，感情充沛，洋溢着大唐盛世的时代精神。初唐最有成就的大诗人是以反对齐梁艳体诗著称的四川射洪大诗人陈子昂。另有以骈文著称的初唐四杰王勃、骆宾王、卢照邻、杨炯。王勃乃王通的孙儿，虽26岁不幸溺水，惊悸而死，但一篇精美的骈文《滕王阁序》使他名垂千古。杜甫的祖父杜审言及宋之问、沈佺(quán)期、张若虚都是初唐的有名诗人。张若虚只一篇《春江花月夜》就横绝一世。盛唐的李白、杜甫则达到了中国文学史上最高的成就。李诗豪放飘逸，追求个性自由，达到了浪漫主义的巅峰，被称为"诗仙"；杜诗沉郁顿挫，关心民间疾苦，代表了现实主义的巅峰，被称为"诗圣"。盛唐另有边塞诗的代表高适、岑参、王之涣、王昌龄、崔颢(hào)。山水诗的代表是孟浩然，田园诗的代表是王维。中唐的诗人最有成就的有白居易、元稹(zhěn)、李贺。白居易和元稹发起了新乐府运动，提出"文章合为时而著，歌诗合为事而作"，主张诗文要反映社会现实，不能只是吟风弄月。同样26岁英年早逝的李贺，其诗奇诡、险怪、冷艳，被称为"诗鬼"。同时还有苦吟诗人贾岛、瘦硬诗人孟郊。晚唐最有成就的诗人是被称为小李杜的李商隐和杜牧，李商隐爱作无题的朦胧诗，杜

牧喜作清新警拔的绝句。

唐诗之外，中唐还兴起以韩愈、柳宗元为代表的古文运动。古文运动的核心是要以先秦两汉的子史文章反对六朝的骈文，以儒家的孔孟之道反对魏晋以来大盛的佛道二教。所以韩愈提出"文以载道"的口号，以先秦两汉之文载孔孟圣贤之道。古文运动确实扫除了骈文华丽的文风。韩愈、柳宗元连同宋朝的欧阳修、王安石、曾巩、苏洵、苏轼、苏辙合称唐宋八大家，皆以古文见长。韩柳为唐宋八大家之首。韩愈的文章博大雄浑，气盛言溢；柳宗元的文章幽深细腻，透彻精辟。晚唐还有以讽刺批判见长的小品文，代表作家有皮日休、陆龟蒙、罗隐。 还值得一说的是中唐以后逐渐形成一种新文体就是词。词是配合音乐唱的一种新诗体，句子长短不齐，又称长短句。每首词都有固定的乐谱，必须依谱作词，所以叫填词。每首词的名称叫词牌名，据清人统计词牌共有660种之多。词以字数多少分小令、中调、长调，长调又名慢词。58字以内为小令，59字到90字为中调，90字以上为长调。词的特点是细腻典雅，适于描写人物丰富微妙的内心世界。词初起于民间歌妓，后逐渐有文人创作。李白、白居易、刘禹锡、韦应物都填过词。至五代十国词开始兴盛。唐末五代最有名并使词真正独立起来的词人是温庭筠，有词作60余首，风格香软恻艳(cè yàn)。十国的西蜀与南唐词作很盛，后蜀赵崇祚(zuó)编了第一部文人词总集，共收西蜀十六位词人的作品，名曰《花间集》，其中最有代表性的是中唐诗人韦应物的四世孙韦庄的词。南唐有名的词人是冯延巳(sì)和南唐中主李璟，后主李煜。李煜的词抒写亡国之痛含蓄深沉，凄婉空灵，达到了宋以前词的最高峰。

词语解释

1、凝聚力níng jù lì：指群体成员之间，为实现群体职责目标任务而实施团结协作的程度。概念中的群体是指人或动物的集合，包括家庭、朋友、伙伴、单位、集体、阶级、民族、国家等等。

2、更替gēng tì：指更换。

3、统称tǒng chēng：指总括起来叫；总称；总的称呼。

4、尚存shàng cún：指现在还存在。

5、盘剥pán bō：指反复剥削；高利贷剥削。

6、弑shì：封建时代臣杀君、子杀父母称为"弑"。

7、进贡jìn gòng：指封建时代藩属对宗主国或臣民对君主呈献礼品。

8、苛捐杂税kē juān zá shuì：苛：苛刻、繁重；杂：繁杂。指反动统治下苛刻繁重的税收。

9、轻徭薄赋qīng yáo báo fù：指减轻徭役，降低赋税。

10、繁荣：指自己的事业蓬勃发展。或者指草木茂盛，也指经济或事业蓬勃发展；经济昌盛，繁荣经济，一件事物发展到顶盛的时期。

11、灿烂càn làn：形容光彩鲜明夺目。

12、奉诏fèng zhào：指接受皇帝的命令，或指"圣旨"。

13、音训yīn xùn：指解释古代汉语(文言文)中字词的意义的一种方法。

14、撰zhuàn：指写作，著书。

15、注解：指用文字来解释字句；解释字句的文字。泛指解释。

16、修撰xiū zhuàn：指撰写；编纂。

17、以古为鉴yǐ gǔ wéi jiàn：指借历史上的成败得失作为借鉴，以告诫和警醒自己。

18、辅佐fǔ zuǒ：指辅助办理或帮助皇帝治理国家。

19、僚属liáo shǔ：指贵族或大官的随员或职员。

20、毅然yì rán：指坚决地，毫不犹豫地，刚强坚韧而果断的样子。

21、大义凛然dà yì lǐn rán：大义：正义；凛然：严肃，或敬畏的样子。由于胸怀正义而神态庄严，令人敬畏。

22、精当jīng dàng：指精确恰当。

23、溢美yì měi：指过分赞美；十分美好。

24、鼎足而立dǐng zú ér lì：像鼎的三只脚一样，三者各立一方。比喻三方面分立相持的局面。

25、窥kuī：从小孔、缝隙或隐蔽处偷看。

26、谏jiàn：旧时指对君主、尊长的言行提出批评或劝告。

27、犯言直谏fàn yán zhí jiàn：指敢于冒犯尊长或皇上而直立相劝。

28、匡正kuāng zhèng：指纠正；改正。

29、透辟tòu pì：指透彻精辟。

30、泛览fàn lǎn：指广泛阅读，随处游览。

31、抄录chāo lù：指照原稿誊写(téng xiě)；抄写。

32、翔实xiáng shí：指详明而真实。

33、谬误miù wù：指错误或差错。人的认识是一个极为复杂的活动，它能产生正确和错误两种不同的结果，前者即为真理，后者就是谬误。真理和谬误之间存在着对立统一关系。

34、悲不自胜bēi bù zì shèng：胜：能承受。悲伤得自己不能承受。形容极度悲伤。

35、涕泣横流tì qì héng liú：指哭泣，形容涕泪交流。

36、周详zhōu xiáng：指周到细致。

37、考订kǎo dìng：考：研究，考据。订：改正，修改。指考据订正。

38、戒律jiè lǜ：多指有条文规定的宗教徒必须遵守的生活准则。

39、蓬勃péng bó：形容事物繁荣茂盛，即朝气蓬勃。

40、颜筋柳骨yán jīn liǔ gǔ："颜"指颜真卿，"柳"指柳公权。都是中国古代书法史上著名的楷书四大家：颜真卿的书法用笔肥厚粗拙，显得金健洒脱。柳公权的书法棱角分明，以骨力遒健著称。"颜筋柳骨"是说他们二人的风格像筋、骨那样挺劲有力。

41、闻名遐迩wén míng xiá ěr：遐：远；迩：近。形容名声很大，远近都知道。

42、豪迈雄浑háo mài xióng hún：形容雄伟豪壮，气韵深厚。

43、清朗qīng lǎng：指清楚响亮；凉爽晴朗；清净明亮。

44、刚健gāng jiàn：形容(性格、风格、姿态等)坚强有力。

45、充沛chōng pèi：指饱满；旺盛。多指精神。

46、洋溢yáng yì：指充满；广泛传播。又指水充溢流动；充分流露、显示；渗透着、弥漫、充满着。

47、惊悸jīng jì：指因惊恐而心跳得利害。

48、文以载道wén yǐ zài dào：载：装载，引伸为阐明；道：道理，泛指思想。指文章是为了说明道理的。

49、透彻tòu chè：指显明通彻；通明灵活；深入，完全了解。

50、精辟jīng pì：指精深透彻。

51、恻艳cè yàn：指文辞艳丽而流于浮华。

52、含蓄hán xù：指表达得委婉，耐人寻味。

53、深沉shēn chén：指声音低沉。形容程度深；沉稳；不外露。

54、凄婉qī wǎn：指悲伤婉转；形容声音凄切婉转。

55、空灵kōng líng：指灵活而无法捉摸。如：这是一种空灵的感觉。道家哲学境界，是指人或思想灵活而不可捉摸，空静而带有灵活的气息。

⊙ 练习与理解

1、名词解释：五代十国，并简述其形成的原因和经过？

2、"开成十二经"是指哪十二经，是由谁校定完成的？

3、简述隋唐时期的史学成就，并加以评价？

4、"颜筋柳骨"是指什么？各自有何特点？

5、唐朝文学空前繁荣，唐诗更是体现大唐盛世的时代精神，请举例说明唐朝的文学成
就？

6、简述杜甫诗的主要思想及对后世的影响？

7、何为"文以载道"？

赵宋兴，受周禅。十八传，南北混。

Zhào sòng xīng, shòu zhōu shàn. Shí bā chuán, nán běi hùn。

🔅 字词解释

1、赵宋zhào sòng：指宋太祖赵匡胤建立的宋朝(北宋)。

2、受shòu：这里指接受。

3、禅shàn：这里指禅让，让位。

4、南北nán běi：指北方少数民族和南方的宋高宗赵构建立的南宋。

5、混hùn：指混战。

🔅 现代译文

赵匡胤接受了后周"禅让"的帝位，建立宋朝。传了十八个皇帝，北方的少数民族南下侵扰，结果又成了南北混战的局面。

🔅 原文史实

后周世宗柴荣奠定统一天下的基础，不幸39岁病逝，皇位传给7岁的恭帝。就在这年，公元960年，后周的禁军统领赵匡胤借口北上抵抗辽军，行至开封东北陈桥，授意将士为他穿上黄袍，拥立他做皇帝，史称"陈桥兵变"。然后还都，逼恭帝禅位，国号宋，定都开封，称为宋太祖，史称北宋。

宋朝是上承五代十国下启元朝的朝代，分北宋和南宋两个阶段，共历十八帝(北宋9个皇帝，南宋9个皇帝)，享国318年(北宋168年，南宋150年)。"十八传，南北混"，是说北宋、南宋合在一起才有18代。 这18代分别是北宋太祖、太宗、真宗、仁宗、英宗、神宗、哲宗、徽宗、

宋太祖赵匡胤-杯酒释兵权

钦宗9帝，南宋高宗、孝宗、光宗、宁宗、理宗、度宗、德宗、端宗、怀宗9帝。太祖得帝位后做了几件巩固统治、加强中央集权的事。一是将帮助他得天下的石守信等功臣召来宴饮，喝到酒酣之时，太祖惆怅地说："我枕不能安，如果将来一天你们的部下也给你们黄袍加身，你们也没有办法。"部下都流泪跪下请太祖指示生路。太祖说："你们不如放弃兵权，选好房买好地，厚积钱财，为子孙创立永久的基业。"部下都感激不尽，说太祖为我们想得太周到了，第二天都借口有病而请求解除兵权，这就是著名的"杯酒释兵权"。这样就再也没有能夺去皇位的军阀。二是听从皇太后建议，不将皇位传给幼王，而是传给了二弟赵匡义，称为太宗。这样虽有人想夺位也没有可乘之机。三是于公元979年灭掉十国中的最后一国北汉，统一了天下。四是广设官职，分散臣下的权力。在宰相下设参知政事，相当于副宰相，以分宰相政治上的权力；又设枢密使以分宰相军事上的权力。设三司以分宰相经济上的权力。州郡长官知州外又设通判一职，相互牵制。州郡的兵权、财权、司法权都收归朝廷。另外禁军的驻屯地点几年一变，但将帅并不随之变动，使兵不识将，将不识兵。这些都是宋太祖吸取唐朝五代节度使等武人专权教训的结果。

任何事物都是有利有弊，宋太祖的做法虽然巩固了中央集权，但也带来了副作用。一是官职一多，出现冗官、冗兵、冗费的问题，国家的财政开支增大，加重了百姓的负担，激化了社会矛盾。北宋初第四年就爆发了王小波、李顺的农民起义。二是轻视武官，将帅士兵互不认识，军队的战斗力大大减弱。所以宋代一直受少数民族政权辽、西夏、金的威胁、侵略和骚扰。北宋从建立到太宗时都想收复北方辽朝占领的失地，虽有英勇的杨继业领导的杨家将北伐，结果几次都大败。宋真宗时辽军大举南下，真宗在宰相寇准的支持下亲自到河南前线澶渊督战，军心大振。但真宗急于求和，与辽国订下屈辱的"澶渊之盟"，认对方为兄弟之国，真宗称辽国萧太后为叔母。宋朝每年向辽国送银10万两，绢20万匹。宋仁宗时西夏国建立，并多次大规模进攻宋朝，宋皆大败，也签和约，宋朝每年给西夏银72000两，绢153000匹，茶叶3万斤。西夏则取消帝号，由宋朝封为夏国主。辽在宋与西夏订约时，也趁机要挟，将银增至20万两，绢增至30万匹。

宋朝在内忧外患下，仁宗与神宗先后两次变法。仁宗在参知政事范仲淹的主张下变法，称为"庆历新政"，核心内容分为整顿吏治、培养人才、发展生产、加强武备四个方面。但变法触动了官僚地主的利益，仅一年就失败，范仲淹被排挤出朝。神宗在宰相王安石的主张下变法，其核心是富国强兵。王安石以农田水利法发展生产，以青苗法解决豪强地主用高利贷剥削农民的问题，以方田均税法解决豪强地主占田逃税的问题，用均输法、市易法防止大商人投机倒把，以保甲法提高军队素质。王安石的变法持续了20多年，在一定程度上扭转了宋朝积贫积弱的局面，取得了显著的效果。但是，变法触动了大官僚大地主集团的利益，遭到激烈反对。王安石两次被罢相，神宗一死，新法又被全部废除。范仲淹和王安石都是人品极为高尚的人，他们的变法之所以失败，除了大官僚、大地主反对外，还有一个重要原因就是地方上缺少推行新法的人才，新法一到地方就完全走了样。

到了宋徽宗时代，北宋已经极为黑暗腐败。徽宗是位十分出色的艺术家，在书法、绘画上都有极高的成就；但政治上却昏庸，任用奸臣，买卖官爵，骄奢淫逸，徽宗在位时官吏数目增加了十一倍。又到民间搜刮各种奇石异树，制作工艺品。最终引起山东宋江、浙江方腊的起义。起义虽在北宋军队镇压下失败，但沉重打击了北宋统治，徽宗被迫下《罪己(jǐ)诏》。北宋晚期北方金国灭了辽国，又南下攻宋，徽宗急急忙忙将皇位交给儿子钦宗，自作太上皇。在迫不得已的情况下，钦宗起用主战派大臣李纲，李纲联合各地勤王之师击败金军，守住了都城开封。这就是宋朝历史上著名的"东京保卫战"。东京就是开封。金军撤去后，投降派势力太大，李纲被迫离开，统治集团仍然荒淫腐朽。不到半年，金军再次南

岳母刺字-精忠报国

下，占领开封；由于兵力有限，抓走徽钦二宗北返。北宋统治结束。徽宗8年后死于金国，活53岁。钦宗30年后也死于金国，活56岁。

北宋皇室老幼都被金人抓走的时候，徽宗的第九子赵构因在外组织勤王之师幸免于难。同年五月，他即皇位，称宋高宗，迁都杭州那时叫临安，史称南宋。南宋刚创立，便重新起用主战的李纲为宰相，打算收复失地；但在投降派排挤下，李纲只做了75天宰相就被罢官。南宋王朝从此苟安江南，再不提抗战之事。1129年金兵再次南下，一直将高宗赶到温州，最后赶到海上；但在广大军民的坚强抵抗下，金兵不得不撤退。这一时期抗金名将有：王彦领导的脸上刺着"赤心报国，誓杀金贼"的八字军牵制金兵南下；韩世忠追击南下金兵，大败十万金兵，取得黄天荡大捷(南京东北)。最为声威远播的是精忠报国的岳飞抗金。 1134年岳飞收复六州郡， 1140年岳飞又在河南郾城(yǎnchéng)大败金军，使金兵感叹"撼山易，撼岳家军难"。

抗金虽取得了这些胜利，但终因南宋朝廷的苟安投降，最终还是以失败告终。北宋末秦桧(Qín Huì)和徽钦二宗同被抓走，被金人收买，金人命其返回南宋，劝说高宗投降求和。秦桧于1130年回到南宋朝廷，诈称自己杀死守兵逃回，见到高宗后提出了一套苟安江南的投降主张，很符合高宗心意。就在岳飞取得郾城胜利之时，高宗、秦桧密召岳飞入朝，以谋反罪逮捕岳飞入狱，1142年以"莫须有"的罪名将岳飞杀害。与此同时南宋与金签了投降的"绍兴和议"，规定宋向金称臣，每年向金送贡银10万两，绢25万匹。1163年孝宗即位主持北伐，遭到惨败。1164年又签了"隆兴和议"。1195年宁宗即位又作北伐，收复了一些失地，但金兵南下后又大败。1208年再签"嘉定和议"，岁贡银增至30万两，绢30万匹，另赔款300万两。此时金国已经浸入金章宗后期，国力渐衰，北方蒙古诸部兴起，1234年南宋理宗时，蒙古灭金，宋金对立的局面才结束。

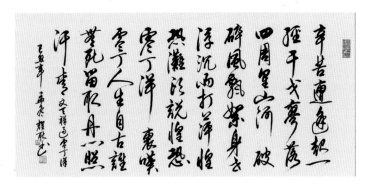

蒙古灭金后，把主要力量对准南宋，要消灭南宋。1257年蒙古正式发动对南宋的全面进攻。一路攻武汉，一路攻长沙，一路攻四川。攻四川的一路打到重庆合川钓鱼城。钓鱼城位置险要，易守难攻，知州王坚与部将张珏坚守五个月之久。蒙古大汗蒙哥战死于此，蒙军才撤退。这场战争史称"合州保卫战"。蒙哥一死，蒙古将领都急于争夺王位，又因南宋权臣贾似道一心求和，愿称臣纳贡，蒙古军答应条件后北返。忽必烈即位后又挥师南下，攻南宋军事重镇湖北襄阳(xiāng yáng)与樊城(fán chéng)，全城军民顽强抵抗，相持6年之久，这就是"襄樊保卫战"，但最终失守。1276年元军占领南宋都城临安，将宋恭帝及皇室官吏等抓去。元军进逼临安时，江西赣州知州文天祥组织民兵万人勤王。临安失陷后他与礼部侍郎陆秀夫立8岁的益王赵昰(shì)为帝，称为端宗。两年后端帝死，又立卫王赵昺(bǐng)为帝，流亡迁徙于广东新会一带。后文天祥兵败被抓，敌人让其招降反元的部下，文天祥大义凛然抄写自己"人生自古谁无死，留取丹心照汗青"的《过零丁洋》诗以表心志。敌人问文天祥："立帝昰、帝昺于事何补？"文天祥说："立二帝不一定能救大宋，但我必须尽臣子之心，救不了则是天意。"后来在狱中又作了著名的《正气歌》，1283年从容就义。就义前文天祥向南方拜了三拜说："我的事做完了；从小学习圣贤书，孔子教我成仁，孟子教我取义，如今我已经仁至义尽了。"南宋流亡政权，在元军追袭下走投无路，1279年2月陆秀夫背8岁的帝昺投海而死。南宋至此灭亡。南宋的民族矛盾是主要矛盾，国内只有南宋初年湖南洞庭湖畔农民起义。

张择端-清明上河图

　　两宋虽一直受到少数民族的侵略，但经济却有较大发展。兴修了很多水利工程，兴起了很多繁荣的城市，如开封、洛阳、杭州、苏州、扬州、成都、南京等。出现了许多定期开放的集市，北方叫"赶集"，南方叫"赶场"或"赶墟(xū)"。城镇的兴起，对商品经济的发展起到了促进作用。造瓷业也是宋代一大产业，出现了很多烧瓷名窑。造船业、纺织业、造纸业也很发达。北宋真宗年间，成都还印制了世界上最早的纸币"交子"。南宋时纸币已很流行。南宋的主要疆域在南方，北方大量人口南迁，增加了劳动力，加强了生产技术的交流，中原的经济重心向南移动。北宋画家张择端的《清明上河图》就反映了当时开封商业的繁荣。

　　宋代文学在中国文学发展史上有着重要的特殊地位，它处在一个承前启后的阶段，即处在中国文学从"雅"到"俗"的转变时期。所谓"雅"，指主要流传于社会中上层的文人文学，指诗、文、词；所谓"俗"，指主要流传于社会下层的小说、戏曲。宋代继唐代以后出现了又一个诗歌高潮。宋诗主要向思理、显露和精细方面发展。唐诗多以丰神情韵擅长，宋诗多以筋骨思理见胜。

　　宋代散文是中国散文史上一个重要的发展阶段。在三百多年间出现了人数众多的散文作家。"唐宋古文八大家"中，宋人就占了六位(欧阳修、苏洵、苏轼、苏辙、王安石、曾巩)，写作了不少文学散文和带有文学性的散文，也有许多议论文的名作。

词作为新兴的诗歌形式，从隋唐发端，至宋代进入鼎盛时期，标志宋代文学的最高成就。宋词的代表人物主要有苏轼、辛弃疾(豪放派代表词人)、柳永、李清照(婉约派代表词人)。宋词句子有长有短，便于歌唱。因是合乐的歌词，故又称曲子词、乐府、乐章、长短句、诗余、琴趣等。它始于梁代，形成于唐代而极盛于宋代。宋词是中国词史上的顶峰，其影响笼罩以后的整个词坛。宋词实际上是宋代成就最高的抒情诗，使它取得了与"唐诗"、"元曲"等并称的光荣。

宋代小说和戏曲为元明清小说、戏曲的大发展准备了良好的条件。宋代的小说主要是"话本"，它原是说话人说书的底本，实即白话短篇小说。现存宋话本约三四十篇，散见于《京本通俗小说》、《清平山堂话本》、"三言"等书。宋话本具有两个鲜明的特色：一是市民文学的色彩。话本是当时"瓦舍技艺"的一种，是城市人民表现自己、教育和娱乐自己的文艺。二是白话文学的特点。话本的语言是白话，比之文言小说(如唐传奇)描写更细致生动、曲折有致，更富生活气息。

⊙ 词语解释

1、授意shòu yì：指把自己的意图告诉或暗示给人，让别人照着办。

2、黄袍huáng páo：古帝王的袍服。"黄袍"往往被看作古代帝王服色的象征。"黄袍"作为帝王专用衣着源于唐朝。

3、拥立yōng lì：指拥戴皇帝或首领即位。

4、陈桥兵变chén qiáo bīng biàn：陈桥兵变又称陈桥驿兵变，是赵匡胤发动的取代后周，建立宋朝的兵变事件，此典故又称黄袍加身。959年，周世宗柴荣崩，七岁的周恭帝柴宗训即位。殿前都点检、归德军节度使赵匡胤，与禁军高级将领石守信、王审琦等掌握了军权。960年正月初一，传闻契丹兵将南下攻周，宰相范质等未辨真伪，急遣赵匡胤统率诸军北上御敌。周军行至陈桥驿，赵匡胤和赵普等密谋策划，发动兵变，众将以黄袍加在赵匡胤身上，拥立他为皇帝。随后，赵匡胤率军回师开封，京城守将石守信、王审琦开城迎接赵匡胤入城，胁迫周恭帝禅位。赵匡胤即位后，改国号为"宋"，仍定都开封。石守信、高怀德、张令铎、王审琦、张光翰、赵彦徽皆得授节度使位号。

5、酒酣jiǔ hān：指喝酒喝的正香的时候。

6、惆怅chóu chàng：用来表达人们心理的情绪，如伤感、愁闷、失意等。通俗的话说就是空落落。

7、杯酒释兵权bēi jiǔ shì bīng quán：杯酒释兵权是指发生在宋朝初期，宋太祖赵匡胤为了加强中央集权，同时避免别的将领也"黄袍加身"，篡夺自己的政权，所以赵匡胤通过一次酒宴，以威胁利诱的方式，要求高阶军官们交出兵权。杯酒释兵权只是宋太祖为加强皇权，巩固统治所采取的一系列政治军事改革措施的开始，也被视为宽和的典范。 其后还在军事制度方面进行了多项改革。"杯酒释兵权"做为一个成语，逐步引申为泛指轻而易举地解除将领的兵权。

8、参知政事cān zhī zhèng shì：中国古官职名。原是临时差遣名目，唐太宗贞观十三年(639)十一月，以李洎(jì)为黄门侍郎、参知政事，参知政事始正式作为宰相官名。到宋代，设中书门下(习称政事堂)，此后参知政事则演变成一个常设官职，作为副宰相，其根本目的是为了削弱相权，增大皇权。

9、枢密使shū mì shǐ：枢密使一职始置于唐后期，为枢密院主官，以宦官充任，五代时改由士人充任，后又逐渐被武臣所掌握，办事机构也日益完善。为适应连年战争的局面，枢密使把军政大权握于一己之手以便宜从事，枢密使的职掌范围扩大到了极限，枢密使的地位迅速上升。但到了宋代，枢密使制又发生了变化，其任职者由五代时的武将逐渐转为以文官担任，职权范围逐步缩小。

10、通判tōng pàn：官名。在州府的长官下掌管粮运、家田、水利和诉讼等事项，对州府的长官有监察的责任。

11、屈辱qū rǔ：指屈节辱命；委屈和耻辱。

12、澶渊之盟chán yuān zhī méng：北宋与辽(契丹 qì dān)订立的和约。1004年, 辽军南下深入宋境, 宋宰相寇准力主抗战, 劝真宗亲征, 真宗勉强至澶州(今河南濮阳 pú yáng)督战。宋军取胜, 1005年1月, 宋辽订和约：宋每年向辽输银十万两, 绢二十万匹。澶州又名澶渊郡, 史称"澶渊之盟"。

13、要挟yāo xié：指扬言要惩罚、报复或危害某人而强迫他答应自己的要求；利用对方的弱点、借力量、威胁或其他压力以强迫对方去做或去选择。

14、内忧外患nèi yōu wài huàn：忧：忧虑；患：祸患。比喻国内的变乱和外来的祸患；也比喻内部的纠纷和外部的压力；或比喻因个人的情况的僵局或困境, 无暇顾及其他人或事。

15、扭转niǔ zhuǎn：煮掉转；转过；使事物的发展方向发生变化。

17、积贫积弱jī pín jī ruò：长期积累的贫困衰弱；以前的行为导致现在的局面衰弱。

18、触动chù dòng：指接触到；碰；撞, 或指因某种刺激而引起感情变化。

19、苟安gǒu ān：苟且偷安, 只顾眼前的安乐。

20、诈称zhà chēng：指假称, 谎说。

21、莫须有mó xū yǒu：原意指也许有吧。后指凭空捏造。形容无中生有, 罗织罪名。莫须有为南宋时期中古汉语的口语, 以秦桧诬害岳飞之词而闻名。

22、称臣纳贡chēng chén nà gòng：旧时指小国向大国臣服而年年进献宝物。

23、大义凛然dà yì lǐn rán：大义：正义；凛然：严肃, 或敬畏的样子。由于胸怀正义而神态庄严, 令人敬畏。

24、就义jiù yì：指为正义事业而被敌人残杀。

25、追袭zhuī xí：指追赶袭击。

26、交子jiāo zǐ：是发行于北宋于仁宗天圣元年(1023年)的一种纸质货币, 曾作为官方法定的货币流通, 称作"官交子", 在四川境内流通近80年。交子是中国古代劳动人民的重要发明, 是中国最早由政府正式发行的纸币, 也被认为是世界上最早使用的纸币, 比美国(1692年)、法国(1716年)等西方国家发行纸币要早六七百年。

27、发端fā duān：指开端；创始(如一个过程或一连串的事件)；初现，开头。

28、鼎盛dǐng shèng：指几乎到极端的盛世。

29、瓦舍wǎ shè：在宋朝的一些大城市,有固定的娱乐场所,人们称之为瓦舍。 瓦舍——城市商业性游艺区, 也叫瓦子、瓦市。瓦舍里设置的演出场所称勾栏, 也称钩栏、勾阑勾栏的原意为曲折的栏杆, 在宋元时期专指集市瓦舍里设置的演出棚。

⊙ 练习与理解

1、简述宋太祖赵匡胤初建宋朝时的政治军事举措, 及其产生的影响？

2、宋仁宗时期的范仲淹变法, 宋神宗时期的王安石变法为什么都失败而告终？

3、宋朝为什么会形成北人南迁的局面？

원문 해석 해설

周辙东，王纲坠。逞干戈，尚游说。

Zhōu zhé dōng, wáng gāng zhuì。 Chěng gān gē, shàng yóu shuì。

주나라가 동쪽으로 수도를 옮긴이래, 왕실의 권위는 떨어졌다. 창과 방패 등 병장기가 전국을 휩쓸었으며, 곳곳에 유세하는 풍속이 퍼졌다.

🌑 解释

自从周平王东迁之后，对诸侯的控制就越来越弱。诸侯之间时常发生战争，游说之士开始大行其道。

🌑 해석

주 평왕이 수도를 동쪽으로 옮긴이래 국왕의 제후들에 대한 통제력은 날로 약해져갔다. 제후들은 늘 전쟁을 벌였고, 유세객들은 곳곳을 다니며 자신들의 주장을 펼치기 시작했다.

幽王死后，经众诸侯推举周平王继承了王位。平王因周都镐京(hào jīng)经常受到西北犬戎族的侵扰，于即位后第二年(公元前770年)将都城东迁至洛阳，古称洛邑。东迁后的周朝被称为东周。辙，本指车轮辗过的痕迹，这里当迁移讲。东周又分为春秋和战国两个时期。春秋因孔子修《春秋》而得名，《春秋》所记事件始于鲁隐公元年，就是周平王四十九年(前722)，止于鲁哀公十四年，就是周敬王三十九年(前481)，共计242年，历史上就把这一段称为春秋时代。战国是从周元王元年(前476)直至秦始皇统一中原前(前221)。各诸侯国连年征战不休，故被后世称之为"战国"。"战国"一名取自于西汉刘向所编注的《战国策》。孟子说整个春秋时代的战争都没有正义可言，因为他们全都是为了夺权争霸。到了战国时代也是如此。

유왕이 주살당한 뒤, 제후들의 추대를 받은 주평왕이 왕위를 물려받았다. 당시 주나라 수도 호경鎬京이 서북의 견융족犬戎族으로부터 자주 침입을 받자, 주평왕은 즉위 이듬해(기원전 770년)에 수도를 낙양洛陽으로 옮겼다. 이곳은 옛날에 낙읍洛邑이라 불리던 곳이다. 주나라는 이곳에 수도를 옮긴 후에 동주로 불리게 되었다. '옮긴다'라는 뜻의 '철轍'은 본래 수레바퀴가 지나간 흔적을 가리키는데, 여기에서는 당시 천도했다는 것을 이야기한다. 동주는 춘추시대와 전국시대 두 시기로 구분된다. 춘추는 공자孔子가 《춘추春秋》를 편찬한 것에서 비롯되었다. 《춘추》는 노나라 은공隱公 원년인 주평왕 49년(기원전 722년)부터, 노나라 애공哀公 14년까지인 곧 주경왕周敬王 39년(기원전 481년)까지를 다루고 있다. 총 242년으로, 역사상 이 시기를 춘추시대라고 부른다. 전국시대는 주원왕周元王 원년(기원전 476년)부터 진시황이 중원을 통일하기 전(기원전 221년)까지를 말한다. 각 제후국들이 해마다 정벌을 치렀기 때문에 후대인들은 이 시기를 "전국시대"라 부른다. "전국"이란 말은 서한 유향劉向

이 편찬한 《전국책戰國策》에서 따왔다. 맹자는 모든 춘추시대 때의 전쟁들은 다 권력에 눈이 멀어 패권을 다투었기 때문에 이렇다 할 정의나 명분이 없었다고 하였다. 전국시대에 이르러서도 이러한 상황은 마찬가지였다.

周朝东迁以后, 周室开始衰微, 只保有天下共主的名义, 而无实际的控制能力。周天子号令不通, 律法失效, 名存实亡。中原各国也因社会经济条件不同, 诸侯国各自为政出现了争夺霸主的局面, 各国的兼并与争霸促成了各个地区的统一。同时, 东周时期的社会大动荡, 为有学之士提供了展现自己的历史舞台, 游说之风盛行, 由于他们的出身不同, 立场不同, 因而在解决或回答现实问题时, 提出的政治主张和要求也不同。他们著书立说, 争辩不休, 出现了百家争鸣的局面, 促进了学术思想的空前活跃, 诸子百家竞相宣传自己的主张, 各种学派应运而生, 因此学术史上将春秋战国称为子学时代。

주왕조는 천도 이후 왕실의 권위가 기울기 시작했다. 명목상 천하의 주인이라는 명예만이 있을 뿐, 실제적인 통제력은 없었다. 주나라 천자의 명령은 통하지 않았고, 율법도 실효성이 없고 유명무실했다. 중원의 각 나라 역시 서로 사회경제적 조건이 다른 까닭에 제후국들은 저마다 패주를 다투는 국면을 보였다. 각국은 서로 연합하거나 패권을 다투면서 주변 지역의 통일을 가속화시켰다. 또한 동주 시기의 사회는 매우 혼란해서 유학자들에게 자신들을 드러낼 역사적 무대를 제공하기도 했다. 이때부터 유세하는 풍속이 성행했다. 개인마다 출신도 다르고 입장도 달라서 현실적인 문제를 해결하거나 답을 내릴 때에 그 정치적 주장과 요구사항 등이 상이했다. 저마다 책을 저술하고 이론을 정립하느라 분쟁이 끊이지 않았다. 백가쟁명의 국면이 나타났고 학술사상의 공전의 활약을 촉진하였다. 제자백가들은 앞 다투어 자신들의 주장을 알렸다. 여러 유파가 끊임없이 생겨났다. 그렇기에 학술사상 이러한 춘추전국시대를 자학시대子學時代라고 부른다.

春秋战国, 不尽是中国学术繁荣的时期, 也是全世界学术繁荣的时期。当时, 印度出现了佛教创始人释迦牟尼, 古希腊出现了大哲学家苏格拉底、柏拉图、亚里士多德, 中国出现了大圣人大哲学家孔子、孟子、老子、庄子。近世德国哲学家雅斯贝尔把这个时代称为人类文化的轴心时代。

춘추전국시대는 중국 학술이 번영한 시기일 뿐만 아니라 전 세계적으로 학술이 발전한 시기이기도 하다. 당시 인도에서는 불교의 창시자인 석가모니가 출현하였고, 고대 그리스에서는 소크라테스, 플라톤, 아리스토텔레스 등의 대 철학가들이 나타났다. 중국에서는 공자, 맹자, 노자, 장자 등 대성인이자 유명 철학가들이 대거 등장했다. 근세 독일의 철학자 카를 야스퍼스는 이 시기를 인류문화의 '축의 시대'라고 하였다.

春秋战国时代由于铁器的出现和牛耕的普遍应用, 标志着社会生产力的显著提高。大力兴修水利工程 : 楚国修建了芍陂(què pí), 灌溉云梦之泽 ; 吴国修了中国第一条人工运河, 沟通了长江与淮河 ; 秦国李冰父子修建的都江堰水利工程, 把岷江一分为二, 起到分洪、灌溉的双重作用, 至今仍造福于川西平原；韩国的水工技师郑国帮秦国建的郑国渠沟通了泾水洛水，灌溉关中平原。春秋时还出现了杰出的工匠鲁班，他又名公输般，鲁国人。后世凡要学木匠的首先就要拜鲁班，称为祖。战国时还出现了全世界最早的天文著作《甘石星经》及当时叫做司南的指南针。齐国出了名医扁鹊，他的著作《难经》探讨了81个医学问题。

춘추전국시대에는 철기의 출현과 함께 우경牛耕이 보편화되고 실용화되었다. 사회생산력이 눈에 띠게 향상됨을 나타낸다. 수리공정이 대대적으로 일어났다. 초나라에서는 작피芍陂 지역에 중국 최대의 수리시설이 들어서고 운몽택雲夢澤이라는 관개시설이 축조되었다. 오나라에서는 중국 최초로 인공운하가 만들어져 장강과 회하가 통하게 했다. 진秦나라에서는 이빙李冰 부자父子가 제방 수리시설을 수축하여 민강岷江을 두 지류로 텄다. 홍수가 나지 않도록 상류에서 물줄기를 나누는 분홍分洪 시설을 만들고, 관개시설을 두는 등 이중효과를 거두었다. 이것은 지금까지도 천서평원川西平原을 비옥하게 하는 근간이 된다. 한편, 한반도의 수리학자였던 정국鄭國은 진나라에 건너가 운하를 건설하기도 했다. 그 결과 경수涇水와 낙수洛水가 서로 통하게 되었고 관중평원關中平原에 관개시설이 들어섰다. 춘추시대에는 노반魯班이라고 하는 유명한 장인이 있었다. 그는 본명이 공수반公輸般이고 노나라 사람이었다. 후대인들은 기술을 배울 때에 꼭 이 노반이라는 사람을 먼저 받들어야 했다. 그래서 노조魯祖라고도 부른다. 전국시기에 세계 최초로《감석성경甘石星經》이라는 천문책과 함께 주사남做司南이라는 나침반이 등장했다. 제나라에서는 명의 편작扁鵲이 등장하였다. 그는 저서《난경難經》에서 총 81개의 의학문제를 다루었다.

尧舜夏商周的历史主要保存在《尚书》中，春秋的历史则保存在孔子修的《春秋》及左丘明的《左传》中，这些都已列为经书，前面已作介绍。另外还有两部记录春秋战国历史的书，一部是《国语》，一部是《战国策》。《国语》又名《春秋外传》或《左氏外传》，是中国最早的一部国别体史学著作，记载从西周穆王至春秋末周、鲁、齐、晋、郑、楚、吴、越八国史实，记事时间，起自西周中期，下迄春秋战国之交，前后约五百年，相传为左丘明所著。《战国策》又称《国策》，也是国别体史学著作，是西汉刘向依战国时的底本整理而成，记载了西周、东周及秦、齐、楚、赵、魏、韩、燕、宋、卫、中山各国之事，记事年代起于战国初年，止于秦灭六国，约有240年的历史。主要记述了战国时期的游说之士的政治主张和言行策略，也可说是游说之士的实战演习手册。

요·순·하·상·주대의 역사는 주로《상서尚書》에 전한다. 춘추의 역사는 공자가 쓴《춘추春秋》와 좌구명의《좌전左傳》에 실려 있다. 모두 경서로 분류되어 있으며 앞서 소개한 바 있다. 이 밖에 춘추전국시대의 역사에 관한 기록으로 두 권이 있는데, 바로《국어》와《전국책》이다. 《춘추외전》혹은《좌씨외전》으로도 불리는《국어》는 중국 최초의 국별체國別體 서술 방식에 따른 역사책이다. 서주 목왕穆王에서 춘추 말기의 주周, 노魯, 제齊, 진晉, 정鄭, 초楚, 오吳, 월越 등 8국의 역사를 다루었다. 서주 중엽에서 춘추전국시기까지 전후 약 오백여년에 걸친 시기를 기록하였으며 좌구명이 썼다고 전한다. 《국책》이라고도 불리는《전국책》역시 국별체 역사저작이다. 서한 유향劉向이 전국시기의 저본을 근간으로 하여 정리하여 완성했다. 서주, 동주 및 진秦, 제齊, 초楚, 조趙, 위魏, 한韓, 연燕, 송宋, 위衛, 중산中山의 각국의 역사를 기재하였다. 전국시기 초에서 진나라가 육국을 멸한 때까지 총 240년의 역사가 담겨져 있다. 주로 전국 시기의 유세객들의 정치적 주장과 언행, 책략을 기술하였다. 역시 유세객들의 실전훈련 지침서라 할 수 있다.

战国末年, 楚国出现了中国历史上第一个最伟大的爱国诗人屈原。屈原, 名平, 字原, 楚国贵族, 因才高识远遭猜忌而被流放, 目睹楚国的衰微与人民的苦难, 创作了大量忧国忧民的诗歌。公元前278年, 秦将白起攻破楚都郢(yǐng)(今湖北江陵), 屈原悲愤交加, 怀石自沉于汨罗江(mì luó jiāng), 以身殉国, 表达了誓与楚国共存亡的崇高情怀, 终年62岁。屈原的诗歌是用楚地民歌加工改造而成的, 因此称作楚辞。后世人赞其为, "书写楚语, 发出楚声, 颂扬楚地, 讴歌楚物, "极富浪漫气息。屈原的代表作是《离骚》, 是中国历史上最长的一首抒情长诗, 共373句。屈原的作品可以用香草美人四个来字概括：香花香草比喻高洁, 美人佳丽比喻理想。人品高洁和对理想的炽烈追求就是屈原的精神, 又是屈原诗作的灵魂。

전국시대 말, 중국 역사상 첫 번째 위대한 애국시인 굴원屈原이 등장하였다. 그의 본명은 평平이고 자는 굴원이다. 초나라 귀족 출신으로 재주가 높고 식견도 탁월했으나 주변의 시기를 받아 축출당했다. 그는 초나라의 쇠망과 백성들의 환난을 직접 보면서 우국우민의 시가를 다량 창작하였다. 기원전 278년, 진秦나라의 장수 백기白起가 초나라 수도 영郢(지금의 호북성 강릉)을 함락시키자 굴원은 비분강개하여 멱라수에 투신했다. 그는 스스로 순국하는 것으로써 초나라와 존망을 함께한다는 숭고한 심정의 맹세를 표현했다. 향년 62세였다. 굴원의 시가는 초 지역의 민가를 개창하였으므로 초사楚辭라고도 부른다. 후대인들은 이 초사에 대해서 "초나라 말로 기록하고, 초나라 소리를 내며, 초나라 땅을 드높이고, 초나라 산물을 노래했다"는 점에서 그 공을 높이 샀다. 굴원의 대표작인 《이소離騷》는 중국 역사상 가장 긴 서정시다. 총 373구로 되어 있다. 대개 굴원의 작품은 향초미인香草美人의 네 자로 개괄할 수 있다. 즉 향기 나는 꽃과 풀은 인품의 고결함을 비유하고, 미인은 이상향에 대한 비유이다. 고결한 인품과 이상향에 대한 강렬한 추구는 곧 작자 자신의 정신이자, 그가 시를 창작하는 영혼이기도 했다.

始春秋，终战国。五霸强，七雄出。

Shǐ chūn qiū, zhōng zhàn guó。Wǔ bà qiáng, qī xióng chū。

춘추시대로 시작해서 전국시대로 마쳤다. 다섯 명의 패자가 강성하였고, 일곱 영웅이 일어섰다.

🕸 解释

东周从春秋开始至战国结束，即，分为春秋时期和战国时期两个阶段。春秋五霸为齐恒公、宋襄公、晋文公、秦穆公和楚庄王。战国七雄分别为齐、楚、燕、韩、赵、魏、秦。

🕸 해석

동주는 춘추시대를 시작으로 해서 전국시대에 끝이 났다. 즉 이시기는 춘추시기와 전국시기의 두 시기로 구분된다. 춘추오패는 제齊나라 환공桓公, 송宋나라 양공襄公, 진晉나라 문공, 진秦나라 목공穆公, 초楚나라 장왕莊王을 말한다. 전국칠웅은 제齊, 초楚, 연燕, 한韓, 조趙, 위魏, 진秦나라를 가리킨다.

齐桓公是春秋第一霸。齐桓公(姜小白)，他任用法家思想的创始人管仲为相，推行改革。政治上，建立宫廷管制，增强群主集权，形成完整的中央政权机构，军事刑法上，将居民组织与军事组织结合，实行军政合一，兵民合一。这是法家一贯的主张，和平时期兼顾生产和训练，战争时期出征打仗。这与儒家重视人、尊重人的人本主义主张截然不同。经济上，按照土质好坏、产量高低来确定赋税征收额。外交上，管仲辅佐齐桓公以"尊王攘夷"的旗号，团结其他诸侯国击退北方戎狄；联合中原诸侯鲁、宋、郑等国进攻楚国，迫使楚国恢复向周王室纳税。公元前651年，在葵丘大会各国诸侯，周天子也派人前往，此次盟会齐桓公确立了自己的霸主地位，成为春秋第一霸。

제나라 환공은 춘추오패 중 첫 번째 패자다. 제 환공(강소백)은 법가사상의 시초라 할 수 있는 관중을 재상으로 임명하고 개혁을 단행했다. 정치상 궁정을 짓고 관제를 마련했다. 군주집권을 강화시켜 중앙정권기구를 완비했다. 군사형법상 민간조직과 군사조직을 결합시켜 군정합일을 시행하고 군軍·민民을 일치시켰다. 이는 법가사상이 관철된 주장이었다. 평상시에는 생산과 훈련을 병행하고, 유사시에 출병할 수 있도록 하였다. 이것은 사람을 중시하고 인권을 존중하는 유가의 인본주의 주장과는 확연히 달랐다. 경제에 있어서는 토질의 상태와 생산량의 정도에 따라 부세징수를 차등 적용했다. 외교상 관중은 제 환공을 보좌하면서 "천자를 받들고 오랑캐를 배척하자(尊王攘夷)"는 기치를 내세웠다. 그리하여 주변 제후국들과 연합하여 북방의 오랑캐를 토벌했다. 중원의 제후국인 노나라, 송나라 정鄭나라 등 각국과 연합하여 초나라를 평정했다. 그리고 초나라로 하여금 주 왕실에 의무적으로 납세를 하도록 강요했다. 기원전 651년, 제환공이 규구회맹葵丘會盟을 소집할 때, 주나라 천자 역시 사람을 보냈다. 당시 회의의 주최자였던 제환공은 자신의 패자지위를 확립하고 춘추 제1대 패자가 되었다.

齐国的祖先是姜太公。武王分封诸国时，将诸侯封为公、侯、伯、子、男五等，封姜太公为侯爵，封地为今山东泰山以北。至战国周安王时，政权被齐国大夫田氏取代。大夫是诸侯的臣子。田氏放逐齐康公，自立为齐君，成为战国时代七雄之一，最后为秦国所灭。这里值得指出的是，春秋的特点是周天子的政权被诸侯掌握，战国的特点是诸侯的政权被大夫掌握。

제나라의 선조는 강태공이다. 제나라 무왕은 제후국을 분봉하면서 공公, 후侯, 백伯, 자子, 남男 등 다섯 등급으로 나누었다. 강태공은 후작으로 봉해져, 지금의 산동 태산이북을 봉지로 받았다. 전국시대 주안왕周安王 때 제나라 대부 전田씨 세력에게 정권이 넘어갔다. 대부는 제후의 신하이다. 전田씨는 제나라 강공康公을 쫓아내고 스스로 제나라 군주가 되었다. 이로써 전국시대 칠웅 중 하나가 되었다. 그러나 결국 진秦나라에 의해 멸망당하였다. 여기에서 시사하는 바는 춘추시기의 특징은 주 천자의 정권이 제후국들의 손에 장악되었다는 점이고 전국시대 때에는 제후들의 정권이 대부들에게 장악되었다는 점이다.

齐国后，宋襄公，宋氏，名兹甫，继之称霸。宋是商朝的后裔，商纣王的儿子武庚叛乱被杀后，周成王封纣王的哥哥微子启于河南一带，名为宋国，享有公爵。齐桓公死后，宋襄公与楚争霸。公元前638年，宋襄公讨伐郑国，与救郑的楚兵展开泓水之战。楚兵强大，宋襄公讲究"仁义"，要待楚兵渡河列阵后再战，结果大败受伤，次年伤重而死。宋襄公之所以能令诸侯倾服，正在于他的仁义。

제나라 다음의 송양공宋襄公은, 성이 송씨요, 이름이 자보兹甫. 제환공의 패업을 이어받아 패주가 되었다. 송나라는 상나라의 후예다. 상나라 걸왕의 아들 무경武庚이 반란을 일으키다 피살되자 주나라 성왕은 걸왕의 형인 미자微子를 하남일대에 봉했다. 송나라라고 명칭하고 공작의 대우를 받았다. 제환공 사후 송양공은 초나라와 패자지위를 다투었다. 기원전 638년, 송양공이 정鄭나라를 토벌하였다. 이 때 송양공은 정나라에 원병을 온 초나라 군과 홍수泓水에서 일전을 벌였다. 송양공은 막강한 군사력의 초나라 군과 달리 "인의"를 내세웠다. 송양공은 초나라 병사가 강을 다 건너기까지 기다렸다. 적군이 진열을 가다듬은 다음에 자신의 군사를 움직였다. 그러나 결국 대패하여 그해 어마어마한 사상자 수를 기록했다. 송양공이 제후국들로부터 탄복을 받는 이유는 이러한 인의의 정신 때문이었다.

春秋的第三霸是晋文公。晋国的祖先是周武王的儿子叔虞，周成王将他封于山西一带，称为晋国，享侯爵。晋文公姓姬，名重耳。春秋五霸中只有晋国是周天子姬姓，其余都是异姓诸侯。晋文公因父亲立幼弟为继承人，曾在外流亡19年，等他回国主持政权时已经60多岁了。他流亡在外，深知民间疾苦，当政后减轻赋税徭役，国力日强。后来晋文公帮助周王室平定内乱，并迎周襄王复位，博得尊王的美名。再后来又在城濮(chéng pú)之战中大胜楚军, 威震诸侯, 成为霸主。至战国周安王时被韩、赵、魏三分其地成就战国七雄中的韩、赵、魏三雄。

춘추시대 세 번째 패자는 진晉나라 문공이다. 진나라의 선조는 주나라 무왕의 아들 숙우叔虞다. 주나라 성왕은 숙우를 산서山西 일대에 봉하면서 진나라로 명명하고 후작의 예우로 대했다. 진 문공은 성이 희姬씨이고, 이름은 중이重耳다. 춘추오패 중 진나라만이 유일하게 주 천자의 희씨 성을 따랐다. 다른 제후들은 모두 다른 성을 썼다. 진 문공은 부친이 어린 동생을 후계자로 세우자 일치감치 외부로 19년간 떠돌았다. 그가 조정에 돌아와 정권을 잡았을 때는 이미 60세가 넘은 뒤였다. 그는 당시 곳곳을 유랑할 때에 민간의 질고를 깊이 느꼈다. 그리하여 집정 이후에는 백성들의 부세를 경감하고 요역을 줄이는 등 국력신장에 주력했다. 후에 진문공은 주 왕실을 보좌하여 난을 진압하고 주 양왕襄王을 복위시켰다. 이로써 널리 존중받는 왕이라는 칭송을 받았다. 또한 성복대전城濮大戰에서 초나라 군을 크게 무찔렀다. 이를 계기로 제후들에게 위세를 떨쳐 패주로 등극했다. 전국시대 동주 안왕安王때에 이르러 진나라는 한韓, 조趙, 위魏 3국으로 분열되었다. 전국칠웅 중의 일원으로 한, 조, 위의 3웅이 등장하게 되었다.

秦穆公继而称霸。秦国的祖先因辅佐大舜而赐姓嬴, 其后代给周孝王养马而封于陕西一带, 这就是秦, 至周平王时正式封为诸侯, 享伯爵。秦穆公多次挺进中原, 击败晋国, 后向西发展, 攻灭西边十二国, 独霸西戎。至战国末, 秦兼并六国, 统一天下。

진秦 목공穆公이 다음 패자 자리를 이어받았다. 진나라의 선조는 순임금의 시중을 든 공으로 영嬴씨 성을 하사 받았다. 그 후손은 주나라 효왕孝王의 말을 잘 번식시켜 섬서陝西일대를 영지로 하사받았다. 이것이 진秦읍이다. 주대 평왕에 이르러 정식으로 제후에 봉해지고 백작의 예우를 받았다. 진목공은 여러 차례 중원으로 진출하여 진晉나라를 격퇴시켰다. 이후에 서쪽으로 세력을 확장하여 서쪽 변방의 20개국을 멸하고 서융西戎을 제패했다. 진나라는 전국시대 말에 이르러 6국을 차례로 점령하고 천하를 통일했다.

南边楚地庄公的祖先曾经是周文王的老师, 周成王封其曾孙于今湖北一带, 称为楚国, 享子爵。楚庄公在位期间整顿内政, 兴修水利, 攻破郑国, 大败晋军, 攻陷宋国, 最后陈兵于周都洛阳附近, 询问象征周天子权威的九鼎的轻重, 打算把鼎转移到楚地, 其实是想借机称霸。这就是问鼎中原的典故。楚国本是子爵, 自称为王, 中原诸侯纷纷归附, 于是成为霸主。战国末为秦国所灭。

남쪽 변방 초楚읍 장공莊公의 선조는 한때 문왕의 스승이었다. 주 성왕은 그 증손을 지금의 호북성 일대에 봉하고 초국이라고 칭했다. 공작의 네 번째 지위인 자작子爵의 예에 준했다. 초장공은 재위기간 내정을 바로잡고 수리시설을 부흥시켰다. 정鄭나라를 정벌하고 진晉나라 군대에 크게 이겼으며, 송나라를 함락하였다. 마지막에는 주나라의 도읍인 낙양부근에서 열병식을 가졌다. 그곳에서 주나라 천자의 권위를 상징하는 구정九鼎의 경중을 묻는다. 그는 솥을 초나라의 땅으로 옮겨갈 생각이었는데 실은 기회를 노려 패자자리를 탐냈던 것이다. 이것이 초장왕이 주나라 왕실에 중원中原의 정鼎을 물었다는 전고典故다. 초나라는 본래 자작子爵의 지위여서 왕王으로 자처하였다. 그러다가 중원의 제후들이 잇따라 귀순하자 패주가 되었다. 전국시대 말 초나라는 진나라에 의해 멸망당했다.

春秋除此五霸外, 吳越二国也于春秋末年先后称霸。周武王时曾封建吳国, 享伯爵。春秋初年, 吳王于生日梦中自称王。春秋后期, 吳王任用伍子胥、孙武(即孙子, 著有《孙子兵法》)改革内政, 扩充军队, 后攻入楚国都城郢, 就是今湖北江陵。接着, 其子吳王夫差攻陷越国, 逼迫越王勾践求和。夫差继而北上中原, 于黄池大会诸侯, 成为霸主。黄池就是现在的河南封丘。战国初年, 吳国被越国所灭。

춘추오패 말고도 춘추시대 말을 전후로 해서 오나라와 월나라에도 패주의 칭호를 받은 자가 있었다. 바로 주 무왕 때의 봉건국가 오나라다. 오나라는 백작伯爵의 예우를 받았다. 춘추시대 초기 오왕吳王은 생일날 꿈속에서 자칭 왕이라고 부르기도 했다. 춘추시대 후기 오왕은 오자서伍子胥, 손무孫武(손자孫子를 가리킴, 저서에 《손자병법》이 있음)를 기용하여 내정개혁을 단행하고 군대를 확충하였다. 후에 초나라의 도읍지인 영郢에 성을 쌓았다. 지금의 호북성 강릉 일대를 가리킨다. 훗날 그의 아들 오왕 부차夫差는 월국을 함락시켜 월왕 구천勾踐에게 화친을 강요했다. 부차는 중원의 북쪽으로 진출하여 황지黄池에서 제후들과 회합을 갖고 패주가 되었다. 황지는 지금의 하남성 봉구현封丘縣 일대다. 전국시대 초기, 오나라는 월나라에 의해 패망했다.

越国的祖先是夏朝少康的儿子, 夏朝时封于今浙江绍兴一带。周朝封诸侯时仍然保留越国, 享子爵。越国被吳国攻占后, 越王勾践成为吳王的马夫。勾践立志复仇, 卧薪尝胆, 任用范蠡(fàn lǐ)发展生产, 休养生息, 十年后, 趁吳王北上会盟诸侯之际, 攻灭吳国。夫差兵败自杀, 越王勾践挥师北上, 大会诸侯于徐州, 成为春秋最后一位霸主。战国末, 越国被楚国所灭。

월나라의 선조는 하나라 때 소강少康의 아들이다. 하나라 시절 지금의 절강성 소흥紹興일대에 봉해졌다. 주대에 제후로 봉해졌을 때 여전히 월국을 보류하고 있었다. 월국은 자작子爵의 예우를 받았다. 월나라가 오나라에게 점령당한 후 월왕 구천은 오왕의 마부가 되었다. 구천은 복수의 날을 다짐하며 가시덤불 위에서 자고 쓸개를 씹어 먹었다. 그는 범려範蠡를 기용하여 국가생산력을 기르고 사회를 안정시켰다. 십년 후, 오왕이 북상하여 제후들과 회맹을 가지는 틈을 타, 오나라를 정벌했다. 부차는 패전의 충격으로 스스로 목숨을 끊었다. 월왕 구천은 북쪽으로 군대를 지휘하여 서주徐州에서 제후들과 회합을 가졌다. 이렇게 해서 춘추시대 마지막 패주가 되었다. 전국시대 말, 월나라는 초나라에 의해 패망했다.

周武王分封了71个诸侯, 后来西周诸王又陆续分封了一些诸侯, 到春秋时, 共有大小诸侯国124个。比较主要的有鲁国, 在山东泰山以南一带, 享侯爵；战国末年周赧王时被楚国所灭。蔡国封地在今河南蔡县一带, 享侯爵；春秋末被楚国所灭。曹国封地在山东兖州一带, 享伯爵；春秋末被宋国所灭。卫国封地在河南安阳一带, 享侯爵；秦二世废卫君为百姓。滕国封地在鲁国附近, 享侯爵；战国时被宋国所灭。郑国封地在今河南新郑一带, 享伯爵；战国时被韩国所灭。燕国封地在今北京一带享伯爵；战国末被秦国所灭。杞国封地在河南开封一带, 享伯爵；春秋末被楚国所灭。陈国封地在河南开封一带, 享侯爵；春秋末被楚国所灭。薛国的封地紧邻滕国, 享侯爵；战国时被齐所灭。邾(zhū)国封地在今山东邹城一带, 享子爵；后被楚所灭。莒(jǔ)国封地也在山东, 享子爵；后被楚所灭。

주무왕은 71명의 제후들을 분봉하였다. 훗날 서주의 여러 왕들도 잇따라 일부 제후에게 분봉을 하였다. 춘추시대에 총 124개의 제후국이 존재했다. 대표적인 나라로 노나라가 있다. 노나라는 산동 태산泰山 이남 일대에 봉해져 후작侯爵의 대우를 받았다. 전국시대 말, 주 난왕赧王 때 초나라에 의해 멸망당했다. 채蔡나라는 지금의 하남성 채현蔡縣 일대에 봉해져 후작의 예우를 받았다. 춘추시대 말 초나라에 의해 멸망당했다. 조曹나라의 봉지는 산동성 연주兗州일대로 후작의 대우를 받았으며 춘추시대 말 송나라에 의해 멸망당했다. 위衛나라는 하남성 안양安陽 일대에 봉해졌으며 후작의 지위를 받았다. 진나라 2대 황제 호해胡亥가 위나라 군주를 폐위시키고 서민으로 강등시켰다. 등滕나라는 노나라 부근에 봉해졌으며 후작의 반열에 올랐다가 전국시대에 송나라에 의해 패망했다. 정鄭나라는 지금의 하남성 신정新鄭일대에 봉해져 백작의 지위를 받다가 전국시대 때 한韓나라에 의해 멸망당했다. 연燕나라는 지금의 북경 일대에 봉해져 백작의 지위에 올랐다가 전국시대 말 진秦나라에 의해 멸망당했다. 기杞나라는 하남성 개봉開封 일대에 봉지를 하사받아 백작의 지위를 누리다가 춘추시대 말 초나라에 의해 멸망당했다. 진陳나라도 역시 하남성 개봉 일대에 봉해져 후작의 지위를 누리다가 춘추시대 말 초나라에 의해 멸망당했다. 설薛나라는 등국滕國의 바로 옆에 봉해져 후작의 대우를 받다가 전국시대 말 제齊나라에 의해 패망했다. 주邾나라는 지금의 산동성 추성鄒城일대에 봉해져 자작子爵의 지위를 누리다 초나라에 의해 멸망당했다. 거莒나라 역시 산동 일대에 봉지를 하사받으면서 자작의 지위를 누리다 초나라에 의해 멸망당했다.

齐、楚、陈、蔡、曹、卫、郑、宋都是孔子周游列国所到的国家。春秋时的众多诸侯国, 到战国时逐渐被大国兼并。战国时最先称雄的是魏国。魏国用李悝(lǐ kuī), 最早施行变法。李悝所著《法经》六篇, 成为中国现存最早的法律著作, 也是秦汉法律的基础。楚国用吴起, 秦国用商鞅, 燕国用乐毅, 韩国用申不害, 齐、赵也不同程度地开展变法, 纷纷发展经济, 整顿吏治, 扩充军队, 推行法治, 先后称雄。公元前221年, 秦国消灭六国, 才结束了550年的分裂战乱, 统一了中国。春秋战国时代是中国历史上第一次大动荡的年代。

제齊, 초楚, 진陳, 채蔡, 조曹, 위衛, 정鄭, 송宋나라는 모두 공자가 주유열국周遊列國을 하던 국가이다. 춘추시대 때 많은 제후국들이 전국시대에 이르러 대국으로부터 합병되었다. 전국시대 때 가장 먼저 영웅의 칭호를 받던 나라는 위국魏國이었다. 위나라는 이회李悝를 기용하여 가장 일찍이 변법을 시행했다. 이회가 지은 《법경法經》6편은 중국 현존하는 가장 이른 시기의 법률저작으로 진秦나라와 한漢나라 법률의 기초가 되었다. 초나라는 오기吳起, 진秦나라는 상앙商鞅, 연나라는 낙의樂毅, 한韓나라는 신불해申不害를 각각 기용하였다. 제齊나라와 조趙나라 역시 서로 다른 정도에서 변법을 전개했다. 모두 차차 경제를 발전시키고 이치吏治를 정비했다. 군대를 확충하고 법치를 추진하여 잇따라 영웅의 칭호를 받았다. 기원전 221년, 진秦나라가 마침내 6개국을 진멸하였다. 이로써 550년간의 전란이 종식되고 통일중국을 이루었다. 춘추전국시대는 중국 역사상 첫 번째의 대동란 시기였다.

嬴秦氏，始兼并。传二世，楚汉争。

Yíng qín shì, shǐ jiān bìng. Chuán èr shì, chǔ hàn zhēng.

영진씨嬴秦氏가 비로소 천하를 겸병하였다. 2대까지 전해지다 초楚나라와 한漢나라가 쟁탈전을 벌였다.

🔵 解释

战国末年，秦国的势力日渐强大，秦氏嬴政(yíng zhèng)，兼并六国，建立了统一的秦王朝。秦传到二世胡亥(hú hài)，天下又开始大乱，最后，形成楚汉相争的局面。

🔵 해석

전국시대 말, 진나라의 세력이 날로 강성해졌다. 진씨秦氏 영정嬴政이 여섯 나라를 겸병하고 통일된 진왕조秦王朝를 세웠다. 진나라는 2대 호해胡亥까지만 전해졌다. 천하는 다시 대혼란이 시작되었다. 마지막에는 초한지쟁楚漢之爭의 국면이 형성되었다.

秦朝王室嬴姓，所以称嬴秦氏。中国古代的人名，国名都可称氏。如伏羲氏、神农氏等。秦始皇死后，秦二世胡亥与赵高合谋篡改秦法导致秦末农民起义。公元前207年，秦王子婴向刘邦投降，秦朝灭亡。秦国兼并六国，统一天下，建立秦朝，仅仅传了两代，统治了14年便天下大乱。楚指西楚霸王项羽，汉指汉高祖刘邦，这两人在秦末争夺天下。

진秦나라 종실의 성은 영嬴씨이다. 그래서 진나라는 영진씨嬴秦氏라 불린다. 중국고대의 인명, 국가명은 모두 성씨로 불리기도 했다. 예를 들어 복희씨, 신농씨 등이 그러하다. 진시황 사후 등극한 제2대 황제 호해胡亥는 조고趙高와 공모하여 진법秦法을 왜곡하여 진나라 말기 농민봉기를 초래했다. 기원전 207년 진왕 자영子嬰이 유방에게 투항하고 진나라가 패망했다. 진나라는 6개국을 합병하여 천하통일을 이루고 진왕조를 세웠다. 그러나 겨우 2대를 못가서 통치 14년에 그쳤다. 천하는 크게 혼란해졌다. 초楚는 서쪽의 초패왕 항우를 가리키며, 한漢은 한고조 유방을 일컫는다. 이 두 인물은 진나라 말에 천하를 다투었다.

春秋时，秦穆公称霸。到战国时，秦孝公重用商鞅实行变法。商鞅是卫国人，先秦法家代表人物，因战功受封于商，今陕西东南商县一带，因此称商鞅。商鞅通过两次变法，历时20余年，使秦国更加富强，为统一天下做了充分的准备。战国末年，秦庄襄王任用赵国商人吕不韦为相，吕不韦招集门客编著了一部包揽诸子百家学说的《吕氏春秋》，为秦朝统一奠定了思想文化基础。庄襄王的儿子嬴政最后完成了统一大业。嬴政统一了中国，秦始皇认为自己的功劳胜过之前的三皇五帝，采用三皇之"皇"、五帝之

"帝"构成"皇帝"的称号, 是中国历史上第一个使用"皇帝"称号的君主, 所以自称"始皇帝"。他的后代就称二世、三世, 以至万世。

춘추시대 진목공秦穆公은 패왕이라 불린다. 전국시대 때 진효공秦孝公은 상앙商鞅을 기용하여 변법을 시행했다. 상앙은 위나라 사람으로 선진법가의 대표적인 인물이다. 전공을 세워 상商지역을 봉토로 받았다. 상은 지금의 섬서성 동남부 상현商縣 일대를 가리킨다. 그리하여 상앙이라 불린다. 상앙은 두 차례나 변법을 통과시키면서 20여년을 역임했다. 진나라를 더욱 부강하게 만들고 천하통일을 위한 철저한 준비를 했다. 전국시대 말, 진나라 장양왕莊襄王은 조趙나라 상인 여불위呂不韋를 재상으로 세웠다. 여불위는 문객들을 소집하여 제자백가 학설들을 아우르는《여씨춘추呂氏春秋》를 편찬했다. 진나라 왕조의 통일을 위한 사상문화의 기초를 마련하였다. 장양왕의 아들 영정嬴政은 마침내 통일의 대업을 이룩했다. 영정은 중국을 통일하였고, 진시황은 자신의 공로가 선대의 삼황오제를 능가한다고 여겼다. 그래서 삼황의 "황皇"자와 오제의 "제帝"자를 따서 스스로를 "황제"라 칭하였다. 중국 역사상 첫 번째로 "황제"란 칭호를 사용한 군주가 되었다. 그리하여 스스로를 "시황제始皇帝"라고 칭했다. 그의 후손은 2세二世, 3세三世 등으로 불리면서 만대까지 칭해졌다.

秦始皇废除分封制, 设三十六郡县。设三公九卿制：丞相统领百官, 太尉掌管军队, 御史大夫负责地图户籍章奏并监察百官；九卿分管各种事务。统一法律, 将商鞅变法以来的律令加以补充、修订, 形成了统一的内容更为缜密的《秦律》, 并颁行于全国；统一文字, 废除六国旧文字, 统一使用小篆；统一货币和度量衡；以都城咸阳为中心, 新筑东至燕齐、南达吴楚的驿道, 交通全国。又派大将蒙恬北击匈奴, 将原秦、赵、燕等国防范匈奴的长城连接起来, 筑成西起甘肃临洮、东至河北碣石(jié shí)的万里长城, 保护中原农耕文化不受北方游牧民族的侵扰；南征蛮越, 就是现在浙江、福建、广东、广西一带, 修建沟通湖南湘江和广西漓江的人工运河"灵渠"用来运送粮草物资到岭南地区。 以上这些都是秦始皇在位12年的功绩。不过, 北击南征、修驿道、筑长城所消耗的人力物本来已经相当大, 加上又修建壮丽的咸阳城、地广三百里的阿房宫、号称天下第一陵的骊山陵墓, 更是耗费无数。董仲舒批评秦王朝"力役三十倍于古。田租口赋, 盐铁之利, 二十倍于古……故贫民常衣牛马之衣, 食犬彘(quǎn zhì)之食。"仅修建阿房宫就动用民工七十余万人。因此, 引起了天下百姓的怨愤。

진시황은 분봉제를 폐지하고 서른여섯 개의 군현郡縣을 설치했다. 그리고 삼공구경제三公九卿制를 두었다. 삼공三公은 승상丞相, 태위太尉, 어사대부御史大夫의 국정처리를 지정한 것이다. 승상은 백관百官을 통솔하고, 태위는 군대를 통제하며, 어사대부는 지도, 호적, 장주章奏를 담당하고 백관을 감찰하게 했다. 구경九卿은 분업하여 각종 사무를 보도록 했다. 또한 법률을 통일하였다. 상앙의 변법을 율령을 보충, 수정하여 더욱 통일된 내용의 엄밀한《진률秦律》을 만들었다. 그리고 전국에 반포했다. 통일 문자를 만들었다. 육국의 옛 문자를 폐지하고 소전小篆으로 통일하여 사용하도록 했다. 화폐와 도량형을 통일했다. 그리하여 도성 함양鹹陽을 중심으로 해서 동쪽으로는 연제燕齊에 이르고 남쪽으로는 오吳와 초楚에 이르는 역로驛路를 닦았다. 전국이 교통하게 했다. 한편 대장군 몽염蒙恬은 북쪽의 흉노족을 토벌하였다. 원래 진秦나라, 조趙나라, 연燕나라 등 의 국경과 맞닿아 있던 흉노족의 장성長城을 이어서 서쪽으로는 감숙성甘肅省 임조현臨洮縣, 동쪽으로는 하북성河北省 갈석현碣石縣까지 만리장성을 증축하였다. 중원의 농경문화를 보호하고, 북방의 유목민족으로부터 침입을 받지 않았다. 남쪽으로는 오랑캐 월나라 정벌에 나섰다. 지금의 절강성, 복건성, 광동성, 광서성 일대다. 호남성 상강湘江과 광서성 리강漓江을 서로 오가게 하는 인공운하 "영거靈渠"를 축조하여 군량미와 마초, 물자가 영남지역에 운송되도록 했다. 이상이 모두 진시황 재위 12년간의 공적이다. 그러나 북쪽을 토벌하고 남쪽을 정벌하며, 역로驛路를 닦고, 장성을 축조하는데 들인 인력과 물자는 본래 상당한 수준이었다. 무엇보다도 장엄하고 아름다운 함양성과 삼백 리에 달하는 아방궁, 천하제일릉이라 불리는 여산능묘驪山陵墓를 축조할 때 들인 비용은 이루 다 헤아릴 수가 없다. 동중서董仲舒는 진왕조를 비평하면서 "역역力役이 기존보다 삼십 배나 되었다. 전조田租와 구부口賦, 염철鹽鐵에서 나오는 이익은 예전의 20배나 늘었다. ……그러니 가난한 백성은 늘 소나 말이 걸치는 옷을 입고, 개·돼지가 먹는 음식을 먹었다."라고 하였다. 단지 아방궁 건설에 동원한 노동자 수만 해도 칠십여만 명이었다. 이러한 까닭에 천하의 백성들의 원망과 분노를 샀다.

秦始皇驾崩后, 秦二世胡亥当政。胡亥昏庸奸恶, 重用奸臣赵高, 斩杀旧臣弟兄；始皇子女三四十人几乎被他杀光, 后来他自己也被赵高所杀。赵高本想篡位自立, 恐天下不服, 遂立胡亥之子子婴为秦三世。三世痛恨赵高, 灭其三族。始皇时大兴土木, 民怨已甚, 二世更加横征暴敛, 加上秦朝用法家的严刑酷法来统治天下, 秦二世当政不久就爆发了陈胜吴广农民大起义。陈胜、吴广本是秦朝征用的兵卒, 赴役途中至大泽乡(今安徽省宿州大泽乡镇)遇雨延期, 依秦律当斩。情急之下, 陈胜、吴广杀掉领队将领, 率兵卒九百人起义反秦。起义顺应民心, 队伍迅速发展至数万人, 并在陈县(今河南淮阳)建立张楚政权, 各地纷纷响应。但起义遭到秦朝军队的镇压, 吴广在荥阳(xíng yáng, 今河南境内)被部下杀害, 随后陈胜被叛徒杀害。

진시황이 붕어한 후 진이세秦二世 호해胡亥가 정권을 잡았다. 호해는 우매하고 간악하였다. 간신 조고趙高를 기용하여 기존 신하들과 형제들을 참살했다. 시황제의 자녀 삼사십 명이 거의 그의 손에 살해되었고, 나중에 그 스스로 또한 조고에게 피살되었다. 조고는 본래 황위를 찬탈하여 스스로 왕이 되려고 했다. 천하가 불복하지 않을 것을 두려워한 나머지 호해의 아들 자영子嬰을 진나라 세 번째 왕으로 앉혔다. 진삼세秦三世는 조고를 몹시 증오하여 그의 삼족을 멸했다. 진시황 때에 대대적인 토목공사를 일으켜 백성들의 원망은 이미 심해져 있었다. 진이세秦二世는 더욱 터무니없는 세금을 거두고 폭정을 일삼았다. 그런가하면 더욱이 진왕조는 법가의 엄형嚴刑과 혹법酷法을 이용하여 천하를 통치했다. 진나라 2대 황제가 집권하고 나서 얼마 뒤 진승陳勝, 오광吳廣의 난이 일어났다. 진승과 오광은 본래 진시황 때에 징용된 병졸이다. 군역 도중 대택향大澤鄉(지금의 안휘성安徽省 숙주宿州 대택향진)에 이르자 비를 만났다. 그 틈에 행군이 지체되었다. 진나라 율법에 따르면 참형감이었다. 사태가 급박해지자 진승과 오광은 인솔부대 장교를 죽이고, 병졸 구백 명을 이끌고 진나라에 반대하는 봉기를 일으켰다. 봉기는 곧 민심에 순응하였고, 대오는 신속하게 수만 명으로 불거졌다. 여기에 진현陳縣(지금의 하남성 회양淮陽縣에서 장초張楚에 정권을 세웠다. 각지에서 잇따른 호응을 얻었다. 그러나 봉기는 진나라 군대에 의해 진압 당하고 만다. 오광은 형양榮陽(지금의 하남성 경내)에서 부하에게 살해당했다. 뒤이어 진승도 반역자에게 살해당했다.

陈胜吴广起义后, 楚国贵族江苏人项梁和侄子项羽在今苏州起义反秦, 沛县泗水亭长江苏人刘邦也起兵响应。项梁、项羽率八千江东子弟渡江北上, 联合刘邦, 遥尊陈胜为领袖, 奋勇击秦。陈胜牺牲后, 项梁拥立过去楚国怀王的孙子熊心为王, 仍称怀王, 继续反秦。项梁在与秦军作战中阵亡。此后, 秦军包围部分起义军于河北巨鹿, 项羽率军与秦军决战, 大败秦军, 坑杀秦军俘虏二十万人, 史称巨鹿之战, 此战消灭了秦军主力。与此同时, 刘邦率军进至咸阳郊外, 于蓝田大破秦军, 秦王子婴向刘邦投降。秦朝灭亡。秦虽有三世, 但秦二世时天下就已大乱, 三世子婴刚立, 秦朝便亡, 实际只有二世。刘邦入咸阳后, 封存秦朝珍宝府库；废除秦朝苛法；与关中父老约法三章：明令杀人者死, 伤人者按强盗治罪。深得秦民拥护。

진승과 오광의 봉기 이후, 초나라 귀족이자 강소성 출신인 항량項梁과 조카 항우項羽가 지금의 소주蘇州에서 진나라에 반대하는 봉기를 일으켰다. 패현沛縣 사수정泗水亭의 정장亭長이었던 강소성 출신 유방劉邦 역시 군사를 일으키고 호응하였다. 항량과 항우는 강동의 자제 팔천 명을 거느리고 강을 건너 북상하여 유방과 연합했다. 그들은 진승이 영수가 된 것을 높이 사 용맹하게 진나라를 격퇴하였다. 진승이 희생된 후, 항량은 과거 초나라 회왕懷王의 손자 웅심熊心을 왕으로 옹립하였다. 여전히 회왕이라고 칭하면서 계속해서 진나라에 반기를 들었다. 항량은 진나라 군대와의 전투에서 전사하였다. 이후 진나라 군은 하북성 거록巨鹿에서 봉기군 일부를 포위했다. 항우는 군사를 거느리고 진나라 군과 결전을 벌였다. 진나라 군을 대패시키고 진군 포로 이십만 명을 생매장하였다. 역사에는 이를 거록지전巨鹿之戰이라고 한다. 이 전투로 진나라의 주력군이 괴멸되었다. 이와 동시에 유방은 군대를 거느리고 함양鹹陽 교외에 이르렀다. 남전藍田에서 진나라 군을 대파하였다. 진나라 왕 자영子嬰은 유방에게 투항했다. 진나라 왕조는 패망했다. 진나라는 3대까지 있었다. 그러나 이미 진나라 2대 황제 때에 천하가 크게 혼란하였다. 3대 황제인 자영이 막 등극하자마자 진왕조는 곧 망하였다. 그러므로 실제로 진나라는 2대에 불과하다. 유방은 함양에 입성 후 진왕조의 보물 창고를 봉인하고 보관했다. 그는 진왕조의 가혹한 법령을 폐지하였다. 관중의 원로들과 약법삼장約法三章, 즉 세 가지 법령을 제정하였다. 살인을 한 자는 사형에 처하고, 사람을 다치게 하지도 말며, 도둑질을 한 자는 처벌한다는 내용을 공식적으로 선포했다. 진나라 백성들로부터 열렬한 지지를 받았다.

最初楚怀王诸将有约, 先入关中(指"四关"之内, 即东潼关(函谷关)、西散关(大震关)、南武关(蓝关)、北萧关(金锁关)。现关中地区位于陕西省中部, 包括西安、咸阳、宝鸡、渭南、铜川、杨凌五市一区)者为王。其中函谷关是进入咸阳的关口。刘邦入咸阳后, 项羽杀气腾腾赶来, 刘邦退至灞上(今陕西省西安市东南), 并赴鸿门请罪, 之后项羽入咸阳, 杀秦降王子婴, 火烧阿房宫, 大火三月不熄。之后项羽杀掉楚怀王, 大封诸侯, 将秦朝降将章邯、司马欣、董翳(yì)封为三秦王, 三分关中, 故今陕西又称三秦大地 ; 将刘邦封为巴蜀汉中一带的汉王 ; 自立为西楚霸王, 建都彭城(今江苏徐州)。后经长达五年的楚汉战争, 项羽于垓下(gāi xià, 今安徽省灵璧县东南)战败, 突围至乌江自刎而死。刘邦建立汉朝, 为汉高祖。

최초의 초나라 회왕은 여러 장수들에게 약조를 했다. 먼저 관중(關中); "사관(四關)"의 안쪽을 가리킴, 즉, 동쪽의 동관潼關(함곡관), 서산관(대진관), 남무관(남관), 북소관(금쇄관)을 말한다. 현재 관중지역은 서안西安, 함양, 보계寶雞, 위남渭南, 동천銅川, 양릉楊淩 다섯 개 시 일대를 포함한 섬서성 중부에 위치함)에 들어서는 자를 왕으로 삼기로 했다. 그 중 함곡관은 함양으로 들어서는 관문이다. 유방이 함양에 입성하자, 항우는 살기가 등등하였다. 유방은 패상灞上(지금의 섬서성 서안시 동남쪽)으로 후퇴하였다. 또한 홍문鴻門에서 죄를 청하였다. 그 후 항우는 함양에 입성하여 항복한 진나라의 왕 자영子嬰을 살해하고 아방궁을 불태웠다. 불길은 삼 개월이나 지속되었다. 그 뒤로 항우는 초나라 회왕을 주살하고 제후를 대대적으로 봉하였다. 진나라의 항복한 장수 장한章邯, 사마흔(司馬欣), 동예董翳를 삼진왕三秦王에 봉하고 관중 땅을 삼등분하였다. 그래서 지금의 섬서성을 또 삼진대지三秦大地라 부르기도 한다. 항우는 유방을 파촉巴蜀 한중漢中 일대의 한왕漢王에 봉했다. 그러고는 자립하여 서초패왕西楚霸王이 되었다. 팽성彭城(지금의 강소성 서주)에 도읍을 세웠다. 나중에 오년이라는 오랜 세월 동안 초한전투를 겪게 되는데, 항우는 해하垓下(지금의 안휘성 영벽현 동남쪽)에서 패전하였다. 오강烏江에서 포위망을 뚫다가 스스로 목을 베어 자결했다. 결국 유방이 한왕조를 세우고 한고조가 되었다.

项羽名籍, 少学书不成, 学剑又不成, 力大能扛鼎, 且和大舜一样眼睛有两个瞳仁。项羽打仗百战百胜, 但不知修养品德, 有勇无谋, 性情残暴, 终至战败。刘邦军围项羽于垓下(今安徽灵璧东南), 刘邦军用计唱楚歌, 项羽听闻四面楚歌, 以为楚军尽败, 便逃至乌江。项羽一路逃到乌江, 遇见乌江亭长, 亭长劝项羽可回到江东以图东山再起, 但项羽以无颜见江东父老为由拒绝, 并将自己坐下马赐予亭长。项羽于是下马步战, 一口气杀了汉兵几百人, 自己也受了十几处的伤。而后挥刀自刎。

항우의 이름은 적籍이다. 어릴 적에 글을 다 배우지 못한 채 포기했다. 검술을 배웠으나 그 또한 다 이루지 못했다. 힘이 장사여서 능히 솥을 들어 올릴 수 있었고, 또한 순임금처럼 눈에 눈동자가 두 개가 있었다. 항우는 전투를 치를 때마다 백전백승이었다. 그러나 품덕을 수양하는 법을 알지 못했다. 용감무쌍은 하지만 지략이 없었고, 성정이 포악했다. 결국 전투에서 패배했다. 유방의 군대는 해하垓下(지금의 안휘성 영벽현 동남쪽)에서 항우를 포위하였다. 유방의 군대는 초나라 노래를 부르는 계략을 썼다. 항우는 사방에서 초나라 노래 소리가 들려오자 결국 초나라 군대가 패배할 것을 알았다. 그래서 항우는 곧장 오강으로 달아났다. 그리고는 그길로 오강으로 달려가 오강의 정장亭長을 만났다. 정장은 항우에게 강동으로 돌아가 다시 후일을 기약하라고 했다. 그러나 항우는 강동의 원로들을 볼 면목이 없다며 이를 거절하였다. 그리고는 스스로 오추마烏騅馬에서 뛰어내려 정장에게 넘겨주었다. 항우는 말에서 내린 채 땅에서 전투를 했다. 단번에 한나라 병사 수 백 명을 죽였다. 스스로도 십여 군데 자상을 입었다. 결국 칼을 빼내 들어 스스로 목을 베었다.

刘邦依靠平民起兵得胜, 原因在于他礼贤下士、善于用人。刘邦用张良、萧何、韩信三人, 这对其成功 有着至关重要的作用。刘邦论楚汉兴亡时说 : 运筹帷幄之中, 决胜千里之外, 我不如子房(张良, 字子 房) ; 镇守国家, 安抚百姓, 供给馈饷(kuì xiǎng), 不绝粮道, 我不如萧何 ; 指挥百万之众, 战必胜, 攻必 取, 我不如韩信。张良、萧何、韩信被称为汉朝开国三杰, 汉朝建立后, 张良封留侯, 后学仙隐去 ; 萧何 为丞相, 制定汉朝法律《九章律》废除了许多秦朝以来的酷刑 ; 韩信初封楚王, 因被告谋反, 降为淮阴 侯, 后又被告与人勾结谋反, 终于被吕后所杀。

유방은 평민들의 지지에 힘입어 병사를 일으키고 승리를 거두었다. 그것은 그가 현자와 인재를 잘 대하고, 잘 기용했기 때문이다. 유방은 장량張良, 소하蕭何, 한신韓信 세 사람을 기용했다. 이것은 그의 성공에 있어서 지극히 중요한 작용이었다. 유방은 초한흥망楚漢興亡을 논할 때 다음과 같이 말했다. "장막 안에서 책략을 세워 천리 밖의 승리를 결정짓는 것은 내가 자방(장량, 자는 자방)만 못하다. 나라를 편안히 지키고 백성을 위무하며, 군비와 군량미의 보급을 끊지 않게 하는 것은 내가 소하만 못하다. 백만의 군사를 거느리고 싸우면 반드시 승리하고, 또한 치면 반드시 얻고야 마는 것은 내가 한신韓信만 못하다."라고 하였다. 장량, 소하, 한신은 한나라 개국공신의 삼걸三傑로 불린다. 한왕조가 건립된 후 장량은 유후留侯에 봉해졌다. 후에 선학을 배워 은거하였다. 소하는 승상이 되어 한나라 법률《구장률九章律》을 제정하였다. 진나라 이래의 많고 많았던 가혹한 형벌을 폐지하였다. 한신은 처음에 초왕楚王에 봉해졌다가 모반에 밀고 되어 회음후淮陰侯로 격하되었다. 나중에 또 반역하는 무리들과 어울려 역모죄에 휘말렸다가 끝내는 여후呂後에게 참수 당했다.

高祖兴, 汉业建。 至孝平, 王莽篡。

Gāo zǔ xīng, hàn yè jiàn。 Zhì xiào píng, wáng mǎng cuàn。

고조가 일어서서 한나라의 업적을 세웠다. 효평제孝平帝 때에 이르러 왕망이 황위를 찬탈했다.

🌀 解释

汉高祖打败项羽, 建立汉朝。 汉朝的帝位传了两百多年, 到了汉孝平帝时, 被外戚王莽篡夺。

🌀 해석

한나라 고조가 항우를 무찌르고 한나라 왕조를 건립하였다. 한나라 왕조의 황위는 이백 여년을 이어갔다. 서한의 효평황제 때에 이르러 외척 왕망王莽에게 황위를 찬탈 당했다.

刘邦建立汉朝登上皇位, 为汉高祖, 定都长安(今西安)。 经文帝、惠帝、景帝、武帝、昭帝、宣帝、元帝、成帝、哀帝、平帝、孺子婴共12帝, 享国214年, 史称西汉。 汉朝是中国封建帝制社会完全定型的朝代, 也是孝道发展历程中一个重要的阶段, 提倡"以孝治天下"。 因此, 两汉时代, 除西汉开国皇帝刘邦(汉高祖)和东汉开国皇帝刘秀(汉光武帝)外, 汉代皇帝都以"孝"为谥号, 称孝惠帝、孝文帝、孝武帝、孝昭帝等等, 表明了朝廷的政治追求和对"孝"的尊崇。 提倡孝道, 褒奖孝悌(tì), 是汉"以孝治天下"最明显的标志之一。

유방은 한나라 왕조를 건립하고 황위에 올랐다. 한고조가 되어 장안(지금의 서안)에 도읍을 정했다. 한나라는 문제文帝, 혜제惠帝, 경제景帝, 무제武帝, 소제昭帝, 선제宣帝, 원제元帝, 성제成帝, 애제哀帝, 평제平帝, 유자영孺子婴 등 12명의 황제를 거쳤다. 총 214년간 존립했다. 역사에서는 이를 서한西漢이라 칭한다. 한나라는 중국봉건제제帝制 사회의 완전한 정형을 갖춘 왕조였다. 뿐만 아니라 효도孝道는 발전 과정 중 하나의 중요한 단계였다. "효도로 천하를 다스린다."라고 제창했다. 그래서 양한시대에 서한 개국황제인 유방(한고조)와 동한 개국 황제인 유수劉秀(한 광무제)를 제외한 한대 황제들은 모두 "효"를 넣어서 시호를 정했다. 효혜제孝惠帝, 효문제孝文帝, 효무제孝武帝, 효소제孝昭帝 등등 조정의 정치추구와 "효"에 대한 존숭을 표명했다. 효도를 제창하고 효제孝悌를 포상하였다. 이것은 한나라가 "효로써 천하를 다스린다"고 하는 이념을 가장 잘 드러낸 표지 중 하나이다.

王莽是汉元帝王皇后的侄儿, 成帝时官至大司马大将军。 他礼贤下士、俭朴恭敬、乐善好施, 处处效法周公, 赢得朝野称赞。 汉平帝9岁即位, 王莽效法周公, 辅佐平帝, 掌军政大权。 汉末社会流行汉运将终, 必有新王受命的说法, 而王莽又"深得人心", 各地官吏纷纷上表, 劝王莽摄政。 平帝14岁驾崩, 王莽遂立两岁的孺子婴(即刘婴)为皇太子, 初始元年(公元8年), 王莽逼迫王皇后交出传国玉玺, 接受孺子婴禅让后称帝, 改国号为"新", 西汉灭亡。史书都说王莽是蓄意篡位, 所以说"至孝平, 王莽篡。" 王莽在位16年, 最终被农民起义军绿林、赤眉军所灭。

왕망王莽은 한나라 원제元帝의 황후 왕황후王皇後의 조카다. 성제成帝 때 관직이 대사마대장군大司馬大將軍에 이르렀다. 그는 덕망 있고 어진 현사들을 잘 대우하였으며 검소했다. 공경심이 있고 베풀기를 좋아했다. 그래서 각 방면에서 그를 본보기로 삼았다. 조정안과 밖으로부터 모두 신임을 샀다. 한나라 평제가 9세에 즉위하자 왕망은 주공을 본받아 황제를 보좌하면서 군정대권을 손에 쥐었다. 한나라 말, 사회 곳곳에 한나라의 운이 곧 다할 것이고, 틀림없이 새로운 왕이 천명을 받을 것이라는 말이 널리 퍼졌다. 그렇게 해서 왕망은 또 "크게 민심을 샀다". 각지의 관리들은 잇따라 글을 올려 왕망에게 섭정을 권했다. 평제가 14세의 나이로 붕어하자, 왕망은 마침내 두 살배기 유자영孺子嬰(즉 유영)을 황태자로 세운다. 초시初始 원년(기원전 8년), 왕망은 왕황후王後에게 전국옥새傳國玉璽를 내놓도록 협박한다. 그리고는 유자영으로부터 선양을 받은 후 스스로를 황제라 칭했다. 국호를 "신新"으로 바꾸었다. 마침내 서한은 멸망하였다. 역사 기록에서는 모두 왕망이 의도적으로 찬위를 하였다고 했다. 그래서 "효평황제 때에 이르러 왕망이 찬탈하였다"라고 한다. 왕망은 16년간 재위하였다가 농민 봉기인 녹림綠林, 적미赤眉의 난을 당해 패망하였다.

刘邦登基后, 采用叔孙通的建议, 恢复礼法, 设三公和九卿, 任萧何为丞相, 采取与民休息、清静无为、休养生息的黄老政策。鼓励生产, 轻徭薄赋。在政治上, 则先分封功臣韩信、彭越、英布等为王, 等到政权稳固, 为了防止反叛和巩固皇权稳定则又以种种罪名取消他们的王爵, 或贬或杀, 改封刘氏宗亲为王, 立"非刘氏而王者, 天下共击之"的白马之盟。但到文帝、景帝时, 同姓王的势力也日渐强大且骄横, 轻视中央政府, 故从文帝到武帝期间, 西汉朝廷又不断打击同姓王。汉景帝时, 又下令王国官吏的任免权及行政权收归中央, 诸侯王不能问国政, 只能从封国领取衣食租税。诸侯王国的势力从此削弱。后来, 武帝更借口诸侯王所献的助祭金不足, 废除了106个王侯封号, 削减封地, 彻底解决了诸侯王国威胁中央的问题。

유방은 제위에 오른 후, 숙손통叔孫通의 건의를 받아들였다. 예법을 회복하고 삼공구경제三公九卿制를 두었다. 소하蕭何를 승상으로 기용했다. 백성들과 더불어 휴식하는 여민휴식與民休息정책과, 인위를 가하지 않고 자연의 순리에 맡기는 청정무위清靜無爲, 사회를 안정시키고 경제력을 회복하는 휴양생식休養生息의 황로黃老정책을 수용했다. 생산을 독려하고 요역을 줄이며 부세를 경감시켰다. 정치상 우선 공신 한신韓信, 팽월彭越, 영포英布 등에게 분봉을 하고 왕으로 삼았다. 정권이 안정되기를 기다려 반란을 막고 황권을 공고히 하기 위해 여러 죄목으로 공신들의 왕작王爵을 취소했다. 혹은 관직을 낮추거나 주살하였다. 그러면서 유방은 류씨劉氏 종친들에게 제후의 봉지를 바꾸어 봉하고 왕으로 삼았다. 그러면서 "유씨 성이 아니면서 왕이 되면, 천하가 모두 그를 쳐라."라고 하는 백마지맹白馬之盟의 유언을 남겼다. 그러나 문제, 경제 때, 같은 성씨의 왕의 세력이 또한 점차 강대해지고 거만해졌다. 중앙정부를 경시하였다. 그러한 까닭에 문제 때부터 무제 때까지 서한 조정 역시 끊임

없이 같은 성씨의 왕들로부터 공격을 받았다. 한경제 때에도 제후국의 관리에게 하명하는 임명권과 행정권이 중앙으로 수복되었다. 제후왕들은 국정을 물을 수 없었고, 단지 봉국封國에서 의복과 음식, 조세를 취할 수 있었다. 제후왕국의 세력은 이로부터 쇠약해졌다. 나중에 무제는 더욱 제후왕들이 헌납한 조제금助祭金이 부족하다는 핑계로 106개 왕후의 봉호封號를 폐지하고 봉지를 삭감하였다. 이로써 제후왕국들이 중앙을 위협하는 문제를 철저히 해결하였다.

刘邦驾崩, 惠帝登基, 实为吕后称制, 吕后死后, 众臣平定诸吕之乱, 迎立文帝, 继之后景帝即位, 继续采取黄老无为而治的手段, 实行轻徭薄赋、与民休息的政策, 社会经济得以迅速恢复, 史称"文景之治"。汉武帝时, 建立察举制举制, 举孝廉, 对汉代政治影响很大。经济上则重农抑商, 将盐铁和铸币权收归中央, 并将地方进贡的物品投放市场买卖, 以增加朝廷收入, 因此国势逐渐强盛。文化上采用了董仲舒的建议, "罢黜百家, 独尊儒术", 使儒家思想得到重视, 并在以后逐渐成为中国历经二千年的主流思想。

유방이 붕어하고, 혜제가 즉위하였다. 실제로는 여후呂後가 정무를 보면서 칭제稱制를 하였다. 여후 사후 조정 중신들은 제여諸呂의 난을 평정하고 문제文帝를 옹립했다. 그 뒤에 즉위한 경제景帝는 계속해서 황로무위黃老無爲 사상을 받아들여 치국의 수단으로 삼았다. 부세를 경감하고 여민휴식의 정책을 폈다. 사회경제는 신속하게 회복되었다. 역사에는 이를 "문경지치文景之治"라 한다. 한무제 때 인재등용방법인 찰거제察擧制를 창설하고 효렴孝廉을 천거하였다. 이는 한대 정치영향에 큰 영향을 끼쳤다. 경제 부문에 있어서는 농경을 중시하고 상업을 억제하는 중농억상重農抑商의 정책을 폈다. 염철鹽鐵과 화폐의 권리를 중앙으로 수복하였다. 뿐만 아니라 지방에서 진상하는 물품들을 시장에 공급하여 매매하게 하였다. 이렇게 해서 조정의 수입을 늘렸다. 국가의 세력은 날로 강성해졌다. 문화면에 있어서는 동중서의 "제자백가들을 모두 내쫓고, 오직 유교만을 숭상하자罷黜百家, 獨尊儒術."고 하는 제안을 받아들였다. 이렇게 해서 유가 사상을 중시하게 되었다. 이후 유가는 점차 중국 이천 년간의 주류사상이 되었다.

匈奴自周朝以来便不断侵扰中原, 高祖出征匈奴, 被匈奴围困于白登山(今山西省大同市东北马铺山)。"白登之围"后, "白登之围" 后, 刘邦认识到仅以武力手段解决与匈奴的争端不可取, 因此, 在以后的相当一段时期里, 采取"和亲"政策以笼络匈奴、维护边境安宁。惠帝、文帝、景帝都以"和亲"的方法勉力维持与匈奴的关系。至武帝时才派大将卫青、少将霍去病多次远征匈奴, 迫使匈奴北迁, 并在得胜之地建武威、张掖、酒泉、敦煌各郡, 称为河西四郡。霍去病年少英勇, 六次击退匈奴, 威震边关。可惜在作战中染上瘟疫, 去世时年仅24岁。武帝痛惜, 赐葬自己的陵墓茂陵。霍去病马踏匈奴的石雕正反映了少年英雄的勇武神威。

흉노는 주왕조 이래 끊임없이 중원을 침략해왔다. 한고조는 흉노족을 정벌하러 갔다가 흉노족에게 백등산白登山(지금의 산서성 대동시 동북쪽 마포산)에서 포위당했다. 이 "백등산 포위전白登之圍"이 후, 유방은 그저 무력의 수단으로는 흉노족과 분쟁을 해결할 수 없음을 알았다. 그리하여 상당한

기간 동안 "화친"정책을 취했다. 흉노족을 잘 아우르면서 변방의 안녕을 유지하였다. 혜제, 문제, 경제 때도 역시 "화친"의 방법을 통해서 흉노족과의 관계를 유지하고자 힘썼다. 무제 때 이르러 대장군 위청衛靑과 소장 곽거병霍去病을 파견하여 여러 차례 흉노족을 원정하였다. 그들은 흉노족을 북쪽으로 물러가게 하였을 뿐만 아니라 전승지에 무위武威, 장예張掖, 주천酒泉, 둔황敦煌의 각 군郡을 설치했다. 이를 하서사군河西四郡이라 부른다. 곽거병은 어린 나이에도 영특하고 용맹하였다. 여섯 차례나 흉노족을 물리쳐서 그 위세가 변경의 관문에까지 미쳤다. 그러나 안타깝게도 전투 중에 풍토병을 앓아 세상을 떠났으니 겨우 24세였다. 무제는 애통해 하면서 자신의 능묘 무릉茂陵 옆에 장사를 지내게 해 주었다. 장지의 곽거병의 말이 흉노족을 밟고 있는 석조상은 곧 소년영웅의 용감 무쌍하고 신비한 위력을 반영하고 있다.

征匈奴的同时, 武帝派使臣张骞冲破千难万险出使西域(今新疆一带), 直达中亚伊朗等国, 沟通了中西交通。从此形成以长安为起点, 经伊朗中转, 最后到达欧洲的商贸路线, 史称"丝绸之路"。另外汉武帝还开发西南土族地区, 在昆明附近, 贵州遵义一带, 将西南大部分地区纳归西汉王朝统治。汉武帝时, 西汉帝国达到了鼎盛时期。

무제는 흉노족을 정벌할 때, 사신 장건張骞을 파견하여 천신만고 끝에 서역(지금의 신장웨이우얼자치구 일대)을 뚫게 했다. 그 길은 곧장 중앙아시아 이란 등의 나라로 진출하는 통로가 되었다. 중서교통이 원활하게 되었다. 이로부터 장안長安이 기준점이 되었다. 장건은 마지막에 이란에서 방향을 돌려 유럽의 상무노선商務路線까지 이르렀다. 역사에는 이를 "실크로드絲綢之路"라고 한다. 또한 한무제는 서남토족지구西南土族地區를 개발하였다. 쿤밍昆明부근인 귀주성貴州省 준의遵義 일대로 서남 대부분 지역을 서한왕조의 통치하에 귀속하게 했다. 이로써 서한제국은 한무제 때 전성기를 맞이하였다.

汉昭帝年幼即位, 霍光辅政, 霍光遵循武帝国策, 对内继续休养生息, 得以让百姓安居乐业, 四海清平。武帝时使臣苏武被困匈奴19年持节不屈, 卧著嚼雪, 同毡毛一起吞下, 不辱汉朝使命, 至昭帝恢复与匈奴和亲后方得返回汉朝。昭帝、宣帝恢复文帝、景帝时与民休养生息的政策, 使得国力增强, 吏治清明, 天下富足, 史称昭宣中兴。元帝时曾派宫女王昭君至匈奴和亲。成帝时元帝皇后王氏家族专权。成帝不理朝政, 立歌女赵飞燕为皇后, 终日淫乐。到哀帝、平帝时王莽已经掌权。王莽效法周公, 建立大新朝后, 按照《周礼》治天下, 本想改变西汉末年社会混乱的局面, 但因脱离实际改动频繁, 而进一步激化了社会矛盾, 终归失败。王莽新朝九年, 湖北一带闹饥荒, 饥民王匡、王凤聚众起义, 因占居绿林山故号称绿林军。次年, 山东人樊崇在山东起义, 因眉染红色, 故号称赤眉军。绿林、赤眉军推举西汉皇族远支刘玄为帝, 建立政权, 年号更始。更始政权在河南昆阳凭借八九千人之力战胜了王莽的四十万大军, 消灭了王莽军的主力。此后不久, 王莽被杀, 舌头被割下, 死得及其凄惨。更始政权进长安后, 内部斗争激烈, 刘玄滥杀农民将领, 绿林军将士杀出长安, 与赤眉军联合, 反过来消灭了更始政权。最后, 指挥昆阳之战获得胜利的西汉宗室刘秀杀掉了王匡、樊崇等起义将领, 建立了东汉王朝。

한대 소제昭帝는 어린나이에 즉위하였다. 곽광霍光이 정권을 보좌하였다. 곽광은 무제의 국책을 따라 안으로는 계속적으로 휴양생식 방식을 이어나갔다. 백성들로 하여금 안정된 생활을 누리며 즐겁게 살도록 하였다. 이로써 천하가 두루 태평하였다. 무제 때에는 사신 소무蘇武가 흉노족에게 19년간 억류되면서도 절개를 지키고 굴하지 않았다. 그는 거친 데서 잠을 자고 눈을 씹어 먹었다. 담요의 올을 삼키면서 배고픔을 달랬다. 끝까지 한나라의 사명을 욕되게 하지 않았다. 그는 소제昭帝 때 흉노족과 화친을 맺은 이후에야 비로소 한나라 조정으로 돌아올 수 있었다. 소제, 선제는 문제, 경제 때의 여민휴양생식與民休養生息의 정책을 회복하였다. 그리하여 국력이 강성해지고 관리의 품행과 치적이 투명해졌다. 온 천하가 풍족해졌다. 역사에는 이를 소선중흥昭宣中興이라 부른다. 원제元帝 때 화친의 의미로 궁녀 왕소군王昭君을 흉노족에게 보냈다. 성제成帝때에는 원제의 황후 왕씨 일가가 전권을 휘둘렀다. 성제는 조정을 돌보지 않았다. 가녀歌女 조비연趙飛燕을 황후로 맞이하면서 종일 음탕한 음악만을 즐겼다. 경제, 평제 때 이미 왕망이 정권을 쥐고 있었다. 왕망은 주공을 본받아 대大 신新 왕조를 세운 후《주례周禮》에 의거하여 천하를 다스렸다. 그는 본래 서한 말, 사회의 혼란한 국면을 혁신하려고 했다. 그러나 현실에서 벗어난 개정이 잦아서 사회모순은 한층 격화되었다. 결국 실패로 돌아갔다. 왕망의 신나라는 건국 9년에, 호북湖北 일대에 기근을 불러왔다. 굶주림에 허덕인 농민 왕광王匡, 왕봉王鳳이 군중을 불러 모아 봉기를 일으켰다. 녹림산綠林山이 근거지였으므로 녹림군이라 불린다. 이듬해, 산동사람 번숭樊崇이 산동에서 봉기를 일으켰다. 눈썹을 붉게 칠해서 적미군赤眉軍으로 불린다. 녹림, 적미군은 서한 황족의 먼 일파인 유현劉玄을 왕으로 옹립하였다. 유현은 정권을 수립하고 연호를 경시更始라고 정했다. 경시정권은 하남 곤양昆陽에서 팔구천 명의 인력에 힘입어 왕망의 사십만 대군을 크게 물리쳤다. 이에 왕망의 주력군은 소멸하였다. 이후 왕망은 피살되었다. 그는 혀와 머리가 베어져, 처참하게 죽었다. 경시정권은 장안에 입성한 후 내부투쟁이 극심하였다. 유현은 농민과 장령들을 무차별 살육하였다. 녹림군 장병들은 장안을 뚫고 나와 적미군과 연합하였다. 상황이 역전되어 경시정권이 패망하였다. 마지막으로 곤양지전昆陽之戰을 지휘하여 승리로 이끈 서한 종실 유수劉秀가 왕광王匡, 번숭 등 봉기에 가담한 장령들을 참수하고 동한 왕조를 세웠다.

西汉的统治思想与秦朝是有密切关系的，也可以说是在吸取秦朝教训的基础上建立起来的，所以要弄清楚汉朝的统治思想，必须先弄清秦朝的统治思想。秦朝的统治思想基本出于丞相李斯。曾建议不要将在秦国做官的六国人赶走，而应利用他们来攻六国，深得秦始皇赏识，拜为丞相。他建议拆除郡县城墙，销毁民间的兵器；反对分封制，坚持郡县制；又主张焚烧民间收藏的《诗》、《书》等百家语，禁止私学，以加强中央集权的统治，这就是著名的"焚书之祸"。还参与制定了法律，统一车轨、文字、度量衡制度。李斯政治主张的实施对中国和世界产生了深远的影响，奠定了中国两千多年政治制度的基本格局。秦始皇死后，他与赵高合谋，伪造遗诏，迫令始皇长子扶苏自杀，立少子胡亥为二世皇帝。后为赵高所忌，被腰斩于咸阳闹市。

서한의 통치사상은 진나라와 밀접한 관계가 있다. 역시 진나라의 교훈을 받아들인 기초위에서 건립되었다고 할 수 있다. 따라서 초나라, 한나라 왕조의 통치사상을 명확히 알아야 한다. 무엇보다도 반드시 진왕조의 통치사상에 대한 이해가 선행되어야 한다. 진왕조의 통치사상은 기본적으로 승상 이사李斯에게서 나왔다. 그는 일찍이 진나라에서 관리가 된 6국의 사람들을 내쫓지 말아야 한다고 제안했다. 그리고 그들을 잘 이용하여 6국을 공격하게 해야 한다고 했다. 진시황은 크게 깨달아 이사를 승상으로 삼았다. 이사는 군현의 성곽들을 철거하고 민간의 악기兵器를 없애야 한다고 건의했다. 분봉제를 반대하고 군현제를 공고히 해야 한다고 주장했다. 거기다가 민간에서 수장하고 있는 《시詩》나 《서書》등 백가의 언어를 모두 불태워 없애고, 사학私學을 금지해야 한다고 주장했다. 이로써 중앙집권의 통치를 공고히 하고자 했다. 이것이 바로 유명한 "분서지화焚書之禍"이다. 또한 법률 제정에 참여하여 수레바퀴의 폭과 문자, 도량형 제도를 통일시켰다. 이사의 정치적 주장의 실시는 중국과 세계에 지대한 영향을 주었다. 중국 2천여 년 정치제도의 기본 규격을 정립했다. 진시황이 죽고 난 후, 이사는 조고와 함께 모의하여 조서를 위조했다. 진시황의 장자 부소扶蘇를 스스로 목숨을 끊게 하고 선황제의 어린 아들 호해胡亥를 제 2대 황제로 옹립했다. 후에 이사는 조고의 시기를 받아 함양의 저자거리에서 허리가 잘리는 형벌을 받았다.

焚书后第二年, 始皇又招示天下有学之士, 要吸纳建议以助治理, 并寻求长生不老之药。长生不老之药未能找到, 有学之士又有很多人指责始皇行暴政, 始皇便在咸阳坑埋非议者460人, 其余流放边疆。所埋人中持各家学说的都有, 并非全是儒生, 但都是读书人, 这就是著名的坑儒。焚书坑儒便是秦朝暴力专政的法家统治思想的反映。但秦朝残酷粗暴的法家统治的结果是历时15年的短命亡国。秦的速亡, 不能不让汉朝统治者深刻反思、总结教训, 以免重蹈覆辙。对此认识最深刻的是汉文帝时的思想家、哲学家、文学家贾谊。

분서갱유가 일어난 이듬해, 시황제는 또한 천하의 유학지사들을 소집하였다. 그 자리에서 통치의 이치를 돕는 제안을 받아들인다고 알렸다. 거기다가 불로장생하는 약을 찾아서 구해오라고 한다. 그러나 불로장생의 약은 결국 찾지 못했다. 일부 유학자들을 비롯한 많은 사람들은 진시황의 폭정을 질책하였다. 시황제는 곧 함양의 구덩이에다 자신을 비방한 자들 460명을 묻고 나머지는 변방으로 내쫓았다. 갱에 묻힌 자들 중에는 각 학가의 설을 견지하는 자가 거의 다 있었다. 뿐만 아니라 모두가 다 유생이 아니기도 했다. 그래도 그들 모두는 독서인들이었다. 이것이 바로 유명한 갱유사건이다. 책을 불태우고 유생들을 구덩이에 묻은 것이야말로 바로 진 왕조의 폭력적인 전제정권의 법가통치사상의 반영이었다. 그러나 진 왕조의 잔혹하고 폭력적인 법가통치의 결과는 15년 만에 단명하고 패망하고 말았다. 진나라의 빠른 멸망은 한왕조의 통치자로 하여금 그 전철을 밟지 않도록 신중한 반성과 교훈을 되새기지 않을 수 없게 하였다. 이에 대해 가장 심도 있는 인식을 한 사람이 한나라 문제 때의 사상가, 철학가, 문학가였던 가의賈誼였다.

贾谊, 少有才名, 20岁做了博士, 21岁升任太中大夫。因年少气盛遭人嫉妒, 贬为长沙王太傅, 后改为梁怀王太傅。太傅就是老师。梁怀王坠马而死, 贾谊深自歉疚, 抑郁而亡, 年仅34岁。贾谊肯定秦朝靠暴力统一天下、结束战乱, 这是对的, 是顺民心的；但统一以后, 老百姓希望过平安日子, 不希望再打仗, 而秦朝仍以对付战乱的暴力手段来对付百姓, 这就错了。攻和守的方法应是不同的, 秦朝亡在攻守都用暴力。汉家得天下则应吸取教训, 不能再实行秦朝的法家学说。汉高祖刘邦也认识到取得天下之后, 关键是守。

가의는 어려서 수재로 이름이 났다. 20세 때 박사가 되었고 21세 때 태중대부太中大夫로 승급되었다. 그러나 젊고 다혈질인 성격에 주위의 질투를 받아 장사왕태부長沙王太傅로 좌천되었다. 나중에 양회왕태부梁懷王太傅로 자리를 옮겼다. 태부太傅는 곧 스승이다. 양회왕이 낙마하여 급서하자 가의는 매우 유감스럽게 생각한 나머지 우울증으로 죽었다. 당시 불과 34세였다. 가의는 진나라가 폭력적인 수단으로 천하를 통일하고 전란을 끝낸 것은 맞다고 인정했다. 그리고 이것은 민심에 따른 것이었다고 했다. 그러나 통일 이후 백성들은 편안한 생활을 바라고 다시는 전쟁을 원하지 않는데도 진왕조는 그대로 전란 때의 폭력적인 수단으로 백성들을 다루었다. 이것이 착오라는 것이었다. 공격과 수비의 방법은 분명히 다른 것이다. 진나라의 패망은 공수攻守 모두 폭력적인 방법을 사용했다. 한나라는 천하통일 후 곧 교훈을 받아들여 다시는 진왕조의 법가학설을 시행하지 않았다. 한고조 유방 역시 천하를 얻고 난 뒤 통치의 관건은 수비라는 것을 깨달았다.

怎样守？刘邦的方法是废除秦朝苛法, 与关中父老约法三章："杀人者死, 伤人及盗抵罪", 民心大顺。以后吕后、文帝、景帝皆本此精神无为而治, 与民休养生息。到了武帝时国势强盛, 大一统的王朝急需一套与之相适应的统治思想。秦朝完成了政治军事的统一, 没有完成思想的统一；汉朝无为而治只是过渡, 并不能与统一的王朝相适合。汉武帝接受董仲舒"罢黜百家(bā chù bǎi jiā), 独尊儒术"的建议, 孔子被定为唯一尊崇的偶像, 儒家哲学便成为大汉王朝的统治思想。儒家学说不仅是大汉王朝的统治思想, 更成为此后历代王朝的统治思想。历史证明, 儒家学说正是国家统一、民族团结、社会安定和谐、天下长治久安所需要的, 其中很多思想精髓直到今天对于构建和谐社会、和谐世界仍有着积极的作用。秦始皇与汉武帝都是中国历史上大有作为的皇帝, 秦始皇的最大功绩在于统一中国, 汉武帝的最大功绩在于找到了与统一的中国相适合的治国思想。

어떻게 지킬 것인가? 유방의 방법은 바로 진나라의 가혹한 법을 폐지하는 것이었다. 그는 관중의 원로들과 함께 "사람을 죽인 자는 사형에 처한다. 남을 때려 상하게 하거나 도둑질한 자도 죄로 다스린다." 라고 하면서 약법삼장約法三章을 제정하였다. 민심은 이에 크게 따랐다. 이후 여후呂後, 문제文帝, 경제景帝는 모두 이러한 정신을 근본으로 하여 아무 것도 하지 않고도 다스려지는 무위이치無爲而治, 그리고 민중들과 사회를 안정시키고 경제력을 회복하는 휴양생식休養生息의 정책을 취했다. 무제 때 국력이 강성해지자 대통일 왕조는 그에 적합한 통치사상이 긴급히 필요했다. 과거 진왕조는 정치군사적 통일을 완성하였으나 사상적 통일은 완성하지 못했다. 그러나 한왕조의 무위이치사상은 단지 과도기일 뿐으로, 더군다나 통일된 왕조와는 서로 부합할 수 없었다. 한무제는 동중서의 "백가의 학설을 없애고 오직 유술儒術만을 따르자罷黜百家"고 하는 제안을 받아들였다. 이에 공자는 유일하게 존숭받는 우상으로 제정되었다. 유가철학은 곧 대 한왕조의 통치사상이 되었다. 유가학설은 대 한왕조의 통치사상일 뿐만 아니라 후대에 가서 더욱 역대왕조의 통치사상이 되었다. 역사는 유가학설이야말로 국가통일이자 민족단결이요, 사회안정과 화합이자, 천하를 영구히 다스리고 안정을 꾀하는 데 필요한 것임을 증명하였다. 그 중 많은 사상의 정수는 오늘날까지 이어졌다. 사회건설과 협력, 세계 화합에 있어서 여전히 지대한 작용을 하였다. 진시황과 한무제는 모두 중국역사상 황제로서 가장 큰 성과를 발휘한 황제였다. 진시황의 가장 큰 업적은 중국통일이고, 한무제의 가장 큰 공적은 통일된 중국과 서로 부합하는 치국사상을 찾아낸 것이었다.

光武兴，为东汉。四百年，终于献。

Guāng wǔ xīng, wéi dōng hàn. Sì bǎi nián, zhōng yú xiàn.

광무제가 일어서고 동한이 수립되었다. 사백년간 이어지다 헌제 때 그쳤다.

💿 解释

王莽篡权，天下大乱，刘秀推翻更始帝，恢复国号为汉，史称东汉，为光武帝，东汉延续四百年，到汉献帝的时候灭亡。

◉ 해석

왕망이 제위를 찬탈한 뒤 천하는 크게 혼란스러워졌다. 유수劉秀가 이를 전복시켜 다시 시제始帝가 되었다. 국호는 한漢으로 회복되었다. 역사에는 이를 동한東漢이라고 부른다. 광무제가 등장한 뒤 동한은 사백년 간 지속되다가 헌제 때 멸망했다.

光武即汉光武帝刘秀，西汉景帝后人，东汉王朝的创立者。定都洛阳，仍沿用汉的国号，并息兵养民开创了"光武中兴"。光武帝之后经历明帝等12帝共196年。汉献帝时，群雄蜂起，天下大乱，最后曹操的儿子曹丕废掉汉献帝，建立魏朝，东汉灭亡。史学上将西汉东汉合称为汉朝，享国共410年。中间王莽新朝统治16年。这里所说的四百年，是指两汉大致的统治时间。光武帝、明帝、章帝是东汉的前期，共六十多年，这六十年是东汉相对强大的时期。光武帝有学问，会用兵，对朋友仁义，愿意和自己共同创建东汉的功臣同享富贵，并得以善终。光武帝也酷爱和平，东汉初建，便偃武修文，让老百姓休养生息。对匈奴也停止用兵。光武帝很勤政，并说自己是乐此不疲。汉明帝时北匈奴逐渐强大，明帝遂派兵讨伐匈奴。其中有一位小军官叫班超，是大史学家班固的弟弟，在西域三十年大立奇功，使西域五十余国都归属了汉朝，重新建立起大汉王朝自汉武帝以来在西域树立的权威。汉明帝还大规模整治黄河，此后八百年间，黄河没有发生过大的决堤泛滥。汉明帝和汉章帝在位期间，东汉进入全盛时期，史称"明章之治"。

광무제는 곧 한나라 광무제 유수劉秀다. 유수는 서한 경제景帝의 후손으로 동한왕조의 창건자다. 낙양에 도읍을 정하고 한나라 때의 국호를 계속해서 사용했다. 또한 전쟁을 멈추고 백성을 잘 보살펴 "광무중흥光武中興"의 시대를 열었다. 동한왕조는 광무제 이후 명제明帝 등 12명의 황제를 거치면서 모두 196년간 역사를 누렸다. 동한 헌제獻帝 때 군웅이 할거하여 천하가 매우 혼란하였다. 결국 조조曹操의 아들 조비曹丕가 동한 헌제를 몰아내고 위魏 왕조를 세웠다. 동한은 이로써 멸망하였다. 역사학에서는 서한과 동한을 합쳐 한왕조라고 부른다. 한왕조는 총 410년간 존속했다. 중간에 왕망의 신新 왕조 16년간의 통치기간을 포함한다. 여기에서 말하는 4백년이란 곧 양한兩漢의 대략적인 통치기간을 이야기한다. 광무제, 명제明帝, 장제章帝는 동한의 전기왕조로 총 60여년을 누렸다. 이 60여 년간 동한은 상당히 강성하였다. 광무제는 학식이 높고 용병술에 능했다. 동지들에게 인의를 다하고 자기와 함께 동한을 건국한 공신들을 모두 부귀한 삶을 누리게 해 주었다. 일을 원만히 잘 마무리했다. 광무제 역시 화평和平을 애호해서 동한을 처음 건국할 때 곧 난세를 평정하고 문치와 교화에 힘썼다. 그리하여 백성들이 휴양생식을 하도록 했다. 흉노에 대해서도 전쟁을 멈추었다. 광무제는 매우 정사에 부지런하였을 뿐만 아니라 스스로도 일을 즐기며 피곤해 할 줄 몰랐다. 한 명제 때 북방의 흉노족이 점차 강성해지자 명제 역시 흉노족을 토벌하였다. 그 중 반초班超라고 불리는 미미한 군관이 있었는데 그가 바로 대사학자인 반고班固의 아우였다. 그는 삼십년간 서역에서 탁월한 공적을 세웠다. 서역 오십여 국을 모두 한왕조로 귀속시켰다. 이로써 새롭게 대 한왕조를 일으켜 세우며 한무제 이래로 서역에서 권위를 수립했다. 한나라 명제는 또한 대규모로 황하를 정돈하는 사업을 벌였다. 이후 팔백년간, 황하에서는 제방이 터지거나 범람한 적이 없었다. 한 명제와 한 장제章帝의 재위기간 동안 동한은 전성기를 누렸다. 역사에서는 "명장지치明章之治"라 부른다.

汉章帝以后，皇帝大都年幼或者短命，外戚日益跋扈，章帝以后的和帝10岁继位，27岁驾崩；殇帝继位时还是个三个月大的婴儿，第二年就驾崩了；安帝继位时13岁，32岁驾崩；顺帝10岁继位，30岁驾崩；冲帝两岁继位，3岁驾崩；质帝8岁继位，9岁驾崩；桓帝15岁继位，36岁驾崩；灵帝10岁继位，32岁驾崩。这些皇帝登基时都是孩童，活得最长的也只有36岁，当然政权旁落，政治昏败。

동한 장제 이후 황제 대부분은 나이가 어리거나 단명하였다. 외척이 날로 발호하였다. 장제 이후 화제和帝는 10세에 황위를 이어받아 27세에 붕어하였다. 상제殤帝가 왕위를 계승할 때는 겨우 삼 개월 밖에 안 된 영아였다. 곧 이듬해 붕어하였다. 안제安帝는 13세에 왕위를 이어받아 32세에 붕어하였다. 순제順帝는 10세에 즉위하였으며 30세에 사망하였다. 충제沖帝는 2살에 보위에 올라 3살 때에 죽었다. 질제質帝는 8세에 즉위하여 9세에 사망하였고 환제桓帝는 15세에 등극했다가 36세에 사망하였다. 영제靈帝는 10세에 황위에 올라 32세에 붕어하였다. 이들 황제들은 모두 등극할 때에 다 어린아이였다. 가장 장수한 경우도 36세에 지나지 않았다. 당연히 정권은 남의 손에 떨어졌고 정치는 혼란하여 실패했다.

东汉后期掌权的外戚有章帝皇后窦家、和帝皇后邓家、安帝皇后阎家、顺帝皇后梁家四家。这四家外戚与朝廷宦官内外勾结专权凶狠，飞扬跋扈，横征暴敛，买官鬻爵(yù jué)，农民在多重残酷压榨下不堪重荷。那时土地兼并严重，自耕农破产，流民连绵不绝，各地武装起义不断。汉灵帝时太平道首领张角借传教之机组织徒众三十余万，口号是"苍天已死，黄天当立，岁在甲子，天下大吉"，于七州二十八郡同时起义。起义军因头裹黄巾，故称作黄巾军。黄巾军沉重打击了东汉政权，但在诸地方武装的共同镇压下失败。黄巾起义后，地方豪强拥兵自重，190年，董卓之乱又起，自此汉廷大权旁落，揭开了东汉末年军阀混战的序幕, 东汉政府名存实亡。220年, 曹丕篡汉, 东汉灭亡, 中国进入三国时期。

동한 후기 권력을 쥔 외척들은 장제의 황후 두씨竇氏 일가와 화제和帝의 황후 등씨鄧氏일가, 안제安帝 의 황후 염씨閻氏일가, 순제順帝의 황후 양씨梁氏일가 등 총 4개의 가문이었다. 이들 4개 집안의 외척 들은 조정 환관내외 조직과 결탁하여 전권을 휘두르며 흉악하게 굴었다. 제멋대로 날뛰며 세도를 부렸다. 터무니없이 많은 세금을 징수하고 뇌물을 받고 매관매직을 했다. 농민들은 거듭되는 잔혹한 수탈에 그 부담을 감당할 수가 없었다. 당시 토지겸병은 엄중해져 자경농은 파산하였다. 유민들은 계속해서 생겨나고 각지에서 무장봉기가 끊이지 않았다. 동한 영제靈帝 때 태평도太平道의 수령인 장각張角은 포교를 빌미로 교도 30여만 명을 조직했다. "푸른 하늘은 이미 죽고, 누른 하늘이 서려 한다. 때는 바로 갑자년이니 천하가 크게 길하리라(蒼天已死, 黃天當立, 歲在甲子, 天下大吉)." 고 하는 구호를 내걸었다. 7개 주 28개 군에서 동시에 기의가 일어났다. 봉기군은 머리에 황색 수건을 둘렀다. 그래서 황건군黃巾軍이라고도 불린다. 황건군은 동한정권을 크게 격파하였다. 그러나 여러 지방의 무장들이 공동으로 진압해 들어오면서 실패했다. 황건적의 봉기 이후 지방 호족세력들은 군대를 강화하고 자신들의 입지를 강화했다. 190년, 동탁董卓의 난이 다시 일어났다. 이로부터 한나 라 조정의 대권은 실추하여 동한말년, 군벌혼전 양상의 서막을 열었다. 동한정부는 이름만 있었지 실제로는 망한 것이었다. 220년, 조비曹丕가 한나라 왕조를 찬탈하였다. 동한이 패망하고 중국은 삼국시기로 접어들었다.

从文化学术来讲, 汉代被称为经学时代, 汉代的经学分为今文经学和古文经学。经学是指中国古代研 究儒家经典学说, 并阐明其含义的学问。西汉今文经学兴盛, 东汉古文经学兴盛。今文经学重视经学与 时代政治的关系, 古文经学重视学术本身的研究。可以说今文经学是为政治的学问, 古文经学是为学 问的学问。今文经学的代表人物是董仲舒, 古文经学的代表人物是刘歆(xīn)。集两汉今古文经学之大 成的是东汉末年的郑玄。郑玄遍注六经, 融通今古文经学, 今古文经学之争至此方结束。

문화학술로 이야기할 때 한대는 경학시대라 불린다. 한대의 경학은 금문경학今文經學과 고문경학古 文經學으로 나뉜다. 경학은 중국고대연구 중 유학경전 학설을 가리킨다. 아울러 그 함의된 학문을 천명한다. 서한은 금문경학이 흥성했고 동한은 고문경학이 융성했다. 금문경학은 경학과 시대정권 과의 관계를 중시했고, 고문경학은 학술 자체의 연구를 중시했다. 금문경학은 정치적 학문이라 할 수 있고 고문경학은 학문을 위한 학문이라 할 수 있다. 금문경학의 대표적인 인물은 동중서이고, 고문경학의 대표적인 인물은 유흠劉歆이다. 양한의 금고문경학今古文經學을 집대성한 이는 동한 말년 의 정현鄭玄이다. 정현은 육경六經을 편집해 주를 달고 금고문경학을 융통하게 했다. 금고문경학의 논쟁은 이때에야 비로소 끝이 났다.

汉代的史学有巨大成就, 出现了中国史学史上两部巨著《史记》和《汉书》。《史记》是西汉司马迁所著。司 马迁, 字子长, 陕西延安韩城人, 少年时随父司马谈读书, 后又从董仲舒学今文经学《公羊春秋》, 从孔安国学古文经学《古文尚书》, 并游历全国各地名山大川, 继承其父遗志修《史记》。又因替败降匈奴作李陵求情, 触怒汉武帝, 受宫刑。后任中书令, 发奋继续完成所著史籍。《史记》是中国历史上第一部纪传体通史, 上起黄帝下至汉武帝。全书包括十二本纪(记历代帝王政绩)、三十世家(记诸侯国和汉代诸侯、勋贵兴亡)、七十列传(记重要人物的言行事迹, 主要叙人臣, 其中最后一篇为自序)、十表(大事年表)、八书(记各种典章制度记礼、乐、音律、历法、天文、封禅、水利、财用), 共记三千余年的历史, 一百三十篇, 五十二万六千五百余字。《史记》气势宏大, 见解深刻, 内容丰富, 结构周密, 体例详备, 文采洋溢, 感情充沛, 集中了古代史学的成就, 被鲁迅先生称为"史家之绝唱, 无韵之离骚", 无论在史学上还是文学上都具有极高的成就, 是中国文化史上一流的作品。与宋代司马光编撰的《资治通鉴》并称"史学双璧"。

한대의 사학은 거대한 성취를 거두었다. 중국 사학사상 두 거작인 《사기史記》와 《한서漢書》가 출현했다. 《사기》는 서한 사마천司馬遷의 저작이다. 사마천은 자가 자장子長으로 섬서성 연안시延安 한성韓城 출신이다. 어릴 적 아버지 사마염司馬炎을 따라 독서를 하였다. 후에 동중서로부터 금문경학인 《공양춘추公羊春秋》를 배우고 공안국孔安國으로부터는 고문경학인 《고문상서古文尚書》를 배웠다. 전국각지의 유명 산천도 답사하였다. 그는 부친의 유지를 받들어 《사기》를 집필하였다. 또한 흉노족에게 포위되어 항복한 장군 이릉李陵을 대신해 용서를 빌다 한무제의 분노를 샀다. 결국 궁형宮刑을 당하였다. 나중에 중서령中書令에 임명되었다. 계속해서 역사서를 발분저서했다. 《사기》는 중국역사상 첫 번째 기전체紀傳體 통사通史로, 위로는 황제黃帝부터 아래로는 한무제까지를 기록했다. 전체 목록은 20본기本紀(역대 제왕의 정치적 공적을 기록), 30세가世家(제후국과 한대 제후, 유훈자와 제후의 흥망을 기록), 70열전列傳(중요인물의 언행과 사적을 기록, 주로 신하를 서술, 그 중 가장 마지막 1편은 자서自序로 되어 있음), 10표表(대사연표), 8서書(각종 전장제도, 예 · 악 · 음률 · 역법 · 천문 · 봉선 · 수리 · 재정경제 등을 기술)을 포함하여 총 3천여 년의 역사를 다루고 있다. 총 130편에 52만 6천 5백여 자로 구성되어 있다. 《사기》는 기세가 웅대하고 견해가 탁월하며, 내용이 풍부하고 구성이 긴밀하다. 체례가 상세하고 문체가 충일하며, 감정이 넘쳐흐른다. 고대사학의 성취를 집대성 하였다. 노신魯迅선생은 "역사가의 절창이요, 가락 없는 이소(史家之絕唱, 無韻之離騷)"라고 극찬했다. 역사학과 문학에 있어서도 모두 최고의 성취임이 틀림없는 이 저작은 중국문화사상 일류의 작품이다. 송대 사마광司馬光이 편찬한 《자치통감資治通鑒》과 더불어 "사학쌍벽史學雙璧"으로 병칭된다.

《汉书》的作者主要是东汉的班固。班固的父亲班彪就已经开始作《史记后传》, 班固继承父亲遗志续作, 改名为《汉书》。班固完成其中的大部分, 去世后未完成的表志部分由班固的妹妹班昭及班固的学生马续完成。班固, 字孟坚, 陕西扶风人, 生于光武帝时期, 卒于和帝时期, 活60岁。班固曾因被告私改国史而下狱, 经其兄班超上书辩白, 得汉明帝亲允后, 方能继续写作。班固因在外戚窦家作过谋议, 窦家失势后, 连累入狱而死。班昭才华出众, 文史兼通, 和帝曾召入宫为嫔妃讲学, 活70余岁。著有《女诫》7篇, 讲女子道德, 开中国训诫女子著作的先河。《汉书》是中国历史上第一部纪传体的断代史, 专记西汉一朝历史, 记事始于汉高祖刘邦元年, 终于王莽地皇四年, 分12纪、70传、8表、10志, 共100篇。《汉书》把

《史记》的"本纪"省称"纪","列传"省称"传","书"改曰"志",取消了"世家",汉代勋臣世家律编入传。《汉书》史料丰富翔实,《史记》记三千年历史只用了五十余万字,《汉书》单记西汉一朝历史就用了八十余万字,可知其史料之丰。《汉书》开了正史中断代史的先河,正史中除了《史记》是通史,其余都是断代史。《史记》纵横驰骋、生机盎然,《汉书》雍容典正、质实谨严,共同成为后世史家之范本。与《史记》、《后汉书》、《三国志》并称为"前四史"。

《한서漢書》의 주요 저자는 동한의 반고班固이다. 반고의 부친 반표班彪는 이미 《사기후전史記後傳》을 쓰기 시작했다. 반고는 부친의 유지를 받들어 계속해서 집필해나가면서 《한서》로 개칭했다. 반고는 그 중의 대부분을 완성하였다. 그의 사후 미완성된 표지부분은 반고의 여동생 반소班昭와 반고의 문하생 마속馬續이 완성한 것이다. 반고는 자가 맹견孟堅으로 섬서성 부풍扶風 사람이다. 광무제 때 태어나 화제和帝 때 죽었다. 반고는 일찍이 사적으로 국사를 고쳤다고 밀고를 받아 투옥된 바 있다. 이에 그의 형 반초班超가 상주문을 올려 그 진상을 밝혔다. 명제의 친윤이 있은 후에야 계속해서 저술할 수 있었다. 반고는 외척 두씨竇氏 일가의 역모에 가담한 적이 있었다. 그러나 두씨일가가 실각한 후, 연루되어 옥사하였다. 반소는 재주가 출중하고 문장과 역사에 두루 통달하였다. 화제는 일찍이 그를 입궁시켜 비빈들에게 강학을 하도록 했다. 그는 일흔 너머까지 살았다. 저서로 《여계女誡》7편이 있다. 이 책에서 그는 여인들의 도덕을 논술했다. 이 저작은 중국 여인훈계저작의 선하를 열었다. 《한서》는 중국역사상 최초의 기전체 단대사斷代史다. 전기專記는 서한 왕조의 역사를 담았다. 기사記事는 한고조 유방 원년부터 왕망의 지황地皇연간 4년까지를 썼다. 12기紀, 70전傳, 8표表, 10지志로 구성되어 있으며 총 100편에 달한다. 《한서》는 《사기》의 "본기"에서 "기"자를 생략하고, "열전"에서 "전"자를 생략, "서書"를 "지志"로 바꾸고, "세가"를 없앴다. 한대 유훈공신과 세가를 전기에 넣었다. 《한서》는 사료가 풍부하고 상세하다. 《사기》는 삼천년의 역사를 쓰면서도 50여만 자만 들였다. 반면 《한서》는 서한 한 왕조의 역사만 기술하는 데만도 무려 80여만 자를 들였다. 가히 그 사료가 얼마나 충분한 지 알 수 있다. 《한서》는 정사正史 중에 단대사의 선하를 열었다. 정사 중 《사기》를 제외한 것이 통사通史. 그 나머지는 모두가 단대사. 《사기》는 문사가 자유자재로 거침없고, 생기가 넘친다. 《한서》는 의젓하고 틀에 짜인 듯 단정하며, 질박하고 치밀하다. 모두 후대 사가들의 본보기가 된다. 《한서》는 《사기》, 《후한서後漢書》, 《삼국지三國志》와 함께 "전사사前四史"로 불린다.

汉代子学首先最值得一提的是佛教的传入与道教的创立。据史书记载,汉明帝在一天夜里梦见西方金光闪闪,醒来后大臣告诉他所梦为印度释迦牟尼佛。汉明帝立即派大臣蔡谙(ān)往印度求取佛经,蔡谙以白马载经书归,并带回两个印度高僧迦叶摩腾与竺法兰和最早翻译的佛经《四十二章经》。汉明帝表彰白马驮经有功,在东汉都城洛阳建了中国第一所佛教寺院白马寺。白马寺的建立标志着佛教正式传入中国。东汉后期顺帝时江苏人张道陵在四川大邑县鹤鸣山修道,夜梦太上老君传道与他,遂自号天师,奉太上老君为教主,传道济世,为人治病。张道陵又创立教义、教仪、教规等,并作注解读《老子》,

道教正式建立。

한대 자학시대子學時代에서 우선 가장 가치 있는 것은 불교의 전래와 도교의 창설이다. 역사서의 기록에 따르면 동한 명제明帝는 어느 날 밤 꿈속에서 서역에서 금빛 찬란한 한 신인을 보았다. 꿈에서 깨어보니 대신들이 왕께서 꿈에서 본 것은 인도의 석가모니불이었다고 전한다. 한 명제는 즉시 대신 채암蔡暗을 인도로 보내 불경을 구해오도록 했다. 채암은 흰 말에 경서를 싣고 돌아왔다. 이 때 두 명의 인도의 고승인 가섭마등迦葉摩騰과 축법란竺法蘭을 대동했다. 중국 최초로 번역된 불경 《사십이장경四十二章經》도 함께 싣고 돌아왔다. 한 명제는 백마에 싣고 공을 표창하여 동한의 도성인 낙양에 중국 최초의 불교사원 백마사白馬寺를 세워주었다. 백마사의 창건은 곧 불교가 정식으로 중국으로 유입되었음을 뜻한다. 동한 후기 순제順帝 때 강소성 출신의 장도릉張道陵은 사천 대읍현大邑縣 곡명산鵠鳴山에서 수도를 했다. 그는 어느 날 밤 꿈에서 태상노군太上老君이 나타나 그에게 도를 전수했다. 장도릉은 마침내 스스로 천사天師라 칭하고 태상노군을 교주로 받들었다. 그는 세상을 구하는 도를 전하고 사람들의 병을 낫게 해 주었다. 장도릉은 종교의 교리教義, 종교의 규범教儀, 종교의 계율教規 등을 세우고 《노자老子》에 주를 달고 해석했다. 이로써 정식으로 도교가 창설되었다.

子学中的哲学类最有成就的是西汉的《淮南子》与东汉的《论衡》。《淮南子》是汉武帝时淮南王刘安召集门客共同撰写的。淮南王刘安是汉高祖的孙子，企图叛变，失败自杀。淮南王的思想代表了汉初割据诸侯王的思想，自然与中央主张大一统的思想相对立，与代表中央思想的董仲舒相对立。《淮南子》可以说是汉初黄老之学的总集，其核心思想是内以治身，外以治国。《淮南子》与董仲舒思想的根本冲突在于：董仲舒主张废黜百家、独尊儒术，《淮南子》主张杂取百家来为我用；董仲舒主张君主应努力统一臣子和百姓的思想，《淮南子》主张君主应无为，而臣下各尽其能。《淮南子》也说自己是为汉朝立法，建立一套适应汉代统治的思想。实际上《淮南子》与董仲舒的斗争就是主张统一的中央思想与主张割据的诸侯思想的斗争。《淮南子》与董仲舒思想的根本冲突在于：董仲舒主张废黜百家、独尊儒术，《淮南子》主张杂取百家来为我用；董仲舒主张君主应努力统一臣子和百姓的思想，《淮南子》主张君主应无为，而臣下各尽其能。《淮南子》也说自己是为汉朝立法，建立一套适应汉代统治的思想。实际上《淮南子》与董仲舒的斗争就是主张统一的中央思想与主张割据的诸侯思想的斗争。

자학시대子學時代 중 철학분야에서 거둔 가장 큰 성취는 서한의 《회남자淮南子》와 동한의 《논형論衡》이다. 《회남자》는 한무제 때 회남왕 유안劉安이 문객들을 소집하여 함께 찬술한 것이다. 회남왕 유안은 한고조의 손자로, 반역을 도모했다가 실패하여 스스로 목숨을 끊었다. 회남왕의 사상은 한대 초 할거한 제후왕들의 사상을 대표한다. 자연히 중앙정부의 주장인 대일통사상과 대립되며 중앙을 대표하는 사상으로서의 동중서의 사상과도 대립된다. 《회남자》는 한대 초기 황로학의 총집이라고 할 수 있다. 그 핵심사상은 안으로는 몸을 다스리고 밖으로는 나라를 다스리는 것이었다. 《회남자》는 동중서의 사상과도 근본적으로 충돌한다. 동중서는 백가를 배척하고 오로지 유가의 학술만을 떠받들어야 한다고 하였다. 그런 반면 《회남자》는 백가의 학설을 고루 취하여 자기를 위하여 사용해

야 한다고 주장하였다. 동중서는 군주가 마땅히 신하와 백성들의 사상을 통일시키도록 노력해야
한다고 했다. 그런 반면, 《회남자》는 군주는 마땅히 무위無爲여야 하며, 신하는 각자 그 능력을 다하
면 된다고 주장했다. 《회남자》역시 스스로는 한왕조를 위한 법을 세우고 한 대의 통치에 적합한
사상을 마련했다고 말한다. 실제로 《회남자》와 동중서의 분쟁은 통일된 중앙사상의 주장과 할거하
는 제후들의 사상 간의 투쟁이었다.

《论衡》的作者是东汉前期的大学者王充。王充, 字仲任, 浙江人, 出身寒门, 生活于光武帝、明帝、章
帝、和帝时代, 做过小官, 后期回家专事著述, 晚年贫苦无一亩立身, 活77岁。《论衡》85篇是他思想的集
中体现。王充的思想也与董仲舒思想相对立, 不过《论衡》与《淮南子》不同, 并不反对董仲舒为大汉王朝
建立的治国思想, 而是反对董仲舒学说中天人感应的神秘思想。《论衡》从宇宙、自然、社会、人生各方
面论述了这些主张。

《논형》의 저자는 동한 전기의 대학자 왕충王充이다. 왕충은 자가 중임仲任으로 절강성 출신이다.
그의 집안은 한미하였다. 광무제, 명제, 장제, 화제 시대를 지나면서 미관을 지냈다. 나중에 귀향해
서 저술에 매진하였다. 만년에 매우 가난하여 처신할 한 떼기의 땅도 남아있지 않았다. 77세까지
살다 세상을 떠났다. 《논형》85편은 그의 사상이 집대성되어 구현된 저작이다. 왕충의 사상 역시
동중서의 사상과 서로 상충된다. 그러나 《논형》이 《회남자》와 다른 점은 무조건 동중서의 대大 한왕
조 건립을 위한 치국사상을 반대한 것이 아니라 동중서의 학설 중에 천인감응天人感應의 신비한
사상을 반대했다는 것이다. 왕충은 《논형》에서 우주, 자연, 사회, 인생 각 방면 등을 이야기하면서
이러한 주장을 펼쳤다.

任何事物都有利弊两面, 董仲舒学说的利是建立了适合统一的中国长治久安的治国思想, 其弊则是其
中的神秘色彩。当然, 如果没有神秘主义的天人感应这套学说, 董学未必能被汉朝统治者采纳, 其利也
就自然发挥不出来。《淮南子》与《论衡》是对董仲舒学说弊端的批判, 但这种批判并不能抹杀董氏学说
巨大的历史作用。《淮南子》与《论衡》都规模庞大、思想精深、内容丰富, 涉及了自然、社会、人生等方
面的问题, 在汉代子学中成就就是极高。

어떠한 사물에도 모두 장단점이 있다. 동중서의 학설 중 장점은 중국을 장기적으로 안전하게 통일하
기 위한 적합한 치국사상을 마련했다는 것이다. 단점은 바로 그 중의 신비로운 색채. 당연한 말이
지만, 만일 천인감응 학설에 신비주의가 제외되었다면 동중서의 학문은 한왕조 통치자로부터 받아
들여지지 않았을 것이다. 그 장점 역시 당연히 발휘되지 못했을 것이다. 《회남자》와 《논형》모두
동중서의 학설이 갖는 폐단에 대해서 비판적이다. 그러나 이러한 비판은 동중서의 학설의 역사적
효용을 전면 부인하는 것은 아니었다. 《회남자》와 《논형》모두는 규모가 방대하고 사상이 정밀하고
심오하며, 내용이 풍부하다. 자연, 사회, 인생 등 여러 영역에 관련되어 있어 한대 자학시대 중에서
그 성취가 매우 크다.

汉代子学中的科学值得一提的是东汉学者，南阳西鄂(今河南南阳市石桥镇)人张衡，发明了候风地动仪，可以准确测定地震的时间与方位。东汉和帝时的宦官，湖南郴(chēn)州人蔡伦发明了造纸术，从此纸张得到广泛使用，时称"蔡伦纸"。另外又出现了《周髀算经》、《九章算术》两部算学巨著。东汉末的名医河南人张仲景著有医学巨著《伤寒论》，提出了阴阳、虚实、寒热、表里八纲辨证，及汗、吐、下、清、温、和的治病六法。将各种疾病归纳为太阳、少阳、阳明、太阴、少阴、厥阴六经，建立了整个中医治病的法则，为后世医家所必读之书，张仲景也被称为"医圣"。

한대 자학 중 과학 분야에서 가장 가치 있는 성취는 동한 학자 남양南陽 서악西鄂(현 하남성 남양시 석교진石橋鎮) 출신의 장형張衡이다. 장형이 발명한 후풍지동의候風地動儀는 지진의 시간과 방위를 정확히 측정 할 수 있다. 동한 화제 때 호남천주湖南郴州 출신 환관 채륜蔡倫은 제지술을 발명하였다. 이때부터 종이가 광범위하게 사용되어 당시 이를 "채륜지蔡倫紙"라고 불렀다. 이 밖에 《주비산경周髀算經》,《구장산술九章算術》 등 두 권의 수학서가 나왔다. 동한 말, 하남성 출신 명의 장중경張仲景은 《상한론傷寒論》을 저술하였다. 음陰과 양陽, 허虛와 실實, 한寒과 열熱, 표表와 리裏 등 여덟 강목을 변증하고, 한汗, 토吐, 하下의 독소 배출 삼법三法과 청淸, 온溫, 화和의 삼음三飮 치료법을 소개하였다. 각종 질병을 태양太陽, 소음少陽, 양명陽明, 태양太陰, 소음少陰, 궐음厥陰의 6경六經으로 나누어 전체 중의학 치료의 규준을 세웠다. 이 책은 후대 의사들의 필독서가 되었으며, 장중경은 "의성醫聖"으로 불린다.

汉代文学的主要成就表现在赋的创作。赋是诗化的散文，需要押韵。汉初有由楚辞过渡而来的骚体赋，代表作家是贾谊；汉中期出现散体大赋，气势恢宏，体现了大汉王朝的雄强，代表作家有四川的司马相如与扬雄。司马相如成就最高，有《子虚赋》、《尚林赋》、《长门赋》等。汉后期国势渐弱，出现了抒情小赋，代表作家为张衡。另外汉代出现了专门掌管音乐诗歌的机构，乐府。乐府采集大量地方民歌，后人就将这类诗歌统称为乐府诗。乐府诗清新质朴，是汉代诗歌的代表。汉代还出现了中国最早的小说《山海经》，内容十分丰富。

한대 문학의 주요 성과는 부賦의 창작에 있다. 부는 시화詩化된 산문으로 압운을 필요로 한다. 한대 초 초사의 과도기로부터 소체부騷體賦가 나왔다. 이때의 대표작가가 가의賈誼다. 한대 중기에 산체대부散體大賦가 출현하였다. 기세가 웅장하여 대 한왕조의 웅건함을 잘 구현했다. 대표적인 작가로 사천성 출신의 사마상여司馬相如와 양웅雨雄이 있다. 사마상여는 그 성취 중 가장 뛰어난 것으로 《자허부子虛賦》,《상림부尚林賦》,《장문부長門賦》가 있다. 한대 후기 국력이 쇠약해지자 서정적인 소부小賦가 나왔다. 대표적인 작가가 장형張衡이다. 이 외에 한 대에 전문적으로 음악과 시가를 관장하는 기구인 악부樂府가 설치되었다. 악부는 지방 민가를 대량으로 채집하였다. 후대인들은 이러한 류의 시가를 통칭 악부시라고 했다. 악부시의 산뜻하고 질박한 맛이 바로 한대 시가의 대표적인 특징이다. 한대에 중국 최초의 소설인 《산해경山海經》이 나왔다. 매우 풍부한 내용을 담고 있다.

魏蜀吴，争汉鼎。号三国，迄两晋。

Wèi shǔ wú, zhēng hàn dǐng。 Hào sān guó, qì liǎng jìn。

위·촉·오 세 나라가 한漢나라의 정권을 놓고 싸웠다. 삼국三國이라 하였다. 서진, 동진 양진兩晉에 까지 이어지다 마쳤다.

🎱 解释

汉末年，魏、蜀、吴三国相争天下。后来魏灭了蜀国和吴国，却被司马懿篡夺了帝位，建立了晋朝，晋又分为东晋和西晋两个时期。

🎱 해석

동한말년, 위·촉·오 삼국이 천하를 놓고 서로 다투었다. 나중에 위국이 촉국과 오국을 멸하였다. 그러나 오히려 사마의에 의해 제위를 찬탈 당했다. 진왕조가 들어섰다. 진나라는 또한 동진과 서진 두 시기로 나뉜다.

魏、蜀、吴是东汉末年军阀混战中产生的三个政权。东汉末年，天下大乱，曹操以汉天子的名义征讨四方，对内消灭二袁、吕布、刘表、马超、韩遂等割据势力，对外降服南匈奴、乌桓、鲜卑等，统一了中国北方。220年，曹丕篡汉称帝，建都洛阳，国号"魏"，史称"曹魏"。三国正式开始。221年，刘备为了延续汉朝、兴复汉室，于成都称帝，国号"汉"，史称"蜀汉"。229年，孙权在武昌(今湖北鄂城)称帝，国号"吴"，史称"东吴"。后又迁都建业(今南京)，自此三国正式鼎立。大禹治水铸九鼎以镇九州，鼎就成为国家政权的象征，争汉鼎就是争夺汉朝的天下。魏蜀吴三国鼎立的时代史称三国时代。三国之后为司马氏晋朝。晋朝又分为西晋东晋，所以称作两晋。

위·촉·오는 동한 말년 군벌이 혼전양상을 벌이던 중 생겨난 세 개의 정권을 말한다. 동한 말년, 천하는 크게 혼란스러웠다. 조조는 한나라 천자의 명분으로써 전국을 징벌하였다. 대내적으로는 이원二袁(袁紹, 袁術), 여포呂布, 유표劉表, 마초馬超, 한수韓遂 등 할거하는 세력들을 진멸하였다. 대외적으로는 남쪽의 흉노匈奴, 오환烏桓, 선비鮮卑 등을 굴복시키고, 중국북방을 통일하였다. 220년, 조비가 한나라 정권을 찬탈하여 황제라 칭하였다. 낙양에 도읍을 세우고 국호를 "위魏"라고 하였다. 역사에서는 "조위曹魏"라고 칭한다. 이로써 삼국이 정식으로 시작되었다. 221년, 유비劉備가 한나라 조정을 유지시키고 한나라 황실을 부흥시키기 위해 성도成都에서 황제라 칭하였다. 국호를 "한漢"이라 하였다. 역사에서는 "촉한蜀漢"이라고 한다. 229년 손권孫權은 무창武昌(지금의 호북성 악성鄂城)에서 황제라 칭하고 국호를 "오吳"라고 했다. 역사에서는 "동오東吳"라고 한다. 훗날 다시 건업建業(지금의 남경)으로 천도했다. 이로부터 삼국이 정식으로 정립되었다. 우임금은 치수사업을 벌이면서 9개의 정鼎을 주조했다. 이로써 9개 주州를 진압했다. 정鼎은 곧 국가정권의 상징이 되었다. 한나라의 정鼎을 두고 다투는 것은 바로 한왕조의 천하를 쟁탈하는 것이었다. 위·촉·오 삼국이 정립된 시대를 역사에서는 삼국시대라 부른다. 삼국시대 이후 사마씨司馬氏가 진晉왕조를 세웠다. 진왕조는 또 서진과 동진으로 나뉘었다. 그래서 양진兩晉이라 부른다.

平定黄巾起义以后，汉灵帝见天下不稳，便在洛阳练兵，任命一个叫蹇硕(jiǎn shuó)的太监为元帅。蹇硕虽无能，手下却有几个能人，一位是中军校尉袁绍，一位是典军校尉曹操。灵帝死后，外戚灵帝何皇后的哥哥何进任大将军杀了蹇硕，并想将宫中的太监全部杀掉，但妹妹何皇后不同意。何进为吓唬何皇后，密令河东太守董卓以讨宦官为名进京。何皇后急了，下令所有宦官各回老家；但由于何皇后的母亲为宦官说情，何皇后又收回成命。何进进宫让何皇后杀掉所有太监，还没出宫门就被太监斩杀。消息传出，何进的弟弟何苗及好友袁绍、袁绍弟弟袁术联合将两千多太监全杀。董卓已在当晚赶到京城，董卓本是豺狼成性，进京后贬了何皇后，废何皇后儿子刘辩，另立9岁的刘协为汉献帝，自命为大将军。董卓专权引起满朝文武和百姓的不满，大家公推袁绍为盟主联名讨伐董卓。董卓下令迁都长安，临行前对洛阳烧杀抢掠，到长安后继续专权，被司徒王允和部下吕布刺杀。从此天下大乱。讨董军内部也矛盾重重，彼此攻城略地混战不休。那时最有实力的是袁绍与曹操。袁绍出身名门望族，四世三公，门生故吏遍天下，势力强大，但却志大才疏，胆略不足，刻薄寡恩，刚愎自用，刚愎自用，好谋无决，兵多而指挥不明，将骄而政令不一，内部不如曹操团结。曹操，曹操出生在官宦世家，字孟德，曹操的父亲曹嵩是宦官曹腾的养子，曹腾历侍四代皇帝，有一定名望，汉桓帝时被封为费亭侯。曹嵩继承了曹腾的侯爵，在汉灵帝时官至太尉。曹操因参加平定黄巾起义而有了自己的武装，在董卓被杀，长安大乱时将汉献帝接出长安，迎至许昌，"挟天子以令诸侯"。袁绍派十万兵进攻曹操，战于官渡。曹操当时兵不足万，攻占乌巢、张郃、高览闻讯投降曹操，告知袁军虚实，曹操派五千人深入敌后，焚烧袁军粮草，袁军军心浮躁，曹军以少胜多，全歼袁军，取得了官渡之战的胜利。后来，袁绍病死，曹操趁机北伐，统一了北方。8年之后，曹操又发动统一南方的赤壁之战，因曹军从北方来，不习水战，被吴蜀两国联合打败。赤壁之战奠定了三国鼎立的基础。曹操退回北方，招募百姓或利用士兵开垦汉末战乱中的荒田，发展经济，巩固统治。12年后病逝，享寿65岁。同年也就是公元220年他的儿子曹丕逼汉献帝禅位，自称皇帝，国号魏，定都洛阳。东汉灭亡，魏朝建立，曹丕为魏文帝，尊曹操为魏武帝。因曹军从北方来，不习水战，被吴蜀两国联合打败。赤壁之战奠定了三国鼎立的基础。曹操退回北方，招募百姓或利用士兵开垦汉末战乱中的荒田，发展经济，巩固统治。12年后病逝，享寿65岁。同年也就是公元220年他的儿子曹丕逼汉献帝禅位，自称皇帝，国号魏，定都洛阳。东汉灭亡，魏朝建立，曹丕为魏文帝，尊曹操为魏武帝。

황건적의 기의를 평정한 이후 동한 영제靈帝는 천하의 불안정한 정세를 보고는 곧 낙양에다 군대를 양성하였다. 태감 건석蹇硕을 원수元帥로 임명했다. 건석은 비록 무능하였으나 자기 아래에 몇몇 재능 있는 사람을 알고 있었다. 그중 하나가 중군교위 원소袁紹였고, 다른 하나가 전군교위 조조였다. 영제 사후, 외척 영제의 하황후의 오빠 하진何進이 대장군을 임명하여 건석을 주살했다. 뿐만 아니라 궁중의 태감들을 전부 살해하려 하였다. 그러나 여동생 하황후가 동의하지 않았다. 하진은 하황후에게 엄포를 놓아 하동 태수 동탁董卓에게 밀지를 내려 환관들을 토벌하는 명분으로 도성에 들게 했다. 하황후는 초조하여 모든 환관들을 각자 고향으로 돌아가도록 명을 내렸다. 그러나 하황후의 모친이 환관을 위해 통사정을 하는 까닭에 하황후는 또 명을 거두었다. 하진은 입궁하여 하황후에게 모든 태감들을 죽이도록 했다. 아직 궁문을 나서지 못한 자들은 곧 태감에 의해 참살되었다. 소식이 전해지자 하진의 동생 하묘何苗와 그의 친구 원소, 그리고 원수의 동생 원술이 서로 연합하여 태감 이천 여명을 전부 주살했다. 동탁은 이미 당일 저녁 서둘러 경성에 도착해 있었다. 그는 본성이 승냥이와 이리같이 포악했다. 입궁 후에 하황후를 깎아내리며 유폐시키고 황후의 아들 유변劉辯을 폐하였다. 겨우 9살 된 유협劉協을 한나라 헌제로 옹립하고 그는 스스로 대장군이라 명하였다. 전권을 휘둘러 만조의 문무 대신들과 백성들로부터 불만을 일으켰다. 사람들은 원소를 맹주로 추대하고 동탁을 토벌하기로 공동 서명했다. 동탁은 장안으로 천도할 것을 명령했다. 시행 전, 그는 낙양에서 방화, 살육, 약탈 등 온갖 만행을 저질렀다. 장안으로 옮긴 후에도 계속해서 전권을 휘둘렀다. 결국 그는 사도司徒 왕윤王允과 부하 여포에 의해 살해당했다. 이후 천하는 크게 혼란하였다. 동탁의 토벌군 내부에도 모순은 겹겹으로 얽혀 있었다. 서로 성을 공격하고 땅을 빼앗기를 멈추지 않았다. 그때 가장 실력 있는 사람이 원소와 조조였다. 원소는 명망 있는 가문의 출신이었다. 4대에 걸쳐 삼공三公을 다섯이나 배출한 집안이었다. 문생과 아전의 무리들이 사방에 퍼져있어 강력한 세력을 갖고 있었다. 하지만 원소 자체는 포부는 원대했어도 재주가 따라주지 않았다. 그는 담력과 지략이 모자라고 각박하고 매정했다. 강퍅하고 독선적이었으며, 모략은 잘 해도 결단성이 없었다. 군사는 많았으나 제대로 지휘할 줄을 몰랐다. 제멋대로 통솔하여 매번 정령政令이 한결같지가 않았다. 내부적으로는 조조의 단결력만큼 못하였다. 한편 조조를 이야기하자면, 조조는 환관세가에서 출생했다. 그는 자가 맹덕孟德이다. 그의 부친 조숭曹嵩은 환관 조등曹騰의 양자였다. 조등은 역대 4명의 황제를 거치면서 확실한 명망이 있었다. 동한 환제桓帝 때 비정후費亭侯에 봉해졌다. 조숭은 조등의 후작을 계승하였다. 동한 영제靈帝 때 그는 태위太尉에까지 올랐다. 조조는 황건적의 봉기를 평정하는 일에 동참한 덕에 자신의 무장세력을 보유하게 되었다. 동탁이 피살되고 장안이 매우 혼란해지자 그는 동한 헌제를 호위하고 장안 밖으로 호위했다. 허창許昌까지 영접했다. 그래서 세간에서는 "천자를 옆에 끼고 제후를 호령한다."는 말이 나왔다. 원소는 십만의 군사를 파병하여 조조를 공격했다. 관도官渡에서 전투를 치렀다. 당시 조조는 병사가 일만 명도 되지 않았다. 그는 이 병력으로 오소烏巢를 공격하여 점령하였다. 장합張郃, 고람高覽이 이 소식을 듣고 조조에게 항복해왔다. 원소의 군대가 유명무실이라는 것을 알려주었다. 조조는 기마병 오천 명을 출병시켜 적의 배후에 깊숙이 침투하도록 했다. 그리고는 원소군의 군량미를 불태웠다. 원술의 부대는 군심이 매우 동요하였다. 조조군은 이렇게 해서 적은 병력으로 큰 부대를 이겼다. 원소군을 섬멸시키고 관도전투에서 승리를 거두었다. 나중에 원소는 병사했다. 조조는 북벌을 하는 기회를 살려 북방을 통일하였다. 8년 후 조조는 다시 남방을 통일하려는 적벽대전을 일으켰다. 그러나 조조군은 북방에서 온 까닭에 해전은 익숙하지 않았다. 결국 오와 촉 두 나라의 연합군에 의해 대패했다. 적벽대전은 삼국정립의 기초를 마련해주었다. 조조는 북방으로 퇴각하여 백성을 소집하고 사병을 동원하여 한말 전란 중에 황무지를 개간하였다. 경제를 발전시키고 통치를 공고히 했다. 12년 후 65세를 일기로 병사했다. 같은 해인 기원전 220년, 그의 아들 조비는 동한 헌제를 협박하여 선위를 받았다. 스스로 황제라 칭하였다. 국호를 '위魏'라고 정하고 낙양에 도읍을 정했다. 동한이 멸망하고 위나라가 세워졌다. 조비는 위문제魏文帝가 되었다. 그는 조조를 추존하여 위무제魏武帝로 칭하였다.

公元221年刘备称帝, 自号昭烈皇帝, 国号蜀, 定都成都。刘备, 字玄德, 汉景帝子中山靖王之后。幼时贫穷, 与母亲卖鞋织席为生。后参加平定黄巾军起义, 结义关羽、张飞。军阀混战中先后投靠袁绍、曹操等军阀。赤壁之战前一年在湖北荆州三顾茅庐访得诸葛亮。诸葛亮为其分析三分天下的格局说: "北让曹操占天时, 南让孙权占地利, 将军可占人和, 拿下西川成大业, 和曹、孙成三足鼎立之势。"赤壁之战后力量逐渐强大。称帝第二年东吴袭击杀害蜀将关羽, 占领荆州, 刘备亲率七十多万大军沿长江而下征讨吴国, 被吴将陆逊火烧连营, 全军覆没。刘备逃至白帝城, 忧愤而死, 享寿62岁。儿子刘禅继位, 称后主, 朝政全交给诸葛亮。诸葛亮励精图治, 发展经济, 开发西南, 平定少数民族叛乱, 七擒七释彝族首领孟获, 最后使之真心归顺。此后, 五次出兵伐魏, 最后积劳成疾, 鞠躬尽瘁, 53岁时病死在陕西五丈原。诸葛亮一死, 后主宠信宦官黄皓, 吏治腐败, 人心涣散, 公元263年魏国攻蜀, 后主投降, 蜀国灭亡。此距诸葛亮去世刚好三十年。

기원전 221년 유비는 황제를 칭했다. 스스로 소열황제昭烈皇帝라 불렀다. 국호를 촉蜀이라 하고 성도成都에 도읍을 정했다. 유비는 자가 현덕玄德이다. 전한前漢 경제景帝의 황자皇子 중산정왕中山靖王의 후예다. 어려서 빈궁하여 모친과 짚신을 팔고 돗자리를 짜면서 생계를 유지했다. 후에 황건적의 봉기에 동참하여 관우關羽, 장비張飛와 결의를 맺었다. 군벌들은 혼전을 벌이는 중에 잇따라 원소, 조조 등의 군벌에게 투항하였다. 적벽전투가 일어나기 한해 전, 유비는 호북성 형주荆州에서 삼고초려로 제갈량을 찾는다. 제갈량은 유비에게 천하가 삼분된 형국을 분석하여 주며 말했다. "북쪽은 조조가 천시天時로 차지하고, 남쪽은 손권이 지리地利로 차지하였습니다. 장군께서는 인화人和으로 취하셔야 합니다. 서천西川 익주益州를 취하여 대업을 이루시고, 조조, 손권과 함께 천하를 삼분 하는 세력이 되십시오."라고 헌책하였다. 적벽전투 이후 역량은 점점 강대해졌다. 유비가 칭제한 지 이듬해 동오東吳가 촉의 장군 관우를 습격하여 살해하였다. 형주 땅을 잃었다. 유비는 칠십 여만의 대군을 이끌고 장강을 따라 내려가 오국을 토벌했다. 그러나 오나라 장군 육손陸遜에 의해 촉군의 진지가 모두 불태워졌다. 유비의 전군은 전세가 기울어 전멸되었다. 유비는 백제성으로 도망갔다. 울분에 못 이겨 죽었다. 향년 62세였다. 아들 유선劉禪이 황위를 계승했다. 그는 후주後主라 칭하고 조정의 일은 모두 제갈량에게 일임했다. 제갈량은 전력으로 나라를 다스렸다. 경제를 발전시키고 서남지역을 개발했다. 그리고 소수민족의 반란을 평정하였다. 이족彝族 수령 맹획孟獲을 일곱 번 잡았다가 일곱 번 풀어줌으로써 마지막에는 그를 진심으로 마음으로부터 복속시켰다. 이후 다섯 차례나 출병하여 위나라를 토벌했다. 마지막에는 피로가 누적되어 병이 났다. 제갈량은 나라를 위하여 죽을 때까지 온 힘을 다 바쳤다. 53세를 일기로 섬서성 오장원五丈原에서 병사했다. 제갈량 사후, 후주는 환관 황호黃皓를 총애하고 신임했다. 이 간신으로 인해 관리의 품심과 치적이 부패하였으며 민심이 흐트러졌다. 기원전 63년 위나라가 촉나라를 공격했다. 후주는 투항하고 촉나라는 멸망하였다. 이때가 제갈량이 세상을 떠난 지 꼭 삼십년이 되던 해였다.

公元229年孙权称帝, 国号吴, 定都南京, 古称建业, 孙权为吴大帝。孙权的父亲孙坚是汉灵帝时长沙太守, 先参加平定黄巾起义, 后又参加讨伐董卓, 死后其子孙策控制长江下游一带。官渡之战这一年, 孙策被刺身亡, 孙策的东吴之地由弟弟孙权继承, 时年19岁。孙权善于团结父兄的部下, 用兄长的部下周瑜赢得赤壁之战的胜利。赤壁之战后, 孙权大力开发江南, 开垦荒田；征服少数民族山越人；制造能容千人的大船, 航海至台湾, 成为有史可查的第一次大陆人民大规模到台湾。经过孙权的治理, 江南经济有了很大发展, 吴国成为三国中寿命最长、灭亡最晚的一国。公元279年, 西晋攻吴, 次年吴国灭亡。此距蜀国灭亡已有16年。

기원전 229년 손권은 황제를 칭했다. 국호를 오吳라고 하고 남경南京에 수도를 정했다. 이곳은 과거 건업建業이라 불리던 곳이었다. 손권은 오대제吳大帝가 되었다. 손권의 부친 손견孫堅은 동한 영제靈帝 때 장사태수長沙太守였다. 황건적의 난을 평정하는 데에 가담했다가 나중에 다시 동탁 토벌군에 동참했다. 사후 그의 아들 손책孫策이 장강하류 일대를 장악했다. 관도전투가 있던 해에 손책은 자객에게 살해당했다. 손책의 동오東吳는 아우 손권에게 계승되었다. 당시 나이가 19세였다. 손권은 부형의 부하들을 잘 단결시켰다. 형의 부하 주유周瑜를 잘 포섭하여 적벽전투에서 승리를 거두었다. 적벽전투 이후 손권은 강남일대를 대대적으로 개발하고 황무지를 개간했다. 소수민족 월인越人을 정복하였다. 천 명을 수용할 수 있는 큰 배를 제조해서 대만台灣까지 항해했다. 역사에서 찾아볼 수 있는 최초로 대륙 인민들이 대규모로 타이완으로 건너간 사례였다. 손권의 통치를 거쳐 간 강남의 경제는 매우 큰 발전을 이루었다. 오국은 삼국 중 존속기간이 가장 길고 멸망도 가장 늦은 나라가 되었다. 기원전 279년 서진西晉이 오국을 공격하였다. 이듬해 오나라는 멸망하였다. 이때가 촉국이 멸한 지 이미 16년이 되었을 즈음이었다.

魏朝建立六年, 文帝曹丕便去世, 明帝继位, 任用老将司马懿应对诸葛亮北伐。司马懿取得胜利, 在魏国的势力越来越大, 明帝死后就把持了朝政, 最后司马懿的孙子司马炎在公元265年逼曹魏禅让, 建立晋朝, 定都洛阳。这就是西晋, 司马炎为晋武帝。西晋是中国历史上三国后短暂的大一统王朝之一, 另与东晋合称晋朝。西晋的建立标志着三国时代的结束。西晋王朝建立后十分腐朽、残暴、奢侈。晋武帝出身世族, 其家族经过长期发展, 早已形成庞大的权贵集团。因此自西晋建立, 政风十分黑暗, 贪赃枉法, 贿赂风行。西晋大臣都是曹魏以来的贵族和王侯, 骄奢淫逸, 从不以国事为重。晋武帝又大量封宗室为王，用以监督异姓功臣，并允许诸王建有军队。武帝一死，晋惠帝继位，外戚杨骏辅政，统治集团内部矛盾愈演愈烈，终于爆发了"八王之乱"。八王之乱就是晋分封的汝南王、赵王、楚王、齐王、成都王、河间王、长沙王、东海王为争权夺势展开的战争。最后东海王掌握朝政，动乱才告结束。其余七王在战争中先后被杀，西晋统治力量大大削弱，中原经济被破坏，社会矛盾被激化。八王之乱不久各地反晋起义相继暴发。就在晋末各地流民起义的同时，山西的匈奴贵族刘渊起兵反晋，于公元308年称帝，国号汉。公元316年西晋灭亡。

위나라 건국 6년째, 문제文帝 조비가 세상을 떠났다. 명제明帝가 뒤를 이었다. 명제는 노장 사마의司馬懿를 임용하여 제갈량의 북벌에 대응하게 했다. 사마의는 승리를 거두었다. 그는 위국에서 날로 세력을 키웠다. 명제 사후, 곧 조정을 틀어쥐었다. 마지막에 사마의의 손자 사마염司馬炎이 265년 조위에게 선양을 강요하였다. 사마염은 진晉왕조를 세우고 낙양에 수도를 정했다. 이것이 곧 서진西晉이다. 사마염은 진무제晉武帝가 되었다. 서진은 중국역사상 삼국시대 이후 잠깐 동안 대 통일을 이룬 왕조중 하나이다. 또한 동진과 합쳐 진왕조로 불린다. 서진의 건국은 삼국시대의 종식을 뜻한다. 서진왕조가 건립된 후 조정은 매우 부패하고 잔혹하였으며 사치가 심하였다. 진무제는 세족世族 출신으로 그 가문은 오랫동안 발전을 이루어왔다. 일찌감치 방대한 세도가 집단으로 형성되었다. 이로 인해 서진이 건립되면서부터 정치풍토는 매우 암담해져갔다. 재물을 받아먹고 법을 어기는가 하면 뇌물수수가 성행했다. 서진의 대신들은 모두 조위 이래의 귀족과 왕후들로 교만하고 사치스러우며 음탕하고 태만하였다. 종래로 국사를 중하게 여긴 적이 없었다. 진무제는 또한 대량으로 종실들을 왕에 봉하였다. 이러한 방법으로 성씨가 다른 공신들을 감독하게 했다. 뿐만 아니라 제왕들에게 군대의 보유를 윤허하였다. 무제 사후 서진 혜제惠帝가 황위를 이었다. 외척 양준楊駿이 국정을 보좌했다. 통치집단 내부의 모순은 점점 더 심해졌다. 결국에는 "팔왕의난"이 일어났다. 팔왕의난은 바로 진나라가 분봉한 여남왕汝南王, 조왕趙王, 초왕楚王, 제왕齊王, 성도왕成都王, 하간왕河間王, 장사왕長沙王, 동해왕東海王의 여덟 왕들이 패권을 다투고 권세를 빼앗기 위해 벌어진 전쟁이다. 마지막에 동해왕이 조정을 장악하고 나서야 동란은 종결되었다. 나머지 일곱 왕은 전쟁 중에 잇따라 살해당했다. 서진의 통치역량은 대대적으로 쇠약해졌다. 중원경제는 파탄이 났고 사회모순은 격화되었다. 팔왕의난 이후 곧, 각지에서 서진을 반대하는 기의가 연이어 터졌다. 서진 말기 각 지역의 유민들이 봉기하는 동시에 산서의 흉노귀족 유연劉淵도 서진에 반대하는 군사를 일으켰다. 그는 기원전 308년 황제를 칭하고 국호를 한漢이라 칭했다. 기원전 316년 서진은 멸망하였다.

公元317年，司马睿在江南建立东晋王朝，定都南京，称晋元帝。东晋是偏安的王朝，只统治江南的地区。北方则由匈奴、鲜卑、氐(dī)、羯(jié)、羌(qiāng)五个少数民族先后建立了十六个国家，史称五胡十六国。五胡除了鲜卑族是东北少数民族，其余都是西北少数民族。十六国最早的是匈奴人刘渊建立的汉国，之所以叫汉国是要标明自己是刘汉王朝的正统继承人。没过多久，刘渊的侄儿刘曜(yào)掌权，改国号为赵，史称前赵。刘渊部下石勒崇尚汉文化，治国有方，治理期间国强民泰。其子石虎穷奢极欲，残暴荒淫，不久前赵就被前燕所灭。与此同时甘肃一带还有汉人原西晋凉州刺史张轨建的前凉。之后又有氐人(dī rén)苻坚建立的前秦灭前燕，前凉统一了北方。苻坚重农崇佛，政治清明，国力强盛。八年后，苻坚发动向东晋的战争，想统一天下。在安徽的淝水之战中，前秦大军被东晋击溃，前秦政权也因此瓦解，北方又陷入分裂割据中。中原一带有鲜卑人慕容垂建立的后燕，慕容德建立的南燕，汉人冯跋建立的北燕，慕容冲建立的西燕。南北燕由后燕分裂而来。陕西、山西一带有羌人姚苌(yáo cháng)建立的后秦，后来被东晋攻灭。又有匈奴人赫连勃勃建立的夏国。甘肃一带先后有鲜卑人建立的西秦、氐人吕光建立的后凉、鲜卑人秃发乌孤建立的南凉、匈奴人沮渠蒙逊(jǔ qú méng xùn)建立的北凉、汉人李暠(hào)建立的西凉。十六国中前赵和大夏，北凉三国是匈奴人建的，前燕、后燕、南燕、西燕、西秦、南凉六国是鲜卑人建的，前秦、后凉两国是氐人建的，后赵是羯人建的，后秦是羌人建的，前凉、西凉、北燕三国为汉人所建。公元439年鲜卑人建立的北魏结束了五胡十六国的纷乱，统一了北方。五胡十六国从刘渊建立汉国到北魏统一一共131年。

기원전 317년 사마예司馬睿가 강남에 동진왕조를 건립했다. 남경에 수도를 정하고 진원제晉元帝라 칭했다. 동진은 중원지방을 잃고 일부 지역에서 안거하는 왕조였다. 다만 강남지역을 통치할 뿐이었다. 북방은 즉 흉노匈奴, 선비鮮卑, 저氐, 갈羯, 강羌의 다섯 개의 소수민족이 잇따라 여섯 개의 국가를 건립하였다. 역사에서는 이를 오호십육국五胡十六國이라고 부른다. 오호는 선비족을 제외한 동북부의 소수민족이다. 그 나머지는 모두 서북 소수민족이다. 십육국 중 첫 번째는 흉노족 유연이 세운 한국漢나라다. 한나라라고 부르는 까닭은 자신들이 유한劉漢 왕조의 정통계승자라는 것을 표명하기 위해서다. 얼마 지나지 않아 유연의 조카 유요劉曜가 정권을 잡았다. 그는 국호를 조趙라고 바꾸었다. 역사에는 전조前趙라고 부른다. 유연의 부하 석륵石勒은 한漢의 문화를 숭상하였다. 그는 나라를 다스리는 방도가 있었다. 석륵의 통치기간 동안 나라는 강성해지고 백성들은 평안했다. 그의 아들 석호石虎는 극도로 탐욕스럽고 사치스러웠다. 잔학하고 음탕하였다. 얼마 뒤 전조前趙는 전연前燕에 의해 멸망당했다. 이와 동시에 감숙성 일대에 또한 한인 출신의 서진의 양주자사涼州刺史 장궤張軌가 세운 전량前涼이 있었다. 그 뒤에 또 저인氐人 부견苻堅이 건립한 전진前秦이 전연前燕, 전량前涼을 멸하고 북방을 통일했다. 부견은 농업을 중시여기고 불교를 숭상했다. 정치는 깨끗하고 국력은 강성했다. 팔년 후 부견은 동진으로 진출하여 전쟁을 치렀다. 천하를 통일하고자 했다. 안휘의 비수淝水에서 벌인 전쟁에서 전진前秦의 대군은 동진에게 궤멸 당했다. 전진前秦정권도 이로 인해 와해되었다. 북방은 또 다시 분열의 할거국면으로 빠져들었다. 중원일대는 선비족 모용수慕容垂가 건립한 후연後燕, 모용덕慕容德이 건립한 남연南燕, 한인 풍발馮跋이 건립한 북연北燕, 모용충慕容沖이 건립한 서연西燕이 있었다. 남북연南北燕은 후연이 분열하여 나온 것이다. 섬서, 산서일대에 강족 요장姚萇이 건국한 후진後秦이 있었다. 나중에 동진東晉에 의해 멸망당했다. 또한 흉노족 혁련발발赫連勃勃이 세운 하국夏國이 있었다. 감숙성 일대에는 잇따라 선비족이 세운 서진西秦, 저인氐人 여광呂光이 세운 후량後涼, 선비족 독발오고秃發烏孤가 건립한 남량南涼, 흉노족 저거몽손沮渠蒙遜이 창건한 북량北涼, 한인 이고李暠가 세운 서량西涼이 있었다. 십육국 중에 전조前趙, 대하大夏, 북량 삼국은 흉노족이 건립한 것이다. 전연, 후연, 남연, 서연, 서진, 남량 육국은 선비족이 건국한 것이다. 전진, 후량 두 나라는 저인이 건국한 것이고, 후조後趙는 갈인이 건국한 것이다. 후진은 강족이 건립한 것이고, 전량, 서량, 북연 삼국은 한인이 세운 것이다. 기원전 439년 선비족이 건립한 북위北魏는 오호십육국의 분열을 결속시키고 북방을 통일했다. 오호십육국은 유연의 한나라 건국부터 북위가 통일하기까지 총 131년간 존속했다.

东晋王朝的建立完全依靠江南望族的支持, 所以东晋建立后朝政被诸望族控制。先后控制朝政的有王氏、庾(yǔ)氏、桓(huán)氏、谢氏几大家族。东晋为收复北方有祖逖(zǔ tì)、桓温两次北伐。祖逖为逃难江南的河北望族, 东晋初年他率领逃难的荒民北伐, 军队所向无敌, 收复黄河以南失地, 然因东晋王朝害怕祖逖功高难制, 对其进行多方限制, 祖逖忧愤而死, 北伐失败。东晋中期望族桓温也三次北伐, 攻灭李特所建的成汉国, 但因朝臣牵制及桓温把北伐看成集中个人权力的手段, 北伐最后也以失败告终。桓温死后, 前秦苻坚率九十万大军南下, 欲统一江南。东晋当权的望族谢安组织抗击, 其侄谢玄以八万人在淝水与苻坚对峙。秦军由于军心不稳, 士兵都是临时招来的各族百姓, 离心离德, 意气消沉, 秦军派出劝降的人又出卖了秦军的虚实。晋军要求秦军后退, 以便自己渡过淝水决战, 秦军想趁晋军渡河之时予以歼灭, 同意后退。未想军心未稳, 一退则不可复止, 纷纷逃散, 晋军渡河追击, 大败秦军。淝水之战是中国历史上著名的以少胜多的战役, 并且避免了江南经济文化受到大的战火的破坏, 具有重大意义。淝水之战后, 东晋内部政治斗争加剧, 广州刺史桓玄掌权, 逼安帝让位, 建立楚政权, 一年后被部下刘裕消灭, 安帝复位, 朝政被刘裕掌握。刘裕组织北伐, 攻灭南燕、后秦, 声威益高。公元420年晋恭帝让位刘裕, 刘裕称皇帝, 国号"宋", 东晋灭亡。

동진왕조의 건립은 완전히 강남의 명문귀족의 지지에 의지했다. 따라서 동진건립 후에 조정은 명문귀족들의 통제를 받았다. 앞뒤로 왕씨王氏, 유씨庾氏, 환씨桓氏, 사씨謝氏 등 조정을 통제하는 몇몇 대가문들이 있었다. 동진은 북방을 수복하기 위해 조적祖逖, 환온桓溫이 두 차례나 북벌을 하였다. 조적은 남강으로 피난을 간 하북의 명문귀족이다. 동진 초년, 그는 피난을 떠나는 유민들을 인솔하고 북벌을 하였다. 그의 군대는 가는 곳마다 대적할 자가 없었다. 마침내 황하 이남의 잃어버린 땅을 수복하였다. 그러나 동진왕조는 전공이 많고 통제가 어려운 조적을 두려워했다. 그가 추진하려는 일에 대해서 갖은 방면으로 제한을 두었다. 조적은 울분을 못 이겨 죽고 말았다. 이로써 북벌은 실패하였다. 동진 중기 명문귀족 환온 역시 세 차례 북벌을 감행했다. 이특李特이 세운 성한국成漢國을 공격하여 멸망시켰다. 그러나 조정대신들의 견제뿐만 아니라 환온 자신이 북벌을 개인의 권력을 집중하는 수단으로 삼았던 탓에 북벌은 최후에도 역시 실패로 끝이 났다. 한온이 죽고 난 후 전진前秦의 부견은 구십만 대군을 거느리고 남하하여 강남을 통일하고자 했다. 동진의 집권자 명문귀족 사안謝安은 저항군을 조직하였다. 그의 조카 사현謝玄은 팔만의 군사를 이끌고 비수淝水에서 부견과 대치하였다. 진秦나라 군사는 사기가 동요하였다. 사병들은 모두 임시로 동원한 각 부족의 백성들이었다. 마음과 행동이 제각각이어서 서로 불화가 생기고 의기소침해졌다. 진秦나라 군대는 항복을

권하는 사자를 보냈다. 그러면서 진군秦軍의 정보를 팔았다. 진군晉軍은 자기들이 비수를 건너 결전을 치르기에 유리하도록 진군秦軍의 퇴각을 요구했다. 진군秦軍은 진군晉軍이 도하하기를 기다려 그들을 섬멸할 생각이었다. 그래서 동의를 한 후 후퇴했다. 그러나 군대의 사기가 그 정도로 흔들릴 줄은 상상도 하지 못했다. 일단 퇴각을 하자 다시는 멈출 수가 없었다. 죄다 뿔뿔이 도망가서 흩어졌다. 진군晉軍은 강을 건너 추격해왔다. 진군秦軍을 크게 물리쳤다. 비수지전淝水之戰은 중국역사상 유명한 적은 병력으로 많은 병력을 이긴 전투였다. 무엇보다도 강남 경제문화가 큰 전쟁의 참화에서 파괴되는 것을 면했다. 그래서 매우 큰 의의가 있다. 비수지전 이후 동진 내부에서는 정치투쟁이 극심해졌다. 광주자사廣州刺史 환현桓玄이 정권을 장악하고 안제安帝에게 양위를 강요했다. 그리고는 초나라 정권을 세웠다. 일 년 후 부하 유속劉裕으로부터 패망했다. 안제는 복위하였으나 조정은 유속의 손아귀에 들어갔다. 유속은 북벌을 조직하여 남연南燕, 후진後秦을 공격하여 섬멸했다. 유속의 위세가 날로 높아져갔다. 기원전 420년 진공제晉恭帝는 유속에게 양위했다. 유속은 황제를 칭하고 국호를 "송"이라 했다. 동진은 멸망했다.

宋齐继，梁陈承。为南朝，都金陵。

Sòng qí jì, liáng chén chéng. Wéi nán cháo, dū jīn líng.

송나라와 제나라가 뒤를 이었고 양나라 진나라가 계승했다. 이를 모두 남조라 한다. 다 금릉에다 도읍을 두었다.

🌐 解释

朝王室南迁以后，不久就衰亡了，继之南北朝时代。南朝包括宋齐梁陈，国都建在金陵(今南京)。

◉ 해석

동진왕조 왕실은 남쪽으로 천도한 이후 곧 쇠망하였다. 뒤이어 남북조시대가 열렸다. 남조는 송·제·량·진을 포함한다. 각 나라의 도읍은 지금의 금릉(남경)에 세웠다.

南北朝时期是中国历史上的一段大分裂时期，上承东晋十六国下接隋朝，由420年刘裕代东晋建立刘宋始，至公元589年隋灭陈而终。
남북조시기는 중국역사상 대분열의 시기다. 위로는 동진東晉·십육국十六國을 계승하고 아래로는 수나라를 이었다. 420년 유속이 동진을 대신하여 유송劉宋을 건립한 것을 시작으로 기원전 589년 수나라가 진나라를 진멸한 것으로 끝이 났다.

东晋灭亡以后，江南先后由宋朝、齐朝、梁朝、陈朝四个王朝统治，四个王朝都定都金陵。金陵就是今天的南京，有三国时的吴国、东晋、宋、齐、梁、陈六个朝代先后在此定都，故称六朝古都。宋、齐、梁、陈这四个王朝统治的时代，历史上称作南朝。刘裕出身贫寒，从军建功，后功高震，代晋自立，建立宋朝为宋武帝，两年后病逝。刘宋王朝在武帝之后经少帝传位文帝的30多年间，政治清明，社会安定，赋役宽简，民风纯正，出现少有的盛世气象，史称"宋文帝元嘉之治"。元嘉是文帝年号。文帝以后刘宋王朝内部宗室诸王争权夺利，内战连年，人民流离失所。掌握禁卫军大权的萧道成于公元479年受禅于宋顺帝称帝，建立齐朝，为齐高帝。萧道成是汉初相国萧何之后，博学能文，为人宽容，朴素节俭。但齐朝政治腐败，聚敛成风，宗室互相残杀。公元502年齐朝同族萧衍废齐朝自立为皇帝，建梁朝，为梁武帝。梁武帝博学多艺，精通儒、佛、道等文化，能诗善书，且慈孝谨慎，独处时也衣冠整齐，从不饮酒，弘扬文化功劳犹大。论才德他可以算作一流的皇帝。但是梁朝政治残暴混乱，武帝宠幸权贵，贵族子弟又大都不学无术。武帝晚年又出现侯景之乱。侯景原为北朝大将，初投降梁朝又反梁朝，害死梁武帝。梁武帝在位48年，活了85岁。武帝去世后8年，梁朝就灭亡了。出身低微的梁朝西江督护、高要太守陈霸先，通过平定"侯景之乱", 渐渐控制了梁朝的政权, 于公元557年灭梁建陈朝, 为陈武帝。陈霸先宽简朴素, 后宫无粉黛金翠。但陈朝国力衰弱, 疆域甚小, 后主陈叔宝宠信后妃, 荒淫奢侈, 政治黑暗, 公元589年被隋朝所灭。南朝结束。

동진이 멸망한 후 강남은 잇따라 송조宋朝, 제조齊朝, 양조梁朝, 진조陈朝의 네 개의 왕조가 통치했다. 네 개의 왕조는 모두 금릉에 도읍을 정했다. 금릉은 곧 지금의 남경이다. 삼국시대의 오국吳國, 동진東晉, 송宋, 제齊, 량梁, 진陳의 여섯 개 왕조가 앞뒤로 이곳에 도읍을 정했다. 이를 육조고도六朝古都라고 한다. 송, 제, 량, 진 네 왕조의 통치 시대는 역사상 남조라 칭한다. 유속은 출신이 빈한하였다. 그는 종군하여 공을 세워 후에 공적이 드높았다. 진晉왕조를 대신해 자립하고 송조를 세웠다. 유속은 송무제宋武帝가 되었다가 2년 만에 병사했다. 유송왕조는 무제이후 소제少帝의 뒤를 이은 문제文帝의 재위기간 30년 동안, 정치는 깨끗하고 사회는 안정되었다. 조세와 부역을 관대하게 하고 간소화시켰다. 민풍을 순하게 하고 바로잡았다. 역사상 보기 드문 성세盛世의 기상이 출현했다. 역사에서는 이를 "송문제宋文帝의 원가지치元嘉之治"라고 부른다. 원가는 문제의 연호다. 문제이후 유송왕조의 내부에서 종실과 여러 왕들 간에 권력과 이익의 다툼이 벌어졌다. 백성들은 여러 해 계속되는 내전에 의탁할 데 없이 유랑하였다. 금위군禁衛軍의 대권을 장악한 소도성蕭道成은 기원전 479년 송순제宋順帝로부터 선위를 받아 황제를 칭했다. 그는 제齊나라를 건립하고 제고제齊高帝가 되었다. 소도성은 한나라 초기 상국을 지냈던 소하蕭何의 후손으로 박학하고 문장에 능했다. 사람됨이 너그럽고 소박하고 검약했다. 그러나 제나라에는 정치는 부패하고 착취를 일삼는 풍조가 일고 있었다. 종실은 서로 잔혹하게 살해했다. 기원전 502년 제나라 왕조와 같은 혈족인 소연蕭衍이 제왕조를 폐하고 자립하여 황제가 되었다. 양조梁朝를 건립하고 양무제梁武帝가 되었다. 양무제는 박학하고 재주가 많았다. 유학, 불학, 도학 등의 문화에 모두 정통했다. 시를 잘 짓고 서예에도 뛰어났다. 뿐만 아니라 됨됨이가 자애롭고 효성스러우며 신중했다. 혼자 있을 때에도 의관을 정제하고 종래로 술을 마신 법이 없었다. 문화를 보다 발양한 공로가 크다. 재덕을 논하자면 그를 일류 황제로 친다. 그러나 양나라의 정치는 잔학하고 혼란스러웠다. 무제는 권세있는 귀족들을 총애하였다. 그러나 그러한 귀족자제들은 또한 모두 학식도 재주도 없었다. 무제 만년에 또 다시 후경의 난侯景之亂이 일어났다. 후경은 원래 북조의 대장군이었다. 처음에 양조梁朝에 투항하였다가 다시 양조를 배신했다. 그는 양무제를 살해하였다. 양무제는 48년간 재위하면서 85세까지 살았다. 무제 사후 8년 뒤 양조는 멸망하였다. 진패선陳霸先은 비천한 출신으로 양조梁朝 서강독호西江督護, 고요태수高要太守를 지냈다. 그는 "후경의 난"을 평정한 것을 계기로 점점 양조의 정권을 장악했다. 기원전 557년 양조를 멸망시키고 진조陳朝를 세웠다. 진무제陳帝가 되었다. 진패선은 너그럽고 검약하였으며 소박했다. 후궁 중에 분칠하거나 금이나 비취로 치장한 여인들이 없었다. 그러나 진 왕조는 국력이 쇠약하여 강토가 매우 작았다. 후주後主 진숙보陳叔寶는 후비後妃를 총애하였다. 황음무도하고 사치를 일삼았다. 정치는 암울했다. 진왕조는 기원전 589년 수왕조에 의해 멸망당했다. 남조는 종식되었다.

魏晋南北朝出现了门阀士族，所谓士族就是享有特权、世代显赫的贵族，这样的家族又叫门阀。三国两晋及南朝都是军阀联合门阀统治。在魏晋南北朝时期人们是非常看重门第出身的，这是当时非常重要的一个社会现象。士族中有一些有名的人，叫做名士，他们崇尚空谈玄虚，不拘小节，追求风流潇洒，被称作魏晋名士风流。

위진남북조 시기에 문벌사족이 출현했다. 소위 사족士族이란 특권을 향유하고 대대손손 명망이 혁혁한 귀족을 말한다. 이러한 일족을 또한 문벌이라고 부른다. 삼국양진三國兩晋, 그리고 남조는 모두 군벌이 문벌들과 연합해서 통치했다. 위진남북조 시기의 인사들은 매우 가문을 중히 여기는 출신들이었다. 이것은 당시 매우 중요한 하나의 사회현상이었다. 사족 중에 일부 유명 인사들을 명사名士라고 불렀다. 그들은 공담과 허황된 교리를 숭상하고 사소한 일에 구애받지 않았다. 풍류와 소탈함을 추구했다. 이들은 위진명사魏晋名士의 풍류風流로 불렸다.

东晋及南朝有大量的北方流民逃到江南，补充了南方劳动力的不足，也带来了北方的生产工具和生产技术，促进了南方农业的发展。魏晋南北朝时期佛教兴盛，特别是东晋南朝王公贵族竞相营建佛寺，梁武帝时南京僧尼达十万多人。寺院拥有大量资产、土地和劳动力，成为南方重要的寺院经济。寺院还放债索取抵押品，成为后世典当业的雏形。门阀士族兼并大量土地，吞并大量流民作为佃(diàn)客，形成南方的田庄经济。东晋南朝以来南方的丝绸业、造纸业、商业都有巨大发展。

동진과 남조에서는 다량의 북방 유민들이 강남으로 피난을 갔다. 그것으로 해서 남방의 부족한 노동력을 보충하였다. 또한 북방의 생산공구와 생산기술을 가져와 남방산업의 발전을 촉진하였다. 위진남북조시기 불교가 흥성했다. 특히 동진남조 왕공귀족들은 서로 앞 다투어 불교사원을 세웠다. 양무제 때 남경에 머물던 승려와 비구니의 수는 십만 여 명에 달했다. 사원은 대량의 자산과 토지, 노동력을 보유했다. 남방의 중요한 사원경제가 되었다. 사원은 또한 이자를 내주고 저당물을 취했다. 이는 후세 전당업의 초기형태가 되었다. 문벌사족은 다량의 토지를 겸병하였다. 이들은 다량의 유민들을 병탄하여 소작농으로 삼았다. 동진남조 이래 남방의 방직업, 제조업, 상업이 모두 대대적인 발전을 이루었다.

北元魏，分东西。宇文周，兴高齐。

Běi yuán wèi, fēn dōng xī. Yǔ wén zhōu, xīng gāo qí.

북쪽에 원씨元氏의 북위北魏가 있었다. 북위는 동위東魏와 서위西魏로 나뉘었다. 뒤이어 우문씨宇文氏의 북주北周와 고씨高氏의 북제北齊가 들어섰다.

🌐 解释

北朝指的是元魏。元魏后来也分裂成东魏和西魏，西魏被宇文觉篡了位，建立了北周；东魏被高洋篡了位，建立了北齐。

🌐 해석

북조가 가리키는 것은 원위元魏다. 원위 이후에 다시 동위와 서위로 분열되었다. 서위는 우문각宇文覺에게 제위를 찬탈 당하고 북조로 교체되었다. 동위는 고양高洋에게 제위를 찬탈 당하고 북제가 세워졌다.

北朝承继五胡十六国，为胡汉融合的朝代。北朝包含北魏、东魏、西魏、北齐和北周五朝。从西晋以来的五胡十六国到公元439年被北魏统一，这时南方的刘宋王朝已建立20年。与东晋南朝相对在北方，史称北朝。北魏统治百余年后又分裂为东魏、西魏两国，东魏继而演变为北齐，西魏演变为北周。北魏皇帝本是鲜卑人，姓拓跋(tuó bá)，北魏孝文帝为了汉化，就将姓改为元，故魏又称元。北齐皇帝姓高，北周皇帝姓宇文，故而叫北元魏，分东西。宇文周，与高齐。北魏最初在西晋末年的变乱中曾建立代国，被前秦所灭，淝水之战后，又恢复代国，公元398年改称魏，史称北魏，建都山西大同。北魏建立后42年统一北方。北魏前期统治残暴，大杀汉人，政治昏暗，贪污成风，民族矛盾、社会矛盾都很严重。北魏建立后73年，淳孝博学的孝文帝即位，时年幼，冯太后主政，就已经开始改革。冯太后死后，孝文帝继续改革，其核心是加强鲜卑统治的汉化。孝文帝为避免山西大同旧都鲜卑保守势力大，于是迁都洛阳。并仿照汉人改官制、法律、姓氏，鲜卑多复姓，改革后以单姓为主。孝文帝也将姓由拓跋改为元，还禁止穿鲜卑服，仿汉服制定统一官服和便装。把汉语作为官方使用语言，30岁以下官员，官方场合不得说鲜卑语。另外还仿照汉族门阀制度确定鲜卑贵族，以便与汉贵族通婚合流。孝文帝的改革加深了北方的融合，巩固了北魏的统治，是少数民族入主中原自觉学习汉文化、自觉被汉文化同化的典型。整个三国两晋南北朝是中华民族大融合最深入的一次，也是诸多北方少数民族逐渐汉化融入中华民族大家庭的过程。在这次融合以前的中国人称为汉人，这是秦始皇统一天下后形成的一个多民族融合的结晶，并以汉朝的名号被固定下来。直到今天，少数民族以外的大部分中国人都叫汉族人。经过魏晋南北朝的民族融合以后的中国人称为唐人, 唐朝最终结束了魏晋南北朝的分裂, 这个民族融合的结晶, 就以唐朝的名号固定下来。到今天, 中国人在外国居住的地方被称为唐人街。这是中华民族的发展, 是历史的进步。

오호십육국을 계승한 북조는 호한胡漢을 융합한 조대다. 북조는 북위, 동위, 서위, 북제와 북주의 다섯 왕조를 포함한다. 서진이래의 오호십육국은 기원전 439년 북위에 의해 통일되었다. 이때가 남방의 유송왕조가 건립된 지 20년이 되는 때다. 동진·남조와 서로 북방에서 대립하였다. 역사에서는 이를 북조라 칭한다. 북위는 통치 백여 년 뒤 다시 동위, 서위 양국으로 분열되었다. 동위는 계승하여 발전하다가 북제가 되었고 서위는 역사발전을 거쳐 북주가 되었다. 북위황제는 본래 선비족이었다. 성이 탁발拓跋씨였다. 북위 효문제 때 한족화漢族化 되었다. 성을 원元씨로 고쳐서 위魏나라를 원元나라라고도 불렀다. 북제황제는 성이 고씨이다. 북주황제의 성은 우문씨이다. 그래서 북원위北元魏라고 부르며 동위와 서위로 나뉘었다. 우문씨의 북주北周가 세워지고 고씨高氏의 북제北齊가 들어섰다. 북위는 맨 처음 서진말년의 변란 중에 대국代國을 세웠다. 전진에 의해 멸망당했다가 비수지전淝水之戰 후에 다시 대국을 회복했다. 기원전 398년 위魏나라로 개칭했다. 역사에서는 북위라고 부른다. 산서성 대동大同에 도읍을 건설했다. 북위가 건립된 지 42년 만에 화북을 통일했다. 북위는 전기에 그 통치가 잔학했다. 한인들을 대량 살상하고 정치는 암울했다. 탐관오리가 성행하고 민족의 갈등과 사회모순이 모두 심각해졌다. 북위가 건립된 지 73년이 되는 해에 순박하고 효성스러우며 박식한 효문제가 즉위했다. 당시 효문제는 나이가 어려서 풍태후馮太後가 정무를 주관했다. 곧 이미 개혁이 시작되었다. 풍태후 사후 효문제는 개혁을 이어나갔다. 그 핵심은 선비족을 통치하는 한화漢化의 강화였다. 효문제는 옛 도읍지 산서성 대동의 보수 선비귀족의 세력이 커지는 것을 방지하기 위해 낙양으로 천도하였다. 또한 한인들의 제도를 본떠서 궁제官制, 법률, 성씨를 개선하였다. 선비의 복성은 개혁 이후 단성單姓이 주가 되었다. 효문제 또한 성을 탁발拓跋씨에서 원元씨로 고쳤다. 또한 선비족의 복장 착용을 금지했다. 한족의 복제를 본떠서 관복과 평복을 통일했다. 한족의 언어를 관방에서 사용하는 언어로 삼았다. 30세 이하의 관원들은 직무를 보는 자리에서 선비족의 언어를 사용할 수 없었다. 이 밖에 또한 한족귀족과 통혼하고 합류할 수 있도록 한족의 문벌제도를 본떠서 선비귀족을 확정지었다. 효문제의 개혁은 북방의 융합을 한층 돈독히 하고 북위의 통치를 공고히 하였다. 이것은 소수민족이 중원에 들어와 주인이 되면서 한문화 학습에 대한 자각을 하고, 한문화에 동화되는 것을 자각하는 전형이다. 전체 삼국三國·양진兩晉·남북조南北朝는 중화민족 대융합이 가장 깊고 투철하였던 시기였다. 또한 이것은 여러 북방소수민족들이 점차 한족화되어 중화민족의 대가정으로 융화된 과정이었다. 이때 융합 이전의 중국인들을 한인이라 불렀다. 이것은 진시황의 천하통일 후 형성된 하나의 민족융합의 결정체였다. 뿐만 아니라 한조漢朝라는 명칭도 고정되어 왔다. 오늘날까지 소수민족 이외의 대부분의 중국인들은 모두 한족인이라고 불린다. 위진남북조의 민족융합을 지나 이후의 중국인들은 당인唐人이라 불렸다. 당조唐朝는 최종적으로 위진남북조의 분열을 종식시켰다. 이 민족융합의 결정은 곧 당조라는 명칭으로 죽 고정되어 왔다. 오늘날까지 중국인들이 외국에서 거주하는 곳은 당인가唐人街(중국인거리)라고 불린다. 이는 중화민족의 발전이자, 역사적 진보이다.

孝文帝推行改革后，经济迅速发展，社会安定繁荣，但不久北魏统治者陶醉于歌舞升平，日益奢侈腐化。孝文帝死后23年，北方六镇爆发了大规模的各民族人民起义，持续八年之久，席卷北方大部分地区，沉重打击了北魏统治。以后投降北魏的起义将领高欢把持朝政，自立静帝为东魏，统治16年后又被迫禅位给其子高洋，建立北齐。另一位投降北魏的起义将领宇文泰控制陕西一带，后拥立文帝为西魏，西魏统治23年后被迫让位给宇文泰之子宇文觉，建立北周。 东魏、北齐因占洛阳以东、长江以北广大地区，非常富庶。但政权被鲜卑贵族把持，排斥汉文化，政治腐败，人心涣散，土地兼并严重，社会及民族矛盾尖锐，公元577年被北周武帝灭掉。西魏北周坚持走汉化道路，还模仿《周礼》改革，打击寺院经济对土地的兼并。北周大规模灭佛，强迫百万僧人还俗为农，增强国力，建立战斗力极强的府兵制。北周武帝灭齐以后正欲统一全国，不幸病逝。继位的宣帝昏庸无能，大权落于皇后父亲杨坚手中，北周武帝驾崩后三年，杨坚取代北周，建立隋朝。北朝结束。

효문제의 개혁 추진 이후 경제는 신속하게 발전했다. 사회는 안정되고 번영하였다. 그러나 곧 북위의 통치자가 가무로 태평성세를 바라는 것에 도취되어 날로 사치스럽고 부패하였다. 효문제 사후 23년이 되는 해에 북방 육진六鎭에서 대규모의 각 민족 민중봉기가 번졌다. 8년간 끌고 나가면서 북방의 대부분 지역을 석권하였다. 북위통치에 심한 타격을 가하였다. 이후 북위에 투항한 봉기군 장령 고환高歡이 조정을 장악했다. 그는 자립하여 정제靜帝라 칭하고 동위東魏를 세웠다. 통치 16년 후 또 다시 그의 아들 고양高洋으로부터 선위를 강요받았다. 이로써 북제北齊가 건립되었다. 또 다른 북위에 투항한 봉기군 장령인 우문태宇文泰는 섬서일대를 장악했다. 훗날 문제를 옹립하고 서위를 세웠다. 서위 통치 23년 후 우문태는 강압을 받아 아들 우문각宇文覺에게 양위를 했다. 이로써 북주가 건립되었다. 동위, 북제는 낙양을 점령하여 동쪽과 장강 이북의 광대한 지역을 매우 풍요롭게 했다. 그러나 선비족에게 정권이 넘어가면서 한문화를 배척하였다. 정치는 부패하고 인심은 흐트러졌다. 토지겸병은 심화되었고 사회와 민족 간의 모순은 첨예화되었다. 북제는 기원전 577년 북주 무제에게 멸망당했다. 서위·북주는 한화漢化노선을 견지하며 나아갔다. 뿐만 아니라 《주례周禮》를 본떠서 개혁하였다. 사원경제와 토지겸병을 타파하였다. 북주는 대규모의 멸불滅佛정책을 폈다. 백만 명의 승려를 강제로 환속시켜 농민이 되게 했다. 국력을 증강시키고 전투력이 한층 강화된 부병제를 창설했다. 북주 무제는 북제를 멸한 후 전국을 통일하려다 불행히도 병사했다. 뒤를 이은 환제宣帝는 우매하고 무능하였다. 황후의 부친 양견楊堅에게 대권이 장악되었다. 북주 무제의 서거 후 3년 뒤 양견이 양위를 받아 수나라 왕조를 세웠다. 북조는 종식되었다.

从文化学术来讲，魏晋时期被称为玄学时代。玄学就是用老庄思想改造过的儒学。汉代经学的主题是统一思想，魏晋玄学的主题是精神的超越。这种超越恰恰补充了注重统一思想的儒学关于个人自由的不足。在玄学为主的时代思潮下，其他学术都受到玄学的影响。魏晋南北朝的经学远不如汉代兴盛，主要表现为郑学与王学之争。郑学是汉末郑玄学说，王学是魏晋王肃学说。郑学的特点是综合今古文经学，王学的特点是固守古文经学。西晋基本上是有政治靠山的王学得势的时代。但政治靠山失去时，所谓学术自然也就随之消失了。东晋以后真正有学术价值的郑学又恢复它的地位。

문화학술로 이야기할 때 위진시기는 현학시대라 불린다. 현학은 바로 노장사상을 개조한 유학이다. 한대경학의 주제는 사상통일이었다. 위진현학의 주제는 정신적 초월이었다. 이러한 초월은 마침 사상통일에 치중하느라 그 개인의 자유에 대해서는 불충분했던 유학의 아쉬움을 보충해주었다. 현학이 위주가 되는 시대의 사상에서 다른 학술들은 모두 현학의 영향을 받았다. 위진남북조의 경학은 한학의 흥성만 훨씬 못하다. 주로 정학鄭學과 왕학王學의 논쟁으로 표현된다. 정학은 한말 정현鄭玄의 학설이고, 왕학은 위진 왕숙王肅의 학설이다. 정학의 특징은 금고문경학을 종합한 것이고, 왕학의 특징은 고문경학을 견지한 것이다. 서진西晉은 기본상 정치적 배경이 있던 왕학이 득세하던 시대였다. 그러나 정치적 후원을 잃게 되자 이른바 학술 또한 자연히 그에 따라 소실되었다. 동진東晉이후 진정으로 학술가치가 있던 것은 정학이었다. 또한 그의 지위를 회복하였다.

南北朝时的经学各有特点。南朝经学是融合了玄学的新经学，博采众长而不墨守一家；北朝经学却只墨守郑学，内容死板僵化。

남북조시기의 경학은 각자 나름의 특징이 있었다. 남조경학은 현학의 신경학新經學을 융합하였다. 다양한 의견을 널리 받아들이고 어느 일가의 학설만 고수하지 않았다. 북조경학은 오히려 정학만을 고집하였다. 그래서 내용이 틀에 박히고 경직되었다.

这一时期史学大有发展，私家修史之风盛行，史学著作较前代增加了四十倍。正史中的《后汉书》、《三国志》、《宋书》、《南齐书》、《魏书》都成于这一时期。《后汉书》的作者是南朝刘宋时的范晔。范晔的祖父范宁是东晋时的著名经学家，著有《春秋穀(gǔ)梁传集解》，成就很高，收在《十三经注疏》中。范晔博览群书，精通音律，47岁时因谋反罪被杀。《后汉书》通纪东汉一朝的历史，分本纪10篇，列传80篇，志30篇，共120篇。该书善写类传，就是将有共同特点的人写在同一传中。每传皆有专论，借古喻今，指正当时得失，很有价值。《后汉书》史料翔实，善于剪裁，成就极高，历来备受推崇，与《史记》、《汉书》并称为史学上的三驾马车，足见其地位。《三国志》的作者是被称为有良史之才的西晋时陈寿。陈寿生在三国时的蜀国，吴灭蜀后在西晋成其著作，享年64岁。《三国志》是记载魏、蜀、吴三国历史的一部纪传体国别史，有《魏书》30篇，《蜀书》15篇，《吴书》20篇，共65篇。《三国志》文笔质朴，取材严谨，无表无志，只有纪、传。价值亦高，与《史记》、《汉书》、《后汉书》并称四史。古人常说二十四史不必全读，前四史不可不读。南朝刘宋时的裴松之为《三国志》作注，增补大量史料，注文是正文的三倍，史料价值不亚于《三国志》。后人读《三国志》也必读裴注。古人常说二十四史不必全读，前四史不可不读。南朝刘宋时的裴松之为《三国志》作注，增补大量史料，注文是正文的三倍，史料价值不亚于《三国志》。后人读《三国志》也必读裴注。《宋书》是南朝时梁朝著名文学家浙江人沈约所著。沈约为齐梁间文坛领袖，平上去入四声的发明者，被称为一代词宗。修《宋书》未到一年便写成，成书之速堪为二十六史作者之冠。享年72岁。《宋书》记南朝刘宋王朝一朝的史实。分本纪10篇，志30篇，列传60篇，共100篇。《宋书》文辞典雅，记典章制度甚详，收录奏章诗赋极多。《南齐书》的作者是南朝齐梁间的江苏人萧子显。萧子显是齐高帝萧道成的孙子，貌俊才高，能言善对，深得梁武帝赏识，于梁朝做官时修《南齐书》。但因病只活了48岁。梁武帝深惜其早逝，特下诏从厚安葬。萧子显因是南齐宗室，故对南齐先世百般颂扬，千般维护。但也正因为是宗室，在掌握史料上有不少便利，故能得到许多原始资料。另外《南齐书》文辞简洁，爱用类叙法。所谓类叙法是在一人的传里连带叙述诸人之事，既省多立传，又不淹没人，是作史良法。《魏书》是北齐河北人魏收所著。魏收出身于官宦之家，风流而才高，有花蝴蝶的绰号；曾出使南朝，深得梁武帝赏识，认为他是北朝最有学问的人；奉北齐文宣帝高洋之命修《魏书》；终生无子，享年66岁。《魏书》记北魏、东魏、西魏三朝史事，分帝纪12篇，列传98篇，志20篇，共130篇。魏收修史，常以个人思想好恶来褒贬弃取人物，对于东魏述之甚详且多予颂扬，对于西魏则述之甚少且有意贬斥，对南朝人则贬为夷岛，列入《夷岛传》。因此不少人历来称《魏书》为"秽史"。不过《魏书》特设《释老志》一篇，专记佛教，道教历史，很有价值。作为北魏的历史，还是舍此无他。除五部正史外，还有东晋人常璩(qú)作的《华阳国志》，记录了从远古到东晋永和三年巴蜀史事，既述风土人物，又记政治沿革，分13志，影响很大，收在《四库全书》史部地理类中。

이 시기 사학史學에는 큰 발전이 있었다. 개인이 역사를 편찬하는 풍조가 유행했다. 사학저작은 전대와 비교했을 때 40배나 증가했다. 정사 중에서 《후한서後漢書》, 《삼국지三國志》, 《송서宋書》, 《남제서南齊書》, 《위서魏書》가 모두 이 시기에 완성되었다. 《후한서》의 저자는 남조 유송 때의 범엽範曄이다. 범엽의 조부 범녕範寧은 동진 때의 유명한 경학가였다. 저서에《춘추곡량전집해春秋穀梁傳集解》가 있다. 성취가 매우 큰 것으로《십삼경주소十三經注疏》에 수록되어 있다. 범엽은 방대한 책을 다독하고, 음률에 정통했다. 47세에 모반죄로 몰려 참살 당했다. 《후한서》는 동한 한 왕조를 통기한 역사서다. 본기本紀 10편, 열전列傳 80편, 지志 30편으로 분류되며 총 120편에 달한다. 이 책은 열전 중에 류전類傳을 잘 썼다. 곧 공통된 특징이 있는 인물들을 동일한 하나의 전기 속에 기록한 것이다. 매 전傳마다 전문적으로 논한 글이 있다. 과거를 빌려 현실을 풍자하면서 당시의 득실을 지적하고 바로잡았다. 매우 가치가 있다. 《후한서》는 사료가 상세하고 확실하다. 취사선택의 편집을 잘 했다. 성취가 매우 높아서 종래로《사기史記》, 《한서漢書》와 함께 추앙을 받으며 사학에 있어서는 삼두마차로 병칭된다. 그 지위로부터 충분히 알 수 있다. 《삼국지三國志》의 저자는 훌륭한 역사가로서의 탁월한 재능을 가졌다고 일컬어지는 서진 때의 진수陳壽다. 진수는 삼국시대 때 촉국에서 태어났다. 오국이 촉국을 멸망시킨 후 그는 서진에서 《삼국지》를 저술했다. 향년 64세였다. 《삼국지》는 위, 촉, 오 삼국역사의 일부분을 기전체紀傳體로 쓴 국별사國別史다. 《위서魏書》30편, 《촉서蜀書》15편, 《오서吳書》20편, 총 65편이 실려있다. 《삼국지》는 필치가 질박하고 제재의 취사선택이 엄격하다. 표현이 없고 뜻이 없다. 다만 기紀와 전傳만 있다. 가치가 매우 높아서 《사기》, 《한서》, 《후한서》와 함께

사사四史로 병칭된다. 옛 사람들은 항상 이십사사二十四史는 꼭 완독할 필요는 없지만 전사사前四史는 읽지 않으면 안 된다고 했다. 남조 유송시기 때 배송지裴松之는《삼국지》에 주를 달았다. 대량으로 사료를 증보하였다. 주해한 글은 본문의 세 배가 된다. 사료의 가치는《삼국지》에 뒤지지 않는다. 후대 사람들은《삼국지》를 읽을 때에도 역시 배송지의 주를 필독한다.《송서宋書》는 남조시기 양조梁朝의 저명한 문학가인 절강성 출신의 심약沈約이 쓴 책이다. 심약은 제齊나라와 양梁나라 사이를 오가며 지낸 문단의 영수이다. 평상거입平上去入의 사성四聲을 발명한 사람으로 일대사종一代詞宗으로 불린다.《송서》는 착수한 지 일 년도 안 되어 곧 완성하였다. 책의 집필속도는 가히 이십육사二十六史의 저자 중 으뜸이 될 만하다. 심약은 향년 72세로 별세했다.《송서》는 남조 유송왕조 한 조대의 사실史實을 기록하였다. 본기本紀 10편, 지志 30편, 열전列傳 60편으로 나뉘며 총 100편에 달한다. 《송서》는 문사가 전아하고 전장제도에 대한 기록이 매우 상세하다. 주장奏章·시부詩賦에 대한 수록도 매우 많다.《남제서南齊書》의 저자는 남조 제齊나라와 양梁나라 사이를 오가며 지낸 강소성 출신의 소자현蕭子顯이다. 소자현은 고제高帝 소도성蕭道成의 손자이다. 용모가 준수하고 재주가 높았다. 말솜씨가 좋았고 상냥했다. 양무제로부터 두터운 찬사를 받았다. 양조 시기 관직에 임하면서《남제서》를 편찬했다. 그러나 병환으로 47세로 세상을 떠났다. 양무제는 그의 요절을 매우 애석해했다. 특별히 그의 영구를 정중히 받들어 안장하라는 조서를 내렸다. 소자현은 남제 종실이었기 때문에 남제의 선조에 대해서 백방으로 찬양하고 여러 방면에서 옹호했다. 그러나 역시 바로 그 종실이었기 때문에 사료를 파악하는 데 있어서 편의가 적지 않았다. 그리하여 방대한 일차자료를 획득할 수 있었다. 그 밖에《남제서》는 문사가 간결했다. 비슷한 유형의 인물을 전傳으로 편제하는 유서법類敍法을 즐겨 썼다. 소위 유서법은 한 인물의 전기 안에 그와 관련된 여러 사람의 일들을 서술하는 방식이다. 전기를 많이 편제하였을 뿐만 아니라 또한 인물들에게 빠지지 않았다. 역사를 서술하는 좋은 방식이다.《남제서》는 제나라 한 왕조의 역사적 사실을 기록하였다. 본기本紀 8편, 지志11편, 열전列傳 40편으로 총 59편으로 분류된다.《위서魏書》는 북제 하북사람 위수魏收의 저작이다. 위수는 환관집안의 출신이다. 풍류가 있고 재주가 많았다. 꽃나비花蝴蝶란 별명이 있었다. 한때 외국사신으로 외국에 간 적이 있다. 양무제는 그의 재주를 매우 아꼈다. 양무제는 위수를 북조에서 가장 학문이 뛰어난 인물이라고 여겼다. 위수는 북제 문선제文宣帝 고양高洋의 명을 받들어《위서》를 편찬했다. 위수는 후사가 없이 생을 마쳤으며 향년 66세였다.《위서》는 북위, 동위, 서위의 세 왕조의 역사적 일들을 담고 있다. 제기帝紀12편, 열전列傳98편, 지志20편으로 나뉘며 총 130편에 달한다. 위수는 역사서를 편찬하면서 늘 개인적 사상과 기호를 통해서 인물들을 취사선택하고 포폄하였다. 동위東魏에 대한 기록은 매우 상세하고 찬양일색이다. 서위西魏에 대한 기록은 매우 적으면서도 고의로 폄하하고 비난하였다. 남조의 인물에 대해서는 즉 이도夷島라고 폄하하여《이도전夷島傳》에 넣었다. 이로 인해 많은 사람들로부터《위서》는 "추악한 역사穢史"라고 불렸다. 그러나《위서》는 특별히《석로지釋老志》한 편을 마련하여 불교, 도교역사를 전문적으로 기록했다. 그 가치는 매우 커서 북위의 역사서로서 이 외에 다른 것은 없었다. 다섯 권의 정사正史 외에 또한 동진東晉사람 상거常璩가 지은

《화양국지華陽國志》가 있다. 상고시대부터 동진 영화永和 3년 파촉巴蜀의 역사적 일을 기록하였다. 풍토와 인물을 기술하고 정치변혁도 기록하였다. 13지志로 나뉘며 영향력이 매우 커서 《사고전서四庫全書》사부史部 지리류에 수록되어 있다.

子学在当时很是繁荣。佛教、道教都极兴盛。魏晋南北朝时佛教深入民间，发展迅速，高僧辈出。很多帝王也大力提倡佛教，梁武帝、陈后主都曾出家为僧，极盛时僧人达三百多万。佛经翻译取得巨大成就，西域来的高僧鸠摩罗什祖师，于后秦翻译佛经二百部，现今最有名的《金刚经》、《妙法莲华经》、《维摩诘(jié)经》、《阿弥陀经》四大佛经都是他翻译的。佛经的翻译对佛教的传播起了至关重要的作用。印度高僧达摩祖师自海上东来，于北魏河南嵩山面壁十年，创立了中国的禅宗。少林寺就是禅宗的祖庭。东晋高僧慧远大师在江西庐山创立净土宗。后秦高僧法显从长安出发到印度取经，历13年回国，写成著名的《法显传》，又名《佛国记》，是研究古印度及东西交通的重要史料。南朝佛教受玄学影响，注重义理；北朝佛教注重传教，开凿了著名的山西大同云冈石窟、河南洛阳龙门石窟及甘肃敦煌石窟的一部分。梁朝高僧慧皎整理僧侣事迹所作的《高僧传》，僧祐汇集佛教文献所作的《弘明集》，北魏杨衒之作记洛阳寺院盛况的《洛阳伽蓝记》，都是中国佛教的重要典籍。由于佛教过于兴盛，影响到社会的政治、经济，北魏太武帝、北周武帝都曾下令灭佛，焚经毁像，逼迫僧人还俗，没收庙产。这两次灭佛与唐朝的唐武宗灭佛，史称"三武灭佛"。道教虽有极大发展，但不及佛教兴盛。此期道教的特点是对汉末的民间道教进行改造，神学理论、组织制度都更完备，赢得了上层社会的认同，并出现了东晋的葛洪、北魏的寇谦之、刘宋的陆修静、齐梁的陶弘景等一批著名道士。葛洪作为魏晋神仙道教理论的奠定者，作了一部道教史上划时代的著作《抱朴子》，分内外两篇。内篇讲神仙养生的理论，外篇讲儒家治国平天下的主张。将道家的神仙方术与儒家的纲常名教结合，形成了迎合统治者需要的神仙道教。寇谦之重在制定道教的戒律仪轨、组织制度。陆修静以整理魏晋时期大量涌现的道教经典著称。陶弘景则构造了一个整齐有序的神仙世界。

자학子學은 당시 매우 번영하였다. 불교, 도교가 모두 크게 흥성하였다. 위진남북조 시기 불교가 민간에 깊숙이 유입되었다. 불교는 신속하게 발전하면서 고승을 배출하였다. 많은 제왕들이 불교를 극력 제창하였다. 양무제와 진후주陳後主는 모두 일찍이 출가하여 승려가 되었다. 흥성기에는 승려의 수가 무려 삼백여만 명에 달했다. 불교번역은 거대한 성취를 이루었다. 서역에서 온 고승 구마라십 조사鳩摩羅什祖師는 불경 번역본 이백 부를 후진後秦에 전달했다. 현재 가장 유명한 불경인 《금강경金剛經》, 《묘법연화경妙法蓮華經》, 《유마힐경維摩詰經》, 《아미타경阿彌陀經》등 4대 불경은 모두 그가 번역한 것이다. 불경의 번역은 불교의 전파에 매우 중요한 작용을 일으켰다. 인도의 고승 달마조사達磨祖師는 바다를 건너 동쪽으로 왔다. 북위 하남河南 숭산嵩山에서 십년 간 면벽수도를 하고 중국 선종禪宗을 창건했다. 소림사少林寺가 바로 선종의 발원지인 조정祖庭이다. 동진東晉의 고승 혜원대사慧遠大師는 강서江西 여산廬山에서 정토종淨土宗을 창건했다. 후진後秦의 고승 법현法顯은 불경을 가지러 장안을 출발하여 인도로 갔다. 13년 만에 고국에 돌아와서는 그 유명한 《법현전法顯傳》과 《불국기

佛國記》를 썼다. 이것은 고대 인도와 동·서의 교통을 연구한 중요한 사료다. 남조불교는 현학의 영향으로 의리義理에 치중하였다. 북조불교는 전교傳教에 중점을 두었다. 산서성山西省 대동大同에 그 유명한 운강석굴雲岡石窟과, 하남성河南省 낙양洛陽에 용문석굴 및 감숙성甘肅省, 그리고 돈황석굴 敦煌石窟의 일부분을 뚫었다. 양조梁朝의 고승 혜교慧皎가 승려들의 사적을 정리한《고승전高僧傳》, 승우僧祐가 불교문헌을 모아서 만든《홍명집弘明集》, 북위 양함楊衒이 낙양사원의 성황을 기술한《낙 양가람기洛陽伽藍記》는 모두 중국불교의 중요한 전적이다. 불교가 지나치게 흥성해지자 그 영향은 사회의 정치, 경제에까지 미쳤다. 북위 태무제太武帝와 북주 무제武帝는 모두 일찍이 배불책排佛策을 지시했다. 경전을 불사르고 동상을 파괴하였다. 승려를 핍박하여 환속하게 하고 사원의 재산을 몰수 했다. 역사에서는 이 두 차례의 배불정책과 당나라 무종武宗때의 배불정책을 "삼무멸불三武滅佛"이라 고 칭한다. 갈홍葛洪은 위진 신선도교이론의 기초를 정립한 자다. 도교사상 획기적인 저작인《포박 자抱樸子》를 저술했다. 이 책은 내편과 외편 두 편으로 나뉜다. 내편은 신선양생의 이론을 설명하고, 외편은 유가치국평천하의 주장을 폈다. 도교의 신선방술을 유가의 강상명교綱常名教와 결합시켜 통 치자의 요구에 영합하는 신선도교를 형성하였다. 구겸지寇謙之는 도교의 형률의궤를 제정하고 제도 를 조직하는 일에 주력했다. 육수정陸修靜은 위진 시기 대량으로 배출된 도교경전을 정리한 것으로 유명하다. 도홍경陶弘景은 정제되고 질서 있는 하나의 신선세계를 구축하였다.

子学中的哲学则以玄学为主，直接影响到魏晋时人的精神面貌与生活状态，这就是崇尚清谈，恣情任性。这种表现最突出的便是号称竹林七贤的阮籍、嵇康、山涛、向秀、阮咸、刘伶、王戎。他们相与友善，游于竹林，纵情诗酒山水，旷达不羁，孤芳自赏，愤世嫉俗，常赤身裸体，酩酊大醉，笑傲江湖。 자학子學중에서 철학은 곧 현학을 위주로 하였다. 이것은 직접 위진시대 사람들의 정신형태와 생활 양상에 영향을 주었다. 이것이 바로 청담을 숭상하고 마음 가는대로 살아가는 자유분방함이다. 이러 한 표현이 가장 두드러진 경우가 바로 죽림칠현竹林七賢이라 불리는 완적阮籍·혜강嵇康·산도山濤· 향수向秀·완함阮鹹·유영劉伶·왕융王戎이다. 그들은 서로 교우하면서 죽림에서 노닐었다. 하고 싶 은 대로 산수를 즐기며 시를 읊고 술을 마셨다. 도량이 넓어 얽매이지 않았으며 스스로 고결하다 여기며 만족해했다. 세상의 불합리에 대해 분개하고 증오하였으며, 평상시 옷을 벗고 맨 몸으로 지냈다. 혼곤하게 술에 취하면서 강호의 속박을 비웃었다.

子学中的科学数学方面，有刘宋时在世界上将圆周率第一个推算到小数点后七位的祖冲之父子；医学方面，三国时成就极高的华佗发明了外科手术时进行麻醉所需的麻沸散，西晋太医王叔和著有总结人体24种脉相与疾病关系的《脉经》，皇甫谧(mì)著有总结人体649个穴位，集西晋前针灸学大成的《针灸甲乙经》；农学方面有北魏贾思勰(xié)著的我国第一部完整的农书《齐民要术》。 艺术的绘画方面出了东晋时伟大的人物画家顾恺之、陆探微、张僧繇(yáo)。三人画人各有特色，《历代名画记》讲张得其肉，陆得其骨，顾得其神。另外南齐谢赫著有著名的绘画理论著作《古画品录》，论述了中国画气韵生动、骨法用笔、应物象形、随类赋彩、经营位置、传移摹写的六法，对后世影响很深。书法方面出了中国书法史上最伟大的书法家东晋时的王羲之、王献之父子。王羲之被誉为书圣，王献之被誉为小圣，皆擅行书。王羲之的书法作品《兰亭集序》乃书法中的千古绝唱，唐太宗爱之如命，死后竟带入坟墓，今世所见都是后人的摹本。

자학 중의 과학, 수학 방면에서는 유송 시기 세계 최초로 원주율을 1에서 소수점 뒤 일곱 자리 수까지 추산한 조충지祖沖之 부자가 있다. 의학방면에서는 삼국시대 때 높은 성과를 거둔 화타華佗가 있다. 그는 외과수술시 마취에 필요한 마불산麻沸散을 발명했다. 서진西晉시기 태의太醫 왕숙화王叔和 는 저서에 인체 24종의 맥상脈相과 질병과의 관계를 총결한 《맥경脈經》이 있다. 황보밀皇甫謐은 저서 에인체 649개의 혈자리와 서진西晉이전의 침구학을 집대성한 《침구갑을경針灸甲乙經》이 있다. 농학 분야에서는 북위의 가사협賈思勰이 중국 최초로 완정된 농업기술서 《제민요술齊民要術》를 집대성했 다. 예술의 회화 방면에서는 동진 시기 위대한 인물 화가인 고개지顧愷之, 육탐미陸探微, 장승요張僧繇 가 출현했다. 이들 세 명의 화가는 각자 특징이 있다. 《역대명화기曆代名畫記》에는 장승요는 육肉을 얻었고 육탐미는 골骨을 얻었으며 고개지는 신神을 얻었다고 설명하고 있다. 그 밖에 남제南齊의 사혁謝赫은 저서에 유명한 회화이론저작인 《고화품록古畫品錄》이 있다. 중국회화의 기운생동氣韻生 動, 골법용필骨法用筆, 응물상형應物象形, 수류부채隨類賦彩, 경영위치經營位置, 전이모사傳移模寫 등 6법 을 논평하여 후대에 많은 영향을 끼쳤다. 서법 방면에서는 중국 서법사상 가장 위대한 서법가인 동진의 왕희지王羲之, 왕헌지王獻之 부자가 있다. 왕희지는 서성書聖으로 칭송되며 황헌지는 소성小聖 으로 불린다. 모두 행서行書에 능하였다. 왕희지의 서법작품인 《난정집서蘭亭集序》는 곧 서법 중 천고 의 절창으로 꼽힌다. 당태종은 그 작품을 목숨과 같이 아껴서 사후 자신의 능에 순장하도록 했다. 오늘날 사람들이 보는 것은 모두 후대인들의 모본摹本이다.

文学方面，魏晋南北朝时期被鲁迅先生誉为文学的自觉时代，空前繁荣。代表文体是骈(pián)文，骈文 是用对联的方式写文章，追求对仗的建筑美、平仄(zè)的音律美以及讲究辞藻、典故的绘画美。骈文是 最能够集中展现汉语魅力的文体。骈文的兴盛是魏晋南北朝人厌倦现实人生、追求形式之美的时代风 气在文学上的体现。三国时三曹父子与建安七子诗文成就颇高。三曹指曹操和儿子曹丕、曹植。建安 七子指汉献帝时的王粲(càn)、孔融、陈琳、阮瑀(ruǎn yǔ)、刘桢、徐干、应玚(yìngyáng)。三曹七子的 诗文皆清新刚健，质朴中有骨，被称为"建安风骨"。西晋有三张、二陆、两潘、一左。三张是张载、张协、 张亢，二陆是陆机、陆云兄弟，两潘是潘安、潘岳叔侄，左是左思。成就最高的是陆机与左思。左思有著 名的写魏吴蜀三国都城的《三都赋》，十年写成，写成后出现洛阳纸贵的局面。东晋出现了中国文学史 上继屈原之后又一个伟大的诗人陶渊明。其诗清新自然意味深远，可与屈原、李杜、苏轼媲美，为田园 诗之祖。《桃花源记》、《归去来辞》更是集中展现中国读书人人生追求的千古名篇。刘宋时有山水诗创 始人谢灵运和继承建安风骨的诗人鲍照。南齐有继承谢灵运山水诗颇有成就而被称为小谢的谢朓。梁 朝有写千古离别之情《别赋》的才子江淹。另有梁武帝长子昭明太子萧统编的一部著名的文章选集《昭明文选》，是中国古代最早的诗文选本，影响深远。陈朝还有徐陵编的《玉台新咏》，收录汉魏到梁朝的艳情诗以供后宫吟咏，也很有影响。著名的古诗《孔雀东南飞》就收录其中。北朝则有脍炙人口的乐府民歌《敕勒(chì lè)歌》和《木兰诗》。南北朝末年出现了一位集中体现南北朝文学成就的诗人庾信，所作《哀江南赋》代表了此期骈文的最高水平。魏晋南北朝笔记小说流行，最有名的有东晋时干宝作的神怪小说《搜神记》及南朝刘宋时刘义庆作的反映魏晋名士风流的志人小说《世说新语》。魏晋南北朝之所以被鲁迅先生称为文学的自觉时代，还有一个重要的原因便是此期出现了一批很有成就的文学理论著作。中国第一篇文学理论就是曹操大儿子曹丕著的《典论·论文》，继之有陆机的《文赋》、南齐刘勰的《文心雕龙》和梁朝钟嵘的《诗品》。前两者是文章，后两者是专著。《文心雕龙》50篇，全以骈文写成，分总论、文体论、创作论三部分，体制巨大思想精深，代表了中国文论的最高成就，影响深远。《诗品》评诗体源流，论历代诗人艺术成就，是论诗的专著。

문학방면에서는 노신魯迅선생이 문학의 자각시대라 칭하던 위진남북조 시기가 바로 공전에 없던 번영을 누렸다. 그 대표적인 문체가 변문駢文이다. 변문은 대련對聯의 방식을 이용해서 문장을 쓰는 것을 말한다. 대구의 건축미와 평측의 음률미 그리고 사조辭藻와 전고典故를 강구하는 회화미가 있다. 변문은 중국어의 매력을 가장 집약적으로 표현할 수 있는 문체이다. 변문의 홍성은 위진남북조인들의 현실과 인생으로부터 오는 권태 및 형식미를 추구하는 시대풍조가 함께 문학상에 구현된 것이다. 삼국시기에는 삼조三曹와 건안칠자建安七子의 시문의 성취가 매우 높았다. 삼조三曹는 조조와 그의 아들 조비曹丕, 조식曹植을 가리킨다. 건안칠자는 동한 헌제獻帝 때의 왕찬王粲, 공융孔融, 진림陳琳, 완우阮瑀, 유정劉楨, 서간徐幹, 應瑒을 가리킨다. 삼조三曹·칠자七子의 시문은 모두 청신하고 강건하며 질박하고 기골이 있다. 그래서 "건안풍골"이라 불린다. 서진에는 삼장三張, 이륙二陸, 양반兩潘, 일좌一左가 있었다. 삼장은 장재張載, 장협張協, 장항張亢을 가리키며 이륙은 육기陸機와 육운陸雲 형제를, 양반은 반안潘安, 반악潘嶽 숙질을 가리킨다. '좌'는 좌사左思를 가리킨다. 성취가 가장 높은 사람은 육기와 좌사였다. 좌사의 저서에는 위·촉·오 삼국의 도성에 관해 쓴 유명한 《삼도부三都賦》가 있다. 십년에 걸쳐 이루어졌으며 출간 뒤에 낙양지귀洛陽紙貴의 현상을 초래했다. 동진에서는 중국문학사상 굴원 이후로 또 하나의 위대한 시인 도연명陶淵明이 등장했다. 그는 가히 굴원, 이두李杜, 소식蘇軾과 필적할 만하다. 전원시의 비조로 꼽힌다. 그가 쓴 《도화원기桃花源記》, 《귀거래사歸去來辭》는 중국 독서인들의 인생에 대한 추구를 집약해서 보여준 천고의 명편이다. 유송(劉宋 때의 문인으로는 산수시를 창시한 사령운謝靈運과 건안풍골을 계승한 시인 포조鮑照가 있다. 남제 때에는 사령운의 산수시를 계승하여 높은 성취를 보여 소사小謝라 불리는 사조謝朓가 있다. 양조梁朝 때에는 천고이별의 정을 노래한 《별부別賦》의 재자才子 강엄江淹이 있었다. 그 밖에 양무제의 장자 소명태자昭明太子 소통蕭統은 저명한 문학선집인 《소명문선昭明文選》을 편집했다. 이 책은 중국 고대에서 가장 이른 시문선본으로 그 영향력이 지대하다. 진조陳朝에서는 서릉徐陵이 《옥태신영玉台新詠》을 편집했다. 이 책에서는 한·위漢·魏에서 양조梁朝까지 후궁에게 들려주기 위한 노래였던 염정시를 수록하였다. 역시 영향력이 매우 크다. 유명한 고시古詩 《공작동남비孔雀東南飛》가 그 중에 수록되어 있다. 북조의 문학으로는 사람들에게 회자되던 악부민가 《칙륵가勅勒歌》와 《목란시木蘭詩》가 있다. 남북조 말년에는 남북조 문학의 성취를 집대성하여 구현한 시인 유신庾信이 등장했다. 그의 작품 《애강남부哀江南賦》는 이 시기 변문의 최고 수준을 대표하였다. 위진남북조 시기에는 필기소설이 유행하였다. 가장 유명한 것으로는 동진 때 간보幹寶가 지은 신괴소설神怪小說 《수신기搜神記》와 남조 유송시기 유의경劉義慶이 지은 위진 명사들의 풍류를 반영한 지인소설志人小說 《세설신어世說新語》가 있다. 위진남북조 시기가 근대의 노신선생에게 문학의 자각시대라 평가받는 이유는 역시나 이 시기에 일군의 매우 성취 있는 문학이론저작들이 출현했기 때문이다. 중국 최초의 문학이론으로 바로 조조의 아들 조비가 쓴 《전론·논문典論·論文》이다. 뒤를 이어 육기의 《문부文賦》, 남제의 유협劉勰의 《문심조룡文心雕龍》 그리고 양조 종영鍾嶸의 《시품詩品》이 나왔다.

迨至隋，一土宇。不再传，失统绪。

Dài zhì suí, yī tǔ yǔ。Bú zài chuán, shī tǒng xù。

수나라에 이르러 강토가 하나로 통일되었다. 그러나 다음 대까지 전해지지 못하고 통치계통을 잃었다.

❷ 解释

杨坚重新统一了中国，建立了隋朝，历史上称为隋文帝。他的儿子隋炀帝杨广即位后，荒淫无道，隋朝很快就灭亡了。

❷ 해석

양견楊堅이 중국을 통일하고 수조隋朝를 세웠다. 역사상 수문제隋文帝라 칭한다. 그의 아들 수양제隋煬帝 양광楊廣은 즉위 후에 황음무도하였다. 수나라는 금세 멸망하였다.

隋朝是上承南北朝下启唐朝的大一统王朝，是五胡乱华后汉族在北方重新建立的大一统王朝，结束了自西晋末年以来长达近362年的分裂局面。公元581年，北周的隋国公杨坚废静帝建立隋朝，称隋文帝，定都长安。隋朝只有文、炀二帝，37年。到了隋朝，天下统一，没有传过两代，就失去了统治的世系，亡国了。

수나라는 위로는 남북조를 잇고 아래로는 당나라를 연 대통일 왕조다. 즉 오호五胡가 화북지역에 난립한 후에 한족이 다시 북방에 건립한 대통일 왕조였다. 서진말년 이래의 장장 362년에 달하는 긴 분열의 국면을 종식시켰다. 기원전 581년 북주의 수국공隋國公 양견楊堅은 정제靜帝를 폐하고 수왕조를 건립했다. 스스로 수문제隋文帝라 칭하고 장안에 수도를 정했다. 수왕조는 단지 문제文帝, 양제煬帝의 두 황제만 재위했고 37년간 존속했다. 수왕조에 이르러 천하가 통일되었으나 2대까지 전해지지 못했다. 곧 통치의 계통을 잃고 망했다.

隋文帝杨坚于北周时袭父封爵为隋国公。因女儿为周宣帝皇后，静帝年幼继位，他任丞相，总揽朝政，后建隋朝。在位期间勤于政事，生活俭朴。改革政治经济制度，搜查隐漏农户，重编户籍，削弱豪强势力，保证国家财政。统一南北朝时混乱的货币，简化地方行政机构。最重要的是建立了科举制的雏形，废除了从魏朝曹丕以来靠推举选官的九品中正制，抑制了门阀，为普通人凭借才能学识做官开启了大门。还编成了隋朝的法律《开皇律》，共12篇500条。这些都使得文帝统治时期经济发展，政权巩固。

수문제 양견은 북주 때 부친의 봉작을 이어받아 수국공隋國公으로 봉해졌다. 여식이 북주 선제宣帝의 황후인데다 정제靜帝가 어린 나이로 황위를 이어받자 양견은 승상에 임명되었다. 조정을 장악하다

수나라를 건국했다. 양견은 재위 시 정사에 부지런히 힘쓰고 검소한 생활을 했다. 정치경제제도를 개혁하였다. 누락된 농가수를 조사하고 호적을 재편했다. 호족들의 막강한 세력을 약화시키고 국가 재정을 확보했다. 남북조 통일 때 화폐가 문란해지자 지방행정기구를 간소화시켰다. 중요한 것은 과거제의 초기형태를 수립했다는 점이다. 그리고 위나라 조비때부터 시작된 천거에 의한 관리를 선발방식인 구품중정제를 폐지시켰다. 문벌을 억제하였으며 일반인들이 재능과 학식에 의해서 관리가 되는 대호를 열었다. 한편 수왕조의 법률인《개황률開皇律》을 편성하였다. 총 12편 500조에 달하며 이 책은 수문제의 통치시기에 경제를 발전시키고 정권을 공고히 하게 했다.

隋文帝皇后独孤伽罗是生活在中国南北朝至隋朝时期的一位杰出女性政治人物, 为隋文帝朝政治系统核心人物。 在皇后积极参与和协助下, 隋文帝北御突厥, 南平陈朝, 一统华夏, 使得社会安定、 国家富强, 动荡分裂近四百年的南北双方在政治、 经济、 文化等各个方面逐步融合发展, 从而开启了隋唐盛世。独孤伽罗在政治上是一位智慧严肃的皇后, 生活中对感情的追求却带有鲜卑女子特有的天真炽烈气质。"性忌妾媵"是其显著个性, 尤其是妒杀尉迟女导致独孤伽后背上了千古第一奇妒之名。
수문제의 황후 독고가라獨孤伽羅는 중국남북조에서 수왕조 때 살았던 걸출한 여성 정치인물이다. 수문제 때 조정 통치계통의 핵심인물이었다. 수문제는 황후의 적극적인 참여와 협조아래 북으로는 돌궐을 다스리고, 남으로는 진조陳朝를 평정하였다. 중화민족을 통일하여 사회를 안정시키고 국가를 부강 시켰다. 근 사백년간 이어져오던 남북 양측의 혼란과 분열을 정치, 경제, 문화 등의 각 방면에서 차츰 융합하고 발전시켜갔다. 그리하여 수당성세隋唐盛世를 열었다. 독고가라는 정치상 지혜롭고 근엄한 황후였다. 일상 중 감정의 추구에 대해서는 오히려 선비족 여성의 특유의 천진하고도 정열적인 기질이 있었다. "첩잉을 꺼려하는 성격性忌妾媵"이 그 뚜렷한 개성이다. 특히 후궁 위지녀尉遲女를 질투하여 죽여 버린 일이 있었는데, 이로 인해 독고황후 자신에게 천고제일의 질투가 심한 여자라는 이름을 지우게 했다.

隋炀帝杨广, 隋文帝杨坚与文献皇后独孤伽罗次子, 隋朝第二位皇帝。 在位期间开创科举制度, 修隋朝大运河, 营建东都, 迁都洛阳, 对后世颇有影响, 然而频繁的发动战争, 如亲征吐谷浑, 三征高句丽, 加之滥用民力, 致使民变频起。 造成天下大乱, 直接导致了隋朝的覆亡。 公元611年山东农民王薄率先起义反隋, 全国响应, 农民起义军汇成三支强大反隋主力：一支是河南的翟让、 李密领导的瓦岗军, 一支是河北的窦建德军, 一支是江淮地区的杜伏威军。 在起义军的围攻下, 南游途中的隋炀帝被大臣宇文化及杀死, 公元618年隋朝灭亡。 隋炀帝虽然无道, 但有两件事还是值得一提。 一是完善了科举制度, 设进士科, 读书人不经举荐就能自由报考, 中央根据情况任用官员, 这标志着科举制度的正式创立。 二是开凿京杭大运河。 京杭大运河全长五千里, 沟通了黄河、 淮河、 长江三大水系, 北达洛阳, 南通杭州, 促进了南北经济文化的交流, 成为南北交通的大动脉, 其作用是巨大的, 意义是深远的。
수양제 양광楊廣은 수문제 양견과 문헌황후文獻皇後 독고가라 사이의 차남으로 수나라 제 2대 황제이다. 그는 재위기간에 과학제도를 개창하고 수나라 대운하를 건설했다. 동도東都라는 새 도읍을 건설하여 낙양으로 천도하였다. 후대에 끼친 영향이 매우 크다. 그러나 토욕혼吐谷渾을 친히 정벌하고 고구려를 세 번이나 토벌하는 등 빈번하게 전쟁을 일으켰다. 게다가 민중의 재력을 남용하여 민심의 동요를 여러 번 야기했다. 천하를 매우 혼란한 지경으로 만들어 직접 수나라 조대의 멸망을 초래했다. 기원전 611년 산동지역의 농민 왕박王薄이 앞장서서 수나라에 반대하는 봉기를 일으켰다. 이 움직임은 파죽지세로 퍼져나가 전국에서 호응을 얻었다. 농민봉기군은 세 갈래의 강력한 반수反隋 주력부대를 모았다. 한 지류는 하남의 적양翟讓과 이밀李密이 지휘하는 와강군瓦崗軍이고 한 지류는 하북의 두건덕군竇建德軍, 다른 하나는 강회지역의 두복위군杜伏威軍이었다. 봉기군의 포위 공격하에서 남쪽을 순유巡遊중이던 수양제는 친위장군 우문화급宇文化及으로부터 시해 당한다. 기원전 618년 수나라는 멸망하였다. 수양제는 비록 무도無道하였으나 두 건의 사업은 언급할 가치가 있다. 하나는 과학제도를 완비하고 진사과를 설치한 일이다. 그는 독서인들이 천거의 방식을 통하지 않고 곧 자유롭게 과거에 응시할 수 있게 했다. 중앙은 상황에 따라 관리를 임용하였다. 이는 과학제도의 정식 창립을 알려준다. 두 번째로는 경항대운하京杭大運河를 개척한 일이다. 경항대운하는 전체 길이가 오천 리에 달한다. 황하, 회하, 장강의 3대 수계水系를 통하게 했다. 북쪽으로는 낙양에 달하며 남쪽으로는 항주로 통한다. 남북경제문화의 교류를 촉진하고 남북 교통의 대동맥을 형성했다. 그 효용은 거대했으며 의의는 컸다.

唐高祖，起义师。除隋乱，创国基。

Táng gāo zǔ, qǐ yì shī. Chú suí luàn, chuàng guó jī.

당나라의 고조가 의병을 일으켰다. 수나라의 혼란을 없애고 나라의 기틀을 창건했다.

解释

唐高祖李渊起兵反隋，最后隋朝灭亡，他战胜各路反隋义军，取得天下，建立唐朝。

해석

당고조 이연李淵이 수나라에 반대하는 군대를 일으켰다. 마침내 수나라는 멸망하였다. 이연은 각지의 반수反隋 의군들을 전쟁에서 물리치고 천하를 얻었다. 당조를 건립하였다.

二十传, 三百载。 梁灭之, 国乃改。

Èr shí chuán, sān bǎi zǎi。 Liáng miè zhī, guó nǎi gǎi。

당조는 이십 대를 전해 내려오면서 삼백년간 존속했다. 양나라가 당조를 멸망시키자 나라가 이내 바뀌었다.

🕹 解释

唐朝共传了二十位皇帝, 享国近三百年。到唐哀帝被朱全忠篡位, 建立了梁朝(后梁), 唐朝从此灭亡。

🕹 해석

당조는 모두 20명의 황제에게 전해져 내려왔다. 근 삼백년을 누렸다. 당 애제哀帝때에 주전충朱全忠에 의해 황위를 찬탈 당했다. 이어 양조(후량)이 세워졌다. 당왕조는 이로 인해 멸망당했다.

隋末农民起义之际, 各地官员地主趁机拥兵自立。公元617年, 任隋朝太原留守的李渊占领长安, 立隋文帝孙杨侑(yóu)为帝, 第二年李渊废黜隋恭帝(杨侑)称帝, 为唐高祖, 建立唐朝, 定都长安, 并逐步消灭各地割据势力, 统一全国。隋末农民起义军李密、杜伏威降唐, 窦建德战死, 翟让被李密杀害。唐朝经高祖、太宗、高宗、武则天、中宗、睿宗、玄宗、肃宗、代宗、德宗、顺宗、宪宗、穆宗、敬宗、文宗、武宗、宣宗、懿宗、僖宗、昭宗、哀宗共21帝, 289年。说二十传是没算上武则天；三百年是虚说, 实际接近三百年。公元907年唐朝宣武节度使朱温灭掉唐朝, 建立梁朝。

수나라 말기 농민봉기가 일어날 즈음 각지의 관원과 지주들은 용병하여 자립했다. 기원전 617년 수나라 때 태원유수太原留守를 지낸 이연李淵이 장안을 점령하였다. 이연은 수문제의 손자 양유楊侑를 황제로 옹립하고 이듬해 공제恭帝(양유)를 폐출시키고 칭제를 하였다. 그는 스스로 당고조가 되어 당조를 세우고 장안에 수도를 마련하였다. 뿐만 아니라 차차 각 지역에 할거하는 세력들을 소멸시키고 전국을 통일했다. 수나라 말기 농민봉기군 이밀, 두복위가 당조에 항복하고 두건덕이 전사했다. 적양翟讓은 이밀에게 살해당했다. 당조는 고조高祖, 태종太宗, 고종高宗, 무측천武則天, 중종中宗, 예종睿宗, 현종玄宗, 숙종肅宗, 대종代宗, 덕종德宗, 순종順宗, 헌종憲宗, 목종穆宗, 경종敬宗, 문종文宗, 무종武宗, 선종宣宗, 의종懿宗, 희종僖宗, 소종昭宗, 애종哀宗 등 총 21명의 황제를 거치면서 289년간 존속했다. 당조가 이십대를 지났다고 하는 것은 무측천을 계산에 넣지 않은 것이다. 삼백년은 허황된 말이고 실제로는 근 삼백년에 가깝다. 기원전 907년 당나라 때 선무절도사宣武節度使 주온朱溫이 당조唐朝를 멸망시키고 양조梁朝를 건립했다.

唐高祖李渊的母亲是独孤皇后的妹妹，故李渊与隋朝王室关系密切，深得炀帝信任。这些都是李渊后来取得天下的重要条件。李渊建唐及建唐后平定各方割据，其子李世民功不可没。太原起兵是李世民的谋略，李渊曾答应他事成之后立他为太子，但李渊建立唐朝后，立李建成为太子。天下平定后，李世民功名日盛，李建成随即联合李元吉，排挤李世民。李渊的优柔寡断，也使朝中政令相互冲突，加速了诸子的兵戎相见。公元626年，李世民发动玄武门之变，射杀李建成和李元吉。公元627年，唐高祖李渊让位给唐太宗李世民，自称太上皇，8年后去世，享年70岁。

당고조 이연의 모친은 독고황후獨孤皇后의 여동생이다. 때문에 이연은 수나라 왕실과의 관계가 친밀하였고 양제로부터 깊은 신임을 받았다. 이러한 것들은 모두 이연이 나중에 천하를 얻는 중요한 조건이 된다. 이연은 당왕조를 건립한 이후 여러 지방에 할거하는 무리들을 평정하였다. 그의 아들 이세민李世民은 큰 공을 세웠다. 태원太原의 기병은 이세민의 지략이었다. 이연은 예전에 그에게 일을 성사시키고 나면 태자자리를 주겠다고 약조하였다. 그러나 이연은 당왕조를 건립 후에 이건성李建成을 태자로 책봉했다. 천하를 평정한 뒤 이세민의 공적과 명예가 날로 흥해지자 이건성은 즉시 이원길李元吉과 연합해서 이세민을 배격하였다. 이연은 우유부단하여 중앙조정의 정책 강령이 서로 충돌하게 했다. 여러 자식들 간에 무장충돌을 가속화시켰다. 기원전 626년 이세민은 현무문玄武門의 변을 일으키고 이건성과 이원길을 화살로 쏴 죽였다. 기원전 627년 당고조 이연은 당태종 이세민에게 양위하고 스스로 태상황이라 칭하였다. 이연은 8년 후 세상을 떠났다. 향년 70세였다.

太宗统治时期，深以隋亡为戒，励精图治：任贤纳谏，重用魏征、房玄龄、长孙无忌、杜如晦等贤臣；发展科举；改善人民生活；平定蒙古一带的东突厥、新疆一带的西突厥；设管理西域的安西都护府，保证丝绸之路的畅通；又嫁文成公主到西藏，稳定西藏和大唐的和平。因此政治清明，社会安定，国力强盛，创造了历史上著名的"贞观之治"。太宗时参照隋朝《开皇律》制定了《唐律》，共12篇502条。唐高宗为让地方官员正确理解《唐律》，令大臣长孙无忌编写了《唐律疏义》30卷，逐条解释《唐律》。《唐律疏义》是我国现存最早的一部成文法典。高宗时仍有贞观遗风，但高宗晚年多病，朝政被皇后武则天掌握。

태종은 통치기간에 수나라의 멸망을 경계삼아 진력으로 나라를 잘 다스릴 방도를 강구하였다. 그는 현자를 기용하고 간언을 받아들였다. 위징魏征, 방현령房玄齡, 장손무기長孫無忌, 두여회杜如晦 등 어진 신하들을 임용하였다. 과학을 발전시키고 백성들의 생활을 개선하였다. 몽고일대의 동돌궐東突厥, 신강일대의 서돌궐西突厥을 평정하였다. 서역에 안서도호부安西都護府를 설치하고 관리하였다. 실크로드의 원활한 교통로를 확보하였다. 또한 문성공주文成公主를 티베트西藏에 시집보내 티베트를 안정시키고 당조와의 화평을 꾀했다. 이로 인해 정치는 깨끗했고 사회는 안정되었다. 국력은 강성해졌으며 역사상 저명한 "정관지치貞觀之治"를 개창하였다. 태종 때 수왕조의 《개황률開皇律》을 참조하여 《당률唐律》을 제정했다. 총 12편 502조에 달했다. 당고종은 지방관원들이 《당률》을 정확히 이해할 수 있도록 했다. 대신大臣 장손무기長孫無忌에게 《당률소의唐律疏義》30권을 편찬토록하고 조목마다 《당률》을 해석해 두었다. 《당률소의》는 중국에서 현존하는 가장 이른 시기의 성문법전이다. 고종

때만해도 여전히 정관지치의 유풍이 남아 있었다. 그러나 고종은 만년에 병환이 깊어졌다. 조정은 황후 무측천에게 장악되었다.

武则天, 名曌(zhào), 自幼美丽聪颖, 精通文史; 太宗时选入宫, 为才人; 太宗驾崩, 出家为尼; 后高宗接回立为皇后, 经常助高宗处理军国大政; 高宗死后自立为帝, 迁都洛阳, 改国号为周, 是中国历史上唯一正统的女皇帝。武则天掌管朝政达50年, 其统治时期, 明断果决, 任用良臣狄仁杰, 重用中小地方势力及酷吏, 打击反对自己的功勋旧族, 逼死掌大权的贞观老臣长孙无忌; 扩大科举名额, 不拘一格选拔人才, 开创皇帝亲自考试贡士的殿试制度和开设武举制度; 出兵打败吐蕃的进攻, 巩固了边疆。这一时期人口增长, 社会经济发展。不过武则天在打击反对派时也错杀不少好人; 重用武氏家族为官, 选官过量, 造成统治集团的急剧膨胀; 又太过宠信佛教, 耗资巨大, 带来了一定的社会问题。武则天活到82岁驾崩, 墓前留了一块千秋无字碑, 是非功过留与后人评说。

무측천은 이름이 조曌다. 어려서부터 미모가 출중하고 총명하였다. 문학과 역사에 정통하였다. 태종 때 선발되어 입궁하여 재인才人이 되었다. 태종이 붕어하자 출가하여 비구니가 되었다. 후에 고종이 맞아들여 황후로 세웠다. 무측천은 늘 고종이 군국대정을 처리하는 것을 도왔다. 고종 사후 자립하여 여제가 되었다. 낙양으로 도읍을 옮기고 국호를 주周로 개칭했다. 이것이 중국역사상 유일한 정통 여황제이다. 무측천은 50년간 조정을 장악했다. 통치 기간 동안 명확한 판단과 과감한 결단을 보였다. 양신良臣 적임걸狄仁傑을 임용하고 중소지방의 세력 및 혹리酷吏들을 중용했다. 자신에게 반대하는 공훈 귀족들에게 타격을 가하고 대권을 장악한 정관貞觀 연간의 노신 장손무기를 핍박하여 죽게 했다. 무측천은 과거제의 정원수를 확대하고 하나의 격식에 구애되지 않고 인재를 선발했다. 황제가 친히 회시會試에 합격한 공사貢士들이 보는 전시殿試를 개창하고 무거제도武舉制度를 개설했다. 출병하여 토번족의 진공을 격파하고 강역을 공고히 하였다. 이 시기에 인구는 증가하고 사회경제는 발전하였다. 그러나 무측천이 반대파를 처단할 때에 많은 선량한 사람들을 억울하게 죽였다. 무측천은 무씨武氏일가를 관리로 중용하고 과도하게 관리를 선발했다. 통치 집단이 급격하게 팽창해지는 국면을 초래했다. 또한 지나치게 불교를 신봉하여 막대한 자원을 소모하고 특정 사회문제를 가져왔다. 무측천은 82세까지 살다 붕어하였다. 그녀는 무덤 앞에는 천추무자비千秋無字碑를 남겼다. 시비공과是非功過를 후대에게 맡기겠다는 뜻이었다.

武则天驾崩后的八年间, 皇室内部相互倾轧, 争权夺利, 先后发生七次政变。到公元731年, 唐玄宗李隆基登基, 才结束了这种局面。玄宗能干有为, 重用贤相姚崇、宋璟, 改革武则天执政以来遗留的问题, 裁减大批冗(rǒng)官, 限制贵族, 打击佛教, 鼓励农耕, 缓和了社会矛盾, 巩固了统治, 发展了经济。此时, 唐朝经过百余年的平稳发展, 政治、经济、文化全面繁荣, 万国来朝, 出现了中国历史上著名的"开元盛世"。开元盛世以后是唐朝衰弱的时期。唐朝初年因防突厥、吐蕃等少数民族内侵, 在边疆设立一批军事重镇, 驻重兵, 军事首脑叫做节度使。玄宗喜边功, 大量增设节度使, 使全国六分之五的军队和地方行政大权被节度使控制。节度使有土地，有百姓，有军队，有财赋，逐渐形成地方割据势力。唐朝由盛而衰的直接原因就是节度使作乱。玄宗晚年贪图享乐，宠爱杨贵妃，疏于朝政，大权落于奸臣李林甫、杨国忠手中。又宠信节度使安禄山，杨国忠怕安禄山实力超过自己，就与安禄山针锋相对。公元755年，安禄山谎称奉旨诛杀杨国忠，从北京起兵，领15万人杀进长安，并在洛阳自称"大燕皇帝"。玄宗被迫南逃四川，行至马嵬(wéi)坡(今陕西兴平)，禁军骚动，逼玄宗杀死杨国忠、杨贵妃。此后玄宗奔蜀，留太子李亨抗敌。李亨北上，继皇帝位，称为肃宗，尊玄宗为太上皇，历八年方平叛乱。安禄山起兵后两年就被儿子安庆绪杀害，过两年安庆绪又被部将史思明杀害，再过两年史思明又被儿子史朝义杀害。叛军始终由安史两姓领导，因此称作"安史之乱"。安史之乱中，吐蕃趁机攻占唐朝河西走廊一带，还一度攻入长安。

무측천 붕어 후 팔년 간 황실내부에서는 서로 배척하는 알력이 생겼다. 권력과 이익을 다투고 잇따라 칠차정변七次政變이 발생했다. 기원전 731년 당현종 이륭기李隆基가 등극하면서 이러한 국면은 종식되었다. 현종은 유능하고 유망하였다. 현상賢相 요숭姚崇, 송경宋璟을 중용하고 무측천 집정 이래 남아있던 문제들을 개혁했다. 쓸모없는 관직을 줄이고 귀족을 제한하였다. 불교를 단속하고 농경을 장려했다. 사회모순을 완화시키고 통치를 공고히 하였으며 경제를 발전시켰다. 이 때 당왕조는 백여 년간 안정적인 발전을 이루고 있었다. 정치, 경제, 문화 등 모든 분야에서 번영하였고 각국에서 사절단이 찾아왔다. 중국역사상 유명한 "개원성세開元盛世"가 도래했다. 개원성세 이후는 당왕조가 쇠약해지던 시기다. 당왕조는 초기 돌궐족과 토번족 등 소수민족의 내침을 막기 위해 변방에 일련의 군사요충지를 세웠다. 막강한 부대를 주둔시키면서 그곳 병영 최고 사령군을 절도사節度使라고 불렀다. 현종은 변방의 정벌을 좋아해서 다량으로 절도사를 증설시켰다. 전국의 6분의 5에 해당하는 군대와 지방행정의 대권이 절도사의 통제하에 들어가게 했다. 절도사는 토지와 백성, 군대와 재물을 점유했고 점차 지방할거 세력으로 형성했다. 당조가 성세에서 쇠퇴로 간 직접적인 원인은 바로 절도사의 무장반란에 있다. 현종은 만년에 향락을 탐내어 양귀비를 총애했다. 정무에 소홀하여 대권은 간신 이림보李林甫와 양국충楊國忠의 손아귀에 들어갔다. 여기에다 절도사 안록산安祿山이 황제의 총애를 받자 양국충은 안록산의 실력이 자기보다 넘어설 것을 두려워하였다. 그리하여 곧 안록산과 첨예하게 대립했다. 기원전 755년 안록산은 황제의 명령을 빙자하여 양국충을 주살한다. 그는 북경에서 기병하여 15만 명의 병력을 거느리고 장안으로 입성하였다. 나아가 낙양을 점령하고 스스로 "대연황제大燕皇帝"라 칭했다. 현종은 어쩔 수 없이 남쪽으로 쫓겨 사천으로 피신하였다. 결국 마외파馬嵬坡까지 이르렀다. 금군禁軍은 소동을 피워 현종에게 양국충과 양귀비를 주살하도록 강요했다. 이후 현종은 재빨리 달아났고 태자 이형李亨이 남아서 적과 대항하도록 했다. 이형은 북상하여 황제의 지위를 계승했다. 숙종肅宗이라 칭하고 현종을 태상황으로 높였다. 그리고는 8년간 끌어온 반란을 평정했다. 안록산은 기병한 지 2년 만에 그의 아들 안경서安慶緒에게 살해되었다. 2년 뒤에 안경서 역시 부장 사사명史思明에게 살해당했고 다시 2년이 지나 사사명은 또 다시 자신의 아들 사조의史朝義에게 살해당했다. 반란군은 내내 안씨安氏와 사씨史氏의 두 개의 성씨가 지휘하였다. 그리하여

이 전란을 "안사의난"이라고 부른다. 안사의 난이 일어나던 중에 토번은 그 기회를 틈타 당조의 하서주랑河西走廊일대를 점령하고 또한 한 차례 장안을 공격하기도 했다.

安史之乱以后, 中央集权削弱, 社会经济严重破坏, 唐朝由盛而衰, 出现了节度使割据、宦官专权的局面。安史之乱本由节度使而起, 乱后唐王朝不仅不削弱节度使势力, 反而任命大批节度使以褒奖平定安史之乱的功绩。安史之乱后全国节度使竟达40余个。节度使拥兵自重, 不向朝廷纳税, 法令官爵也各行其是, 甚至将节度使职位世袭。唐朝后期只有德宗、宪宗有过两次征讨节度使的行动, 虽有一定改观, 但都没从根本上解决节度使问题, 唐朝最后也就亡于节度使手中。宦官专权始于玄宗重用高力士, 从此宦官数量大增, 而肃宗还命宦官统领禁军。唐朝后期朝政基本操纵在宦官手中, 宦官可以任免升降将相, 甚至决定皇帝的生死废立。顺宗、宪宗、敬宗都死于宦官之手, 穆宗、文宗、武宗、宣宗、懿(yì)宗、僖(xī)宗、昭宗都由宦官拥立。顺宗、文宗想除掉宦官都以失败告终。顺宗命王叔文、王伓(pī)、柳宗元、刘禹锡十人改革宦官制度, 史称"永贞革新"。结果大宦官俱文珍发动宫廷政变, 强迫只在位一年的顺宗让位宪宗, 二王被害, 其余八人被贬为边区司马, 史称"二王八司马事件"。文宗计划在请宦官来观赏石榴上的甘露之际埋藏伏兵, 诛杀宦官, 但此计被宦官识破, 给文宗出谋的大臣大批被杀, 史称"甘露之变"。

안사의난 이후 중앙집권은 쇠약해졌다. 사회경제는 심각하게 파탄되었고 당조는 성세에서 쇠퇴일로로 빠졌다. 절도사의 할거와 환관전횡의 국면이 나타났다. 안사의 난은 본래 절도사로부터 비롯된 것이다. 전란 이후 당왕조는 절도사의 세력이 쇠약해지지 않았다. 오히려 많은 절도사를 임명해서 안사의 난을 평정한 공로를 표창하였다. 안사의 난 이후 전국의 절도사는 무려 40여 곳에 달했다. 절도사는 군대를 보유하면서 자신의 지위를 강화하면서 조정에 납세도 하지 않았다. 법령과 관작도 역시 다 각자가 옳다고 생각하는 대로 행하였다. 심지어 절도사들끼리 지위를 세습하기도 했다. 당조 후기에 덕종德宗, 헌종憲宗만이 두 번에 걸쳐서 절도사들을 토벌하는 움직임을 보였을 뿐이다. 비록 어느 정도 개선은 되었으나 모두 근본상 절도사의 문제를 해결하지는 못했다. 당조는 최후에도 절도사들의 손에 의해 망했다. 환관전횡은 현종이 고력사高力士를 중용한 데서부터 비롯되었다. 그 뒤로 환관의 수는 대폭 증가했다. 또한 숙종肅宗은 환관이 금군禁軍을 통솔하는 명을 내렸다. 당조후기에 조정은 기본적으로 환관의 손에 의해 조종당했다. 환관은 장수와 재상의 임면권任免權을 행사할 수 있었다. 심지어 황제의 생사와 폐립도 결정할 수 있었다. 순종順宗, 헌종憲宗, 경종敬宗은 모두 환관의 손에 죽었다. 목종穆宗, 문종文宗, 무종武宗, 선종宣宗, 의종懿宗, 희종僖宗, 소종昭宗은 모두 환관에 의해 옹립되었다. 순종, 문종은 환관을 제거하려 하였으나 실패로 돌아갔다. 순종은 왕숙문王叔文, 왕비王伓, 유종원柳宗元, 유우석劉禹錫 등 열 명의 개혁인사들에게 환관제도를 개혁할 것을 명했다. 역사에서는 이를 "영정혁신永貞革新"이라 한다. 결과적으로 환관의 우두머리인 구문진俱文珍이 궁정정변을 일으켰다. 그는 겨우 재위 일 년밖에 안 된 순종을 핍박하여 선종하게 선양하도록 했다. 이에 이왕二王인 왕숙문, 왕비가 죽임을 당하고 그 나머지 8명은 폄적되어 변방의 사마司馬로 영락했다. 역사에서는 이를 "이왕팔사마 사건(二王八司馬事件)"이라고 한다. 한편 문종은 환관에게 석류 위에 감로가 내렸다고 속여 그것을 맛보게 하는 자리를 마련했다. 그곳에 매복을 두어 환관들을 일망타진하려는 계획이었다. 그러나 이 계획은 환관에게 누설당하고 만다. 결국 문종에게 모의를 주선한 대신들이 대대적으로 피살당했다. 역사에서는 이를 "감로지변甘露之變"이라고 한다.

除节度使和宦官外，朝臣之间还发生了长达40余年的牛李党争。党争的实质是科举出身的庶族和靠门第做官的士族之间的斗争。牛即宪宗朝进士及第后官至宰相的牛僧孺集团，李即靠门第出身的李德裕集团。两党所争一在选拔人才的方式，一在对待节度使割据的态度。牛党多选用平民为官，李党多选用士族。对待节度使，李党主张平定，牛党则主张只要不直接危及中央，则顺其自然。党争持续于宪宗、穆宗、敬宗、文宗、武宗、宣宗六朝。

절도사와 환관을 제거하는 일 말고도 조정대신들 사이에서는 장장 40여년에 달하는 우이당쟁牛李黨爭이 발생했다. 당쟁의 실질은 과거제 출신의 서족庶族과 권문세족에 기대어 관리가 된 사족士族간의 투쟁이었다. 우牛는 헌종 때 진사급제 후 관직이 재상에 이른 우승유牛僧孺집단이고, 이李는 가문의 세를 업고 출세한 이덕유李德裕 집단을 말한다. 두 당파는 한번은 인재선발의 방식을 놓고 싸우고, 한번은 절도사의 할거를 대하는 입장차에서 싸웠다. 우당牛黨은 평민을 관리로 다수 선발하였고, 이당李黨은 사족을 다수 선발하였다. 절도사의 처우에 관해서는 이당은 진압할 것을 주장한 반면 우당은 직접적으로 중앙에 위급하지만 않으면 곧 순리대로 맡겨야 한다고 주장했다. 당쟁은 헌종, 목종, 경종, 문종, 무종, 선종宣宗의 6대까지 지속되었다.

唐朝后期政治的昏乱腐败、皇帝的奢侈、百姓的疾苦，激起大规模的农民起义。懿宗时有浙江农民裘(qiú)甫起义、桂林士兵庞勋起义。僖宗时更爆发了山东盐贩王仙芝与黄巢的起义。黄巢起义势力最大，历时10年，转战大半个中国，杀进长安，建立大齐政权，僖宗逃至四川，现在四川双流县还有接待过僖宗的应天寺。这几次起义虽然都被镇压下去，起义首领都战死、自杀或被杀，但却沉重打击了唐王朝的统治。黄巢起义军的叛将朱温在唐军围杀长安大齐政权时降唐，封为宣武节度使，朱温反过来又镇压黄巢起义，成为新发展起来的势力最大的节度使。昭宗时朱温联合宰相崔胤(yìn)，让昭宗杀了宫中700余名宦官，至此称霸多年的宦官势力才彻底消灭。而后朱温又借故杀了崔胤，迁都洛阳，把持朝政。公元907年朱温废昭宣帝自立，建立后梁。唐朝结束。

당조 후기 정치는 혼란하고 부패하였다. 황제는 사치를 일삼았고 백성들은 질고가 심해졌다. 전국에서 격분에 찬 농민봉기가 대규모로 일어났다. 의종懿宗 때에는 절강성에서 농민 구보裘甫, 계림桂林의 사병 방훈龐勳이 민란을 일으켰다. 희종僖宗때에는 산동에서 소금밀매상 왕선지王仙芝와 황소黃巢가 더 큰 봉기를 일으켰다. 황소가 이끄는 봉기군은 세력이 무척이나 컸다. 이 봉기군은 10년간 끌어오면서 중국의 절반을 옮겨 다니며 싸웠다. 장안을 점령하고 대제정권大齊政權을 세웠다. 희종은 사천으로 피난하였다. 현재 사천성 쌍류현雙流縣에는 아직도 희종을 맞이하였던 응천사應天寺가 남아있다. 이 몇 차례의 봉기는 모두 진압되었다. 비록 진압되어 봉기군 수장은 모두 전사하거나 자살, 피살되었지마는 당왕조의 통치에 막대한 타격을 입혔다. 황소 봉기군의 반란장수 주온朱溫은 당군唐軍이 장안의 대제정권을 포위할 때에 당조에 투항하였다. 이에 선무절도사에 봉해져 오히려 다시 황소의 봉기군을 진압하였다. 이렇게 새로이 발전한 세력이 가장 강성한 절도사가 되었다. 소종昭宗 때에 주온은 재상 최윤崔胤과 결탁해서 소종에게 궁 안의 700여명의 환관을 주살하도록 했다. 다년간 군림한 환관의 세력을 그제야 철저히 일소시킬 수 있었다. 이후 주온은 또 다시 최윤을 구실삼아 제거했다. 그리고는 낙양으로 천도하여 조정 정권을 장악했다. 기원전 907년 주온은 소선제昭宣帝를 폐하고 자립하여 후량後梁을 세웠다. 당 왕조는 끝이 났다.

梁唐晋，及汉周。称五代，皆有由。

Liáng táng jìn, jí hàn zhōu。Chēng wǔ dài, jiē yǒu yóu。

후량後梁, 후당後唐, 후진後晉 그리고 후한後漢, 후주後周를 오대五代라 칭한다. 각기 내력이 있다.

🌀 解释

后梁、后唐、后晋、后汉和后周五个朝代的更替时期，历史上称作五代，这五个朝代的更替都有着一定的原因。

🌀 해석

후량, 후당, 후진, 후한 그리고 후주의 다섯 왕조의 교체시기를 역사상 오대라 칭한다. 이들 5왕조의 교체는 모두 일정한 원인을 갖고 있다.

唐朝灭亡以后，中国又进入混乱的五代十国时期，这是继春秋战国、三国两晋南北朝以来中国的第三个乱世。春秋战国乱了550年，三国两晋南北朝乱了361年，五代十国乱了54年。一次比一次短，正说明中华文化的凝聚力越来越强。

당조 멸망 이후 중국은 다시 혼란한 오대십국의 시기로 접어들었다. 이번이 춘추전국시대와 삼국양진三國兩晉·남북조시대를 뒤이은 중국의 제 3번 째 난세이다. 춘추전국시대는 550년간 혼란하였고, 삼국양진남북조시대는 361년간 혼란하였다. 오대십국은 54년간 혼란기였다. 한차례 한차례마다 주기가 짧아지는 것은 바로 중화문화의 응취력이 날로 강성해진 것을 뜻한다.

五代是指907年唐朝灭亡后依次更替的位于中原地区的五个政权，即后梁、后唐、后晋、后汉与后周。960年，后周赵匡胤发动陈桥兵变，黄袍加身，建立北宋，五代结束。而在唐末、五代及宋初，中原地区之外存在过许多割据政权，其中前蜀、后蜀、吴、南唐、吴越、闽、楚、南汉、南平(荆南)、北汉等十余个割据政权统称为十国。北宋建立后先后统一了尚存的荆南、武平、后蜀、南汉、南唐、吴越、北汉等政权，基本实现了南方的统一。

오대는 907년 당왕조 멸망 이후 차례대로 교체되어 중원지역에 자리한 다섯 개의 정권이다. 즉 후량, 후당, 후진, 후한과 후주이다. 960년 후주 조광윤趙匡胤은 진교병변陳橋兵變을 일으킨다. 그는 황포를 몸에 두르고 북송을 세웠다. 오대는 종식되었다. 여기에다 당말, 오대 및 송초에 중원지역 바깥으로 많은 할거하는 정권이 존재했었다. 그 중 전촉前蜀, 후촉後蜀, 오吳, 남당南唐, 오월吳越, 민閩, 초楚, 남한南漢, 남평南平(형남荊南), 북한北漢 등 십여 개의 할거정권이 있었는데 이를 통칭

십국이라 한다. 북송은 건립 후 연이어 기존에 있던 형남, 무평武平, 후촉, 남한, 남당, 오월, 북한 등의 정권을 통일했다. 기본적으로 남방의 통일을 실현했다.

五代十国大多是唐末节度使所建立的割据政权。这些政权基本上都是军阀统治, 黑暗残暴, 存在时间很短。五代是指中原地区的后梁、后唐、后晋、后汉、后周。后梁的创建者朱温是个反复无常、人品恶劣的小人。当政之期只知盘剥百姓, 后被儿子朱友珪所弑, 后梁接下来被后唐所灭。后唐的创建者是唐朝河东节度使李克用的儿子李存勖(xù), 建都洛阳。后晋的创立者是后唐河东节度使石敬瑭, 石敬瑭是凭借割据河北山西北部的幽云十六州送给东北契丹族建立的辽朝, 并认辽朝国君为父, 每年向辽朝进贡绢帛30万匹为条件, 取得辽兵支持, 打败后唐而建立起后晋, 定都开封, 后被辽朝所灭。趁辽朝灭后晋之机, 后晋河东节度使刘知远建立后汉, 定都开封, 不久即被后汉天雄节度使郭威所灭。郭威建后周, 定都开封。后周颇有作为, 郭威当政后马上推行改革, 严惩贪官污吏, 奖励生产, 废除苛捐杂税, 废止酷刑。郭威死后, 养子柴荣继位, 称为周世宗。周世宗是位很有作为的政治家, 他进一步改革, 鼓励开荒, 减轻租税, 兴修水利, 压制佛教势力。很快北方经济恢复, 国力增强。周世宗接着亲征入侵的辽人, 收复失地, 出兵西蜀、南唐等国。周世宗正打算进一步统一全国时, 却不幸病逝, 只活年仅39岁。但他的改革与南征北伐, 为北宋王朝的统一奠定了基础。

오대십국 대부분은 당말 절도사가 건립한 할거정권이다. 이들 정권은 기본적으로 군벌통치를 하였다. 그래서 정치는 암울하고 잔혹했다. 존속기간도 매우 짧았다. 오대는 중원지역의 후량, 후당, 후진, 후한, 후주를 가리킨다. 후량의 창건자인 주온은 변덕이 심해 일관성이 없었다. 인품이 졸렬하고 소인배였다. 당시 집권 시 백성을 착취할 줄만 알았다. 결국 나중에 자신의 아들 주우규朱友珪에 의해 시해당했다. 후량은 뒤이어 후당에게 멸망당했다. 후당의 창건자는 당왕조 때 하동 절도사 이극용李克用의 아들 이존욱李存勖이다. 그는 낙양에 도읍을 건설했다. 후진의 창건자는 후당 하동절도사 석경당石敬瑭이었다. 석경당은 절도사의 할거를 평계삼아 하북 산서 북부의 유운십육주幽雲十六州를 동북 거란족이 세운 요遼나라에게 바쳤다. 거기다가 요나라의 군주를 아버지로 삼고 매년 요나라에 비단 30만필을 진공하는 것을 조건으로 내걸었다. 요나라 병사들의 지지를 얻었다. 석경당은 후당을 무너뜨린 후 후진後晉을 건립했다. 개봉開封에 도읍을 정하였다. 후에 요나라에 의해 멸망당했다. 요나라가 후진을 멸망시키는 틈을 타 후진後晉의 하동절도사 유지원劉知遠이 후한後漢을 건립했다. 유지원은 개봉에 도읍을 정했다. 그러나 곧 후한의 천웅天雄 절도사 곽위郭威에게 멸망당했다. 곽위는 후주後周를 건립하고 개봉에 수도를 정했다. 후주는 매우 성취가 있었다. 곽위는 집권 후 곧장 개혁을 추진했다. 탐관오리를 엄히 징벌하고 생산을 장려하였다. 가혹한 잡세를 없애고 잔혹한 형벌을 금지하였다. 곽위가 죽자 그의 양자 시영柴榮이 계승했다. 그가 주세종周世宗이다. 주세종은 매우 유망한 정치가였다. 그는 보다 진일보한 개혁을 펼쳤다. 황무지 개간을 장려하고 조세를 경감시켰다. 수리시설을 일으키고 불교세력을 억압시켰다. 북방경제가 신속하게 회복되었고 국력이 신장되었다. 그는 이어서 요나라에 친정을 가서 잃어버린 땅을 수복했다. 서촉과 남당 등의 나라에 군대를 보냈다. 그러나 그는 이제 막 진일보해서 전국을 통일하려고 할 때 불행히도 병사했다. 겨우 39세였다. 그러나 그의 개혁과 남정南征, 북벌은 북송왕조가 통일하는 토대를 마련해주었다.

与此同时在南方和太原还先后存在了10个割据政权, 史称十国, 就是吴国、南唐、前蜀、后蜀、吴越、楚国、闽国、南汉、南平、北汉。唐末淮南节度使杨行密建立吴国, 定都扬州, 后被臣下徐知诰所灭。徐知诰建立南唐, 定都南京, 改名李昪(shēng), 积极有为, 发展生产, 后灭楚国、闽国, 地广千里, 富庶繁华。李昪的儿子便是南唐中主李璟, 孙子便是大词人南唐后主李煜。李煜当政时南唐被北宋所灭。唐末委派在四川的军人王建建立了前蜀国, 定都成都。王建之子王衍继位, 穷奢极欲, 大兴土木, 营建宫室, 朝政昏暗, 被后唐所灭。但入川的后唐将领孟知祥趁后唐内乱之机在四川建立后蜀国。其子孟昶(chǎng)继位后也能与民休养生息, 发展生产, 最后被北宋所灭。前后蜀统治50余年, 很少战乱, 国家安定, 生产发展, 所以成为五代十国时期最富庶的国家之一。唐末镇海、镇东两军节度使钱镠(liú)建立吴越国, 定都杭州。吴越少战争, 经济繁荣, 商业发达, 后被北宋所灭。唐末小军阀马殷在湖南一带建立楚国, 定都长沙, 后来被南唐所灭。唐末武威节度使王审知建闽国, 定都福州。王审知出身农民, 深知民间疾苦, 统治时期轻徭薄赋, 兴办教育, 人民安居乐业。但是他之后的统治者都是暴虐之君, 最后被南唐所灭。唐末青海军节度使刘隐建立南汉国, 定都广州。南汉统治者荒淫残暴, 致有较大规模农民起义, 最后被北宋所灭。后梁荆南节度使高季兴建南平国, 定都江陵。南平是十国中最弱小的一国, 所以向周边国家都称臣, 以维持其统治, 诸国也都称他为"小无赖", 后被北宋所灭。后汉创立者刘知远的弟弟刘崇建立了十国中在北方唯一的一个政权北汉国, 定都太原, 后被北宋所灭。北宋王朝的建立才最终结束了五代十国的混乱割据局面。

이와 동시에 남방과 태원太原에서는 여전히 앞뒤로 10개의 할거정권이 존재했었다. 역사에서는 이를 십국이라 칭한다. 바로 오국吳國, 남당南唐, 전촉前蜀, 후촉後蜀, 오월吳越, 초국楚國, 민국閩國, 남한南漢, 남평南平, 북한北漢이다. 당말 회남절도사淮南節度使 양행밀楊行密이 오국을 건립했다. 양행밀은 양주揚州에 도읍을 정했다. 후에 대신 서지고徐知誥에게 멸망당했다. 서지고는 남당을 건립하고 남경에 도읍을 정했다. 그리고는 자신의 이름을 이승李昪으로 고쳤다. 서지고는 매우 의욕에 넘치고 성취가 있었다. 생산을 발전시키고 후에 초국, 민국을 멸망시켰다. 천리에 달하는 영토를 넓혔다. 나라는 부강해지고 발전하였다. 이승의 아들이 바로 남당의 중주中主 이경李璟이다. 그의 손자가 바로 대사인大詞人 남당후주南唐後主 이욱李煜이다. 이욱의 재임 시 남당이 북송에게 멸망당했다. 당말 사천四川으로 위임되어 간 군인 왕건王建이 전촉국前蜀國을 건립하고 성도成都에 도읍을 정했다. 그 뒤를 왕건의 아들 왕연王衍이 계승하였다. 왕연은 사치가 심하였다. 그는 토목공사를 크게 벌이고 궁실을 지었다. 당시 조정과 정치는 암울했다. 전촉은 후당에게 멸망당했다. 그러나 동서천東西川절도사로 온 후당의 장령 맹지상孟知祥이 후당의 내란을 틈타 사천에 후촉국後蜀國을 세웠다. 그의 아들 맹창孟昶이 황위를 이었다. 맹창은 선대를 이어 백성들과 휴양생식을 하고 생산을 발전시켰다. 결국 북송에 의해 멸망당했다. 전후촉前後蜀이 통치한 50여 년간은 나라에 혼란이 적었다. 국가는 안정되었고 생산은 발전하였다. 오대십국 시기에 가장 부강한 나라 중 하나가 되었다. 당말 진해鎭海 · 진동鎭東 양군절도사兩軍節度使 전류錢鏐가 오월국을 건립하고 항주杭州에 수도를 정했다. 오월은 전쟁이 적었다. 경제가 번영하고 상업이 발달했다. 후에 북송에 의해 멸망당했다. 당말 소군벌 마은馬殷이 호남일대에 초국을 건립했다. 장사에 수도를 정했다. 후에 남당에 의해 멸망당했다. 당말 무위武威절도사 왕심지王審知가 민국閩國을 건립하고 복주福州에 도읍을 정했다. 왕심지는 농민출신으로 민간의 질고를 잘 알았다. 통치기간에 요역과 부세를 줄이고 교육을 힘써 진흥시켰다. 백성들의 생활이 안정되고 생업에 만족해했다. 그러나 그 뒤를 이은 통치자는 죄다 포악한 군주들이었다. 결국 북송에 의해 멸망당했다. 당말 청해靑海절도사 유은劉隱은 한국漢國을 건립하고 광주廣州에 도읍을 정했다. 남한의 통치자는 황음무도하고 잔학하여 대규모의 농민봉기를 초래했다. 마지막에 북송에 의해 멸망당했다. 후량의 형남荊南절도사 고계흥高季興은 남평국南平國을 건립하고 강릉江陵에 수도를 정했다. 남평국은 십국 가운데에 최약소국 중 하나였다. 그래서 주변 국가들에게 신하를 자청하는 것으로 그 통치를 유지했다. 주변 나라들 역시 모두 평국을 "소무뢰小無賴"라고 불렀다. 후에 북송에 의해 멸망당했다. 후한의 창건자 유지원의 동생 유숭劉崇이 십국 중 북방에서는 유일한 정권인 북한국北漢國을 건립했다. 태원太原에 수도를 정했다. 후에 북송에 의해 멸망당했다. 북송왕조의 건립으로 인해 최종적으로 오대십국의 혼란한 할거의 국면이 종식되었다.

隋唐五代的文化学术是繁荣而灿烂的。从学术史来讲，此期被称为佛学时代，佛学是这个时代思想学术的主体，是玄学的继续与发展，使佛学完成了中国化。隋唐经学的最大特点是完成了汉魏南北朝以来经学的统一。隋朝出了河北刘炜、刘炫两位经学家，精通并融合了南北朝的经学。他们的弟子、被太宗赐陪葬昭陵的河北人孔颖达便是唐初完成经学统一工作的最大经学家。唐初因科举考试和增强对抗佛道能力的需要，也为了政治巩固，唐太宗下令孔颖达统一经学。统一经学主要有三个方面的内容。一是北齐颜之推的孙子大经学家陕西颜师古奉诏编成了《五经定本》，统一了五经的文字。二是江苏大经学家陆德明综合汉魏南北朝文字音训成果，历20余年撰成《经典释文》，使五经每字都有了音训的标准。这部书也是音训学的巨著，影响深远。三是孔颖达撰成《五经正义》，统一了对五经的注解。此书是汉朝以来八百年经学各家各派注解的大统一。 此三书一出便成为唐代科举考试经学内容的文字、音训、注释的法定文本。 唐文宗开成二年，经学大师郑覃又校定群经，以楷书刻《易经》、《书经》、《诗经》、《仪礼》、《周礼》、《礼记》、《左传》、《公羊传》、《榖(gǔ)梁传》、《孝经》、《论语》、《尔雅》于石碑上，存于太学，称为开成十二经。

수당오대의 문화학술은 찬란한 번영을 이루었다. 학술상으로 말하자면 이 시기는 불학佛學시대라 불린다. 불학은 이 시대사조의 학술의 주체였다. 곧 현학이 계속되고 발전되었다. 불학으로 하여금 중국화를 완성하게끔 했다. 수당경학의 최대 특징은 한위남북조 이래의 경학을 통일한 것이다. 수왕조 때 하북에서 유위劉煒, 유현劉炫 두 명의 경학가가 출현했다. 그들은 남북조의 경학에 정통하였을 뿐만 아니라 그것을 융합시켰다. 그들의 제자인 하북인 출신 공영달孔穎達은 바로 당초기에 경학을 통일한 업적을 이룬 최대 경학가였다. 공영달은 태종의 소릉昭陵에 배장陪葬된 인물이기도 하다. 당태종은 당 초기의 과거제 및 불교에 대항하는 능력증강의 요구에 따라, 그리고 정치를 공고히 하기 위한 목적을 달성하기 위해 공영달에게 경학 통일을 명했다. 경학의 통일은 주로 세 가지 방면의 내용을 갖는다. 하나는 북제北齊 안지퇴顔之推의 손자이자 대경학가인 섬서陝西출신의 안사고 顔師古가 명을 받들어 《오경정본五經定本》을 편성한 것이다. 그리고 오경의 문자를 통일하였다. 두 번째로는 강소성 대 경학자 육덕명陸德明이 한위남북조 문자와 음훈의 성과를 종합한 것이다. 20여 년을 걸려 《경학석문經典釋文》을 편찬하고 오경의 글자마다 음훈의 표준을 갖게 하였다. 이 책 역시 음훈학의 거작으로서 그 영향이 크다. 세 번째로는 공영달이 《오경정의五經正義》를 편찬한 것이다. 공영달은 여기에서 오경에 대한 주해를 통일하였다. 이 책은 한왕조이래 팔백년간 이어져 내려온 경학의 각계각파의 주해를 대통일하였다. 이 세 부의 책은 나오자마자 당대 과거시험과 경학내용의 문자, 음훈, 주해의 법정문본法定文本이 되었다. 당문종 개성開成 2년 경학의 대가인 정담鄭覃 또한 여러 경전을 교정하였다. 《역경易經》, 《서경書經》, 《시경詩經》, 《의례儀禮》, 《주례周禮》, 《예기禮記》, 《좌전左傳》, 《공양전公羊傳》, 《곡량전穀梁傳》, 《효경孝經》, 《논어論語》, 《이아爾雅》를 해서체로 비석에 새기고 태학을 석경石經으로 남겼다. 일반적으로 개성십이경開成十二經이라 부른다.

史学在隋唐也有很大成就。隋朝以前私人修史之风很盛，隋文帝时下令不准私人修撰国史。唐太宗重视以古为鉴，修建史馆，并令宰相监修国史。国史官修，宰相监修于是成为规定的制度。唐初太宗、高宗两朝修撰的正史就有八部，其中《晋书》、《梁书》、《陈书》、《北齐书》、《周书》、《隋书》六部官修，《南史》、《北史》二部私修。《晋书》是唐太宗时著名宰相房玄龄参与修撰的。房玄龄学识渊博，运筹帷幄，辅佐太宗取得皇位，成就贞观之治。太宗为表彰其功，娶其女为妃，又嫁女儿高阳公主给房玄龄的儿子。享年70岁，比太宗早一年去世。太宗赐随葬昭陵。照陵就是太宗陵墓。房玄龄监修六史，而《晋书》他参加修撰最多。《晋书》记西晋、东晋两朝的历史，分本纪10篇，列传70篇，志20篇，载记30篇，共130篇。《晋书》因集众人之力，三年就修成，且文采华丽，多宣扬纲常孝悌思想。详细记录了和东晋并列的五胡十六国，体现了大唐王朝远近一体民族团结的思想。《晋书》以前各家写晋史的有18种之多，《晋书》一出，十八史都被废弃。

사학은 수와 당나라에서도 매우 성취가 컸다. 수나라 이전에는 개인이 역사를 쓰는 풍조가 매우 흥성했다. 수문제 때에는 사가私家들이 국사를 편찬해서는 안 되었다. 당태종 때 과거의 일을 교훈삼아 사관史館을 건축하고 거기에다 재상이 국사를 감수하게 했다. 국사관수國史官修, 재상감수宰相監修는 규정된 제도가 되었다. 당초기 태종, 고종 두 왕조 때에 편찬된 정사로는 8부가 있다. 그중《진서晉書》, 《양서梁書》, 《진서陳書》, 《북제서北齊書》, 《주서周書》, 《수서隋書》6부는 관찬저작이고, 《남사南史》, 《북사北史》2부는 개인저작이다. 《진서晉書》는 당태종 때 명재상인 방현령房玄齡이 참여하고 편찬한 것이다. 방현령은 학식이 넓어 장막 안에서 책략을 세울 정도였다. 그는 태종이 황위를 얻도록 보좌했다. 마침내 정관지치貞觀之治의 성과를 이루었다. 태종은 그 공을 표창하여 그의 딸을 왕비로 맞아들였다. 또한 자신의 딸 고양공주高陽公主를 방현령의 아들에게 시집보냈다. 방현령은 향년 70세로 태종보다 일 년 먼저 세상을 떠났다. 태종은 소릉昭陵 가까이에 그를 장사를 지내게 했다. 소릉은 바로 태종의 능묘이다. 방현령은 총 여섯 권의 역사서를 썼다. 《진서晉書》는 그가 가장 많이 관여하고 찬수한 책이다. 《진서》는 서진, 동진 두 조대의 역사를 썼다. 본기10편, 열전 70편, 지志 20편, 재기載記30편으로 총 130편에 달한다. 《진서》는 동원한 인력도 꽤 많아서 3년에야 비로소 완성되었다. 또한 문채가 화려하고 강상綱常과 효제사상孝悌思想을 선양한 바가 많다. 동진과 병렬해 있던 오호십육국에 대해서도 상세히 기록했다. 대당왕조에서 멀고 가까운 역사를 일체화하여 민족단결의 사상을 구현하였다. 《진서》에는 예전 명가들이 쓴 진사晉史 18여종이 실려 있다. 《진서》가 나오자, 십팔사十八史는 모두 폐기되었다.

《梁书》,《陈书》为姚思廉父子撰成。姚思廉父亲姚察, 浙江人, 博学能文, 清正节俭, 于梁陈二朝为官, 隋朝以后深得隋文帝赏识。隋文帝说平定陈朝, 最大的收获就是得到姚察, 于是命姚察修梁陈二史。刚开始撰修不久他就去世了, 享年74岁；儿子姚思廉继承父志, 最终修成二史。思廉也像其父一样, 道德文章都很出色。李渊攻入隋朝文帝孙杨侑宫殿时, 士兵抢劫财物, 身为杨侑僚属的姚思廉毅然站出来大喝一声：唐公起义, 本为安定王室, 你等不得无礼。他的大义凛然吓退了唐兵。李渊、李世民听说后也深为感佩, 称赞他正直勇敢。李世民派人送去三百匹布帛, 在信中说佩服你的忠勇节义, 所以赠送这些东西。太宗即位三年后同时修撰梁陈史, 此时姚思廉已72岁, 修成第二年去世, 享年80岁, 太宗也赐随葬昭陵。《梁书》记梁朝一代历史, 分本纪6篇, 列传50篇, 共56篇。《陈书》记陈朝一代历史, 分本纪6篇, 列传30篇, 共36篇。《梁书》为父子两代数十年修成, 取材精当, 持论公允, 成就较高。《陈书》则因姚氏父子皆为陈朝臣子, 且受宠信, 故在修史中多方回护陈朝君臣, 溢美过多。内容上也过于简略, 成就不及《梁书》。二书文字简练高雅, 一反六朝华丽文风, 深得后人赞赏。

《양서梁書》,《진서陳書》는 요사렴姚思廉 부자가 찬수한 것이다. 요사렴의 부친 요찰姚察은 절강성 사람으로 박학하고 문장에 능했다. 청렴하고 근검하며 양·진梁·陳 두 조대에 걸쳐 관리를 지냈다. 그는 수왕조 이래 수문제로부터 매우 칭송을 받았다. 수문제는 진陳나라를 평정할 때의 가장 큰 수확은 바로 요찰을 얻은 것이라고 말했다. 그리하여 요찰에게 양사梁史 진사陳史와 진사 두 역사서를 찬수하게 했다. 그러나 막 찬수한 지 얼마 안 되어 요찰은 74세를 일기로 세상을 떠났다. 그의 아들 요사렴은 부친의 뜻을 이어받아 마침내 두 권의 역사서를 펴냈다. 요사렴 역시 그 부친과 마찬가지로 도덕과 문장면에서 모두 뛰어났다. 이연이 수왕조 문제의 손자 양유楊侑의 궁전으로 쳐들어갈 때, 사병들이 재물을 강탈하자 양유의 부하인 요사렴은 의연히 서서 고함을 쳤다. 당송기의唐公起義는 그 본위가 왕실을 안정시키고 무도하지 않는 정국을 만드는 것이었다. 요사렴의 대의 있고 늠름한 모습에 당나라 병사들을 놀라 물러났다. 이연, 이세민은 이 소식을 듣고 역시 크게 감복하였다. 모두들 그를 정직하고 용감하다고 칭송하였다. 이세민은 또한 그에게 사람을 보내 면포 300필을 하사했다. 그의 서신에 충성심 있고 절의 있는 모습에 감복했다 하면서 이러한 물건을 보낸다고 했다. 태종은 즉위 삼년 후, 양사와 진사를 동시에 편찬했다. 당시 요사렴은 그때 이미 72세였다. 책을 쓴 지 이듬해에 죽었으니 향년 80세였다. 태종 역시 그를 소릉에 배장토록 했다. 《양서梁書》는 양나라 한 왕조의 역사를 썼다. 본기 6편, 열전 50편으로 나뉘며 총 56편이다. 《진서陳書》는 진나라 한 왕조의 역사를 썼다. 본기 6편, 열전 30편으로 나뉘며 총 36편이다. 《양서》는 요찰, 요사렴 부자가 2대에 걸쳐 십년 만에 이룬 책이다. 제재가 정밀 하고 시론이 공정하다. 성취가 매우 높다. 《진서》는 요씨부자가 모두 진나라의 신하인데다 매우 신임을 받기도 해서 사서를 편찬할 때에 다방면에서 진왕조의 군신을 두둔하였다. 미문이 매우 많았다. 내용상에서도 역시 간략이 지나쳐서 그 성취는 《양서》에 미치지 못한다. 두 역사서는 문자가 정련되고 우아하며 육조六朝의 화려한 문풍 을 배격했다. 후인들로부터 많은 찬사를 들었다.

《北齐书》是河北人李百药所撰。李百药出生于北齐一个有较高文化素养的官宦之家。祖父为北魏泰学 博士，父亲是隋朝史官。李百药自幼多病，所以母亲为他取名百药，以求驱病。他好读经史，博学多闻。 深受隋文帝赏识，因推病不受杨广召请，杨广即位后对其报复，几次贬官。唐太宗爱其才，命修《北齐 书》，这时他已65岁，历10年撰成，与房玄龄同年去世，享年84岁。《北齐书》记东魏北齐的历史，分纪8 篇，列传42篇，共50篇。《北齐书》敢于揭露统治者荒淫暴行，叙事简明，文笔清新是其所长，可惜今日传 本，多有残缺。

《북제서北齊書》는 하북성 출신 이백약李百藥이 펴낸 책이다. 이백약은 북제에서 비교적 문화적 소양 이 높은 환관 집안에서 태어났다. 조부는 북위의 태학박사이고 부친은 수나라 때 사관이었다. 이백 약은 어릴 적부터 병치레가 많았다. 그래서 모친은 그의 병을 쫓기 위해 아들에게 백약百藥이라는 이름을 지어주었다. 이백약은 경사 읽기를 좋아하였고 박학다문하였다. 수문제로부터 두터운 신임 을 받았다. 그러나 병을 퇴치하느라 훗날 수양제가 되는 양광의 부름을 받아들이지 않았다. 양광은 즉위 후 그에게 보복을 하였다. 이백약은 몇 차례나 폄적 당했다. 한편 당태종은 그의 재주를 아껴 《북제서》의 편찬을 명했다. 이때에 그는 이미 65세였다. 장장 10년이 걸려 책을 편찬했다. 방현령과 같은 해에 세상을 떠났으니 향년 84세였다. 《북제서》는 동위東魏, 북제北齊의 역사를 쓴 것이다. 기紀 8편, 열전 42편으로 나뉘며 총 50편이다. 《북제서》는 통치자의 황음무도한 폭정을 과감히 폭로했다. 서사는 간명하고 문필은 청신했다. 그것이 이 책의 우수한 점이다. 그러나 오늘날 전하는 판본에는 많은 결함이 있다.

《周书》为唐初史学家陕西人令狐德棻(fēn)所撰。令狐德棻出身文化甚高的官宦家庭，少年就博览经史， 很有名气，后被唐高祖看中。太宗命他修《周书》，并负责官修各史书的协调工作。高宗时任国子监祭 酒，84岁去世。《周书》记西魏北周历史，分本纪8篇，列传42篇，共50篇。《周书》文字生动，视野开阔，将 西魏北周历史放到当时鼎足而立的东魏北齐及南朝梁陈二朝的大背景中去写，从中可以窥其历史发展 趋于统一的大势。另外注重记录各民族关系的历史及各族人民反抗斗争的历史。

《주서周書》는 섬서성 출신의 당 초기 사학가인 영호덕분令狐德棻이 편찬한 것이다. 영호덕분은 문화

수준이 매우 높은 환관가정 출신이었다. 어릴 적 경사를 두루 섭렵하여 명성이 자자했다. 후에 당고조의 눈에 들었다. 태종은 그에게 《주서》를 편찬토록 하게 했다. 뿐만 아니라 각 사서를 관수官修하는 협조 작업도 책임지게 했다. 고종 때 영호덕분은 국자감좨주國子監祭酒에 임명되었다. 84세를 일기로 생을 마쳤다. 《주서》는 서위와 북주의 역사를 쓴 것이다. 본기 8편, 열전 42편으로 나뉘며 총 50편이다. 《주서》는 문자가 생동하고 시야가 넓다. 서위와 북주의 역사를 당시 정족이립鼎足而立의 대치국면에 놓여있던 동위·북제東魏·北齊 및 남조량진南朝梁陳의 두 왕조의 대 배경 속에서 썼다. 그 안에서 통일의 대세로 가는 역사발전의 추이를 엿볼 수 있다. 이 밖에 각 민족의 관계의 역사 및 각 민족 민중들의 반항과 투쟁의 역사를 중점적으로 기록하였다.

《隋书》是唐太宗的著名谏(jiàn)臣河北人魏征所撰。魏征的族兄便是作《魏书》的魏收。魏征在孤贫中长大。隋末大乱, 他先做道士观察天下时局, 后参加李密的瓦岗军; 瓦岗军失败投降唐军, 魏征也到了唐军; 后又被窦建德军抓去, 窦军被李世民打败, 魏征又二次投唐。李世民重用魏征, 即位后, 魏征更成了太宗的"镜子", 屡次犯颜直谏, 匡正其失。太宗说: 魏征忠正为国, 凭借忠义纠正我的过失, 希望我超过尧舜, 这是诸葛亮也比不上的。太宗又将女儿衡山公主嫁给魏征的儿子, 魏征64岁去世, 太宗异常悲伤, 亲往家中哭吊, 亲自撰写碑文, 并下令停止上朝五天, 文武百官及各地在京官员全部参加丧仪。《隋书》记隋朝一代的历史, 分纪传55篇, 志30篇, 共85篇。也成于众人之手, 但魏征用力最多, 为搜集史料, 亲访遗老, 专门拜访名医百岁老人孙思邈(miǎo)。又作序14篇, 论53篇, 总结隋朝历史经验教训, 深刻透辟。志中的《经籍志》亦魏征亲撰, 其中经史子集的图书分类方法, 一直被后世沿用。

《수서隋書》는 당태종의 유명한 간관諫官인 하북출신의 위징魏征이 쓴 것이다. 위징의 족형이 바로 《위서》를 쓴 위수魏收다. 위징은 고아로 가난한 환경 속에서 자랐다. 수왕조 말기 대 혼란 때에 그는 우선 도사가 되어 천하의 시국을 관찰하였다. 후에 이밀李密의 와강군瓦崗軍에 가담하였다. 그러나 와강군은 실패하자 당나라 군대에 투항하였다. 위징 역시 나중에 당군唐軍으로 들어왔다. 후에 두건덕竇建德의 군대에 잡혔다. 그러나 두건덕의 군대가 이세민에게 패하자 위징은 또다시 당나라 군대에 투항하였다. 이세민은 위징을 중용하였다. 이세민의 즉위 후 위징은 더욱 태종의 "거울"역할을 하였다. 누차 황제의 안색이 변하는 것도 개의치 않고 직언을 하면서 왕의 잘못을 바로잡았다. 태종은 말하기를 "위징의 충정은 국가를 위한 것이다. 충성과 의리를 앞세워서 나의 과오를 바로잡는다. 과인이 요순堯舜임금을 넘어서기를 바라고 있다. 이것은 제갈량도 비교가 될 수 없다."고 했다. 태종은 또한 자신의 딸 형산공주衡山公主를 위징의 아들에게 시집보냈다. 위징이 64세로 죽자 태종은 매우 비통해했다. 몸소 상가를 찾아가 곡을 하고 친히 비문에 글을 썼다. 뿐만 아니라 명을 내려 5일 간 조례도 중지시키고, 문무백관과 각지의 도읍에 상주하는 관원들은 모두 장례에 참석하도록 했다.《수서》는 수나라 한 왕조의 역사를 기록하였다. 기전紀傳 55편, 지志 30편으로 나뉘며 총 85편이다. 역시 여러 사람의 참여로 이루어졌다. 그중 위징이 가장 많은 공을 쏟았다. 위징은 사료를 찾기 위해 유로遺老들을 친히 방문하고 특별히 명의 백세노인 손사막孫思邈을 방문했다. 또한 서序15편, 논論53편을 지어 수왕조의 역사경험과 교훈을 총결하였다. 그 내용은 매우 투철하였다. 지志 중의 《경자지經籍志》역시 위징이 친히 찬술한 것으로, 그중 경사자집經史子集의 도서 분류 방법은 줄곧 후대에 연용되고 있다.

《南史》、《北史》的作者是初唐史学家河南人李延寿。李延寿出生于一个热爱史学的小官家庭，祖父、父亲都有修史的愿望，这对李延寿影响很深。太宗下令编南北朝几部史书时，负责整理资料，得以泛览抄录许多珍贵史料。后又在蜀中做小官，因受令狐德棻赏识，召回负责修史工作。李延寿对已编成的《宋书》、《南齐书》、《梁书》、《陈书》、《魏书》、《北齐书》、《周书》、《隋书》(八书)都不满意，就用16年时间，独自写成《南史》、《北史》(二史)。享年80岁。初唐编撰的史书，只有这两部是靠个人力量在业余时间私修的，修成后李延寿上奏朝廷，唐高宗亲自为二史作序，列为正史，与《史记》、《汉书》、《后汉书》、《三国志》、《晋书》并提。二史内容翔实，文字简明清晰，故二史一出，八书极少有人问津，到宋代八书除《隋书》外皆已残缺。但二史无志，八书有志，要考查南北朝典章制度还必须依靠八书中的志，所以后来正史中二史八书并行，互为补充。《南史》记宋、齐、梁、陈四朝历史，分纪10篇，列传70篇，共80篇。《北史》记北魏、北齐、北周、隋四朝历史，分纪12篇，列传88篇，共100篇。二史补充八书史料不足的缺点，纠正八书中的谬误，还原历史真相，取消其中华夷之别，有益于民族团结。

《남사南史》、《북사北史》의 저자는 초당初唐 사학가인 하남河南출신의 이연수李延壽다. 이연수는 사학을 애호하는 작은 관리의 집안에서 태어났다. 그의 조부와 부친은 모두 사서를 편찬하고자 하는 바람을 갖고 있었다. 이것이 이연수에게 많은 영향을 주었다. 태종이 남북조의 몇 부의 사서를 편찬하도록 명할 때 이연수가 자료정리를 책임졌다. 이에 그는 많은 진귀한 사료들을 범람하고 초록할 수 있었다. 후에 다시 촉나라의 작은 관리가 되었다. 그의 재주를 높이 산 영호덕분令狐德棻에게 부름을 받고 역사편찬 작업을 책임지게 되었다. 이연수는 기존에 편성된 《송서宋書》、《남제서南齊書》、《양서梁書》、《진서陳書》、《위서魏書》、《북제서北齊書》、《주서周書》、《수서隋書》(팔서八書)에 대해 모두 불만이 있었다. 그리하여 곧 16년에 걸쳐 독자적으로 《남사南史》、《북사北史》(이사二史)를 편찬했다. 80세까지 살았다. 그가 초당시기 편찬한 이사二史는 개인의 역량에 기대어 여가시간에 홀로 지은 것이다. 책을 다 엮은 후에 그는 조정에 상주하였다. 당고종은 친히 두 사서에 서序를 지었다. 그 책들은 정사에 끼게 되었다. 팔서八書는 관심을 갖는 사람들이 극히 적었다. 송대에 이르러 팔서는 《수서隋書》를 제외하고는 모두 온전하지 않았다. 단 이사는 뜻이 없었고, 팔서는 뜻이 있었다. 남북조의 전장제도典章制度를 조사하고자 할 때 필히 팔서 중에 지志를 참고한다. 따라서 이후에 정사 중에 이사ㆍ팔서는 병행하며 서로 보완이 된다. 《남사南史》는 송宋, 제齊, 량梁, 진陳 4개의 조대의 역사를 기록하였다. 기紀10편, 열전 70편으로 나뉘며 총 80편이다. 《북사北史》는 북위, 북제, 북주, 수나라의 4개의 조대의 역사를 기록하였다. 기紀12편, 열전 88편으로 나뉘며 모두 100편이다. 이사는 팔서의 부족한 결점을 보충하며, 팔서 중의 오류를 바로잡았다. 역사의 진상을 환원하고 그중 중화민족과 이민족의 구별을 없앴다. 민족 단결에 기여했다.

五代后晋还修了一部正史，就是《唐书》，古人将后晋修的《唐书》称《旧唐书》。《旧唐书》作者题名刘昫(xù)，只是因为《旧唐书》修成之际刘昫正好任宰相，宰相监修国史。而《旧唐书》的主要编撰者是先于刘昫的后晋宰相陕西赵莹。赵莹英俊仁厚，于后梁中进士，和后晋创立者石敬瑭很投机，做了后晋宰相，奉命修唐史。后晋被辽所灭，赵莹被俘辽朝，辽祖爱其才德，仍授以官职，做辽太子的老师，但赵莹思念故国，遇有北来的后周使臣，悲不自胜，向南磕头，涕泣横流。后向辽祖请求死后归葬故里，辽祖同意，67岁去世后派人送灵柩南归，葬于陕西华阴故里。《旧唐书》从史料搜集到组织编撰成员，提出修史计划，最后监修，皆是赵莹负责，故古人称编修《旧唐书》，赵莹居首功。《旧唐书》分本纪20篇，志30篇，列传150篇，共200篇，记唐朝一代的史实。《旧唐书》修撰因距唐朝时间不远，采用大量原始资料，对突厥、回纥(hé)、吐蕃等少数民族的记载尤详，超过前代各史。对学术人物的记载也颇周详。

오대 후진後晋은 또한 한 부의 정사를 편찬하였다. 바로 《당서唐書》다. 옛 사람들은 후진이 찬수한 《당서》를 《구당서舊唐書》라고 불렀다. 《구당서》의 저자는 류후劉煦로 이름이 올라있다. 단지 《구당서》가 편찬될 즈음 마침 류후가 재상으로 있었는데, 당시 재상이 국사國史를 감수하였다. 그러나 《구당서》의 주요 편찬자는 후진後晋의 재상 섬서성 출신의 조영趙瑩이다. 그는 류후보다 앞선다. 조영은 영민하고 준수하며 성품이 어질고 너그러웠다. 후량 때 진사에 들었다. 그는 후진後晋의 창립자 석경당石敬瑭과 매우 의기투합하였다. 조영은 후진의 재상이 되었으며 당사唐史를 편찬하라는 명을 받들었다. 후진이 요나라에 의해 멸망당하자 조영은 요나라의 포로가 되었다. 요나라 군주는 그의 재덕을 아껴서 관직을 주었다. 그리고는 요나라 태자의 스승이 되게 했다. 그러나 조영은 고국을 그리워했다. 북쪽에서 온 후주後周의 사신을 우연히 만난 적이 있는데 그만 슬픔을 참지 못하고 무릎을 꿇고 이마를 땅에 조아리면서 하염없이 눈물을 흘렸다. 후에 조영은 요나라 군주에게 자신이 죽은 후에 고국에다 장사를 지내게 해달라고 청했다. 요나라 군주는 이를 허락하였다. 마침내 조영이 67세로 세상을 떠나자 요나라에서는 사람을 보내 영구를 남쪽으로 돌려보냈다. 섬서성 화음華陰 고향땅에 장사를 지냈다. 《구당서》는 사료를 수집하는 일을 시작으로 해서 구성원을 조직하고 편찬하는 일까지, 그리고 그 담당자가 사서 편찬의 계획을 제출하고 마지막에 감수의 과정을 거친다. 이러한 작업을 모두 조영이 책임졌다. 그렇기 때문에 옛 사람들은 《구당서》의 편찬자를 꼽을 때에 조영을 일등 공신으로 삼는다. 《구당서》는 본기 20편, 지 30편, 열전 150편으로 분류하며 모두 200편에 달한다. 당왕조 한 조대의 역사적 사실을 썼다. 《구당서》는 편찬시기가 당왕조 때와 그리 멀지 않기 때문에 다량의 원시자료를 채집할 수 있었다. 돌궐족, 위구르족, 토번족 등 소수민족에 대한 기재가 더욱 상세하며 전대前代의 각 역사를 넘어선다. 학술인물에 대한 기재 역시 매우 상세하다.

除正史外唐代还出了中国第一部史学理论著作《史通》和保存至今的第一部典章制度史专著《通典》。《史通》作者刘知几，江苏人，生于唐高宗时，去世于唐玄宗时，享年60岁。20岁中进士，几度入史馆兼修国史，但因与众史官意见不合，遂私撰《史通》一书。《史通》分内外篇，内篇36篇，外篇13篇，共49篇。内篇专讲历史编纂学，外篇叙述史籍源流，评论古人得失。《史通》见解卓越，论述精到，在中国史学史上有崇高地位。刘知几的儿子刘秩作了一部典章制度专书《政典》，杜佑在此基础上扩充撰成《通典》。杜佑生于玄宗朝，活到宪宗朝，寿七十八，陕西人，做过德宗、顺宗、宪宗三朝宰相。《通典》两百卷，记载了从黄帝到唐玄宗时几千年的典章制度沿革，分食货、选举、职官、礼、乐、兵刑、州郡、边防八门。《通典》内容丰富，考订有据，定义举例十分严谨，历来受史家好评。尤其是《通典》将《食货》放在开篇，充分认识到经济在历史中的作用，具有划时代的意义。唐宪宗时的宰相李吉甫还撰写了一部《元和郡县志》，共40卷，将宪宗元和年间各府州县的历史、疆界、山川、户口、贡赋、古迹——作了记录，是史学地理类的巨著。

정사 외에 당대에는 또한 중국 첫 번째 사학이론저작인《사통史通》과, 현재까지 보존되어 오는 최초의 전장제도사典章制度史 전문저작인《통전通典》이 나왔다. 《사통》의 저자는 유지기劉知幾로 강소성 사람이다. 그는 당조종 때 태어나 당현종 때 죽었다. 향년 60세였다. 20세 때 진사에 합격하여 수차례나 사관史館에 들어갔다. 그곳에서 국사를 겸수兼修하였다. 그러나 여러 사관들과 의견이 맞지 않아 결국 개인적으로《사통》한 권을 펴냈다. 《사통》은 내·외편으로 분류되며 내편36편, 외편 13편으로 총 49편이다. 내편은 역사 편찬학을 전문적으로 논하고, 외편은 사적원류史籍源流의 기술과 함께 고인들의 득실을 평론하였다. 《사통》은 견해가 탁월하고 논술이 정밀하다. 중국사학사상 숭고한 지위를 차지한다. 유지기의 아들 유질秩은 전장제도의 전문서적인《정전政典》한 부를 지었다. 두우杜佑는 이를 기초로 하고 확충해서《통전通典》을 찬수하였다. 두우는 현종 때 태어나 헌종 때까지 살았다. 향년 78세였다. 그는 섬서성 출신으로 덕종, 순종, 헌종 3대에 걸쳐 재상을 지냈다. 《통전》은 총 200권으로, 황제黃帝때부터 당현종까지의 수천 년간의 전장제도의 연혁을 기재하였다. 식화食貨, 선거選擧, 직관職官, 예禮, 악樂, 병형兵刑, 주군州郡, 변방邊防 등 8개 부문으로 분류하였다. 《통전》은 내용이 풍부하고 고증마다 근거가 있다. 정의定義를 내리고 예를 든 것이 매우 치밀하여 역대 사학가로부터 호평을 받는다. 특히《통전》은《식화食貨》를 개편하면서 역사 중의 경제적 효용에 대해 충분히 인식하였다. 시대에 획기적인 의의를 갖는다. 당헌종 때 재상 이길보李吉甫는 또한《원화군현지元和郡縣志》한 부를 찬술하였다. 총 40권으로 헌종 원화연간의 각 부·주·현府·州·縣의 역사, 강계疆界, 산천, 호구戶口, 공부貢賦, 고적古跡을 일일이 기록하였다. 사학지리류의 거작이다.

子学在隋唐极为发达，尤其是佛道二教。佛教在隋唐达到全盛。隋唐的皇帝大多深信佛教，隋文帝一生致力佛教的传播，建设寺院3792所，增加僧尼50多万人。唐太宗也倡扬佛法，亲自撰写赞扬佛法的《大唐三藏圣教序》，武则天更是专门组织翻译佛经的译场。唐朝有十个皇帝将释迦牟尼舍利迎进皇宫供养。唐太宗时，高僧玄奘法师历时19年不辞万难到印度取经，归国后致力于佛经翻译，到63岁去世前的19年中，共译佛经74部，1335卷。他是继鸠摩罗什祖师后最大的佛经翻译家。另外他还将取经所经历的西域各国的风土人情写成《大唐西域记》12卷，成为重要的研究西域历史文化的典籍。稍后，又有高僧义净法师由广州海道往印度求经，历时25年，归国后译经56部，230卷。义净研究律宗，经他翻译，律宗经典基本译出。义净还另著《大唐西域求法高僧传》、《南海寄归内法传》。前者为自西域往印度求法高僧的传记，后者记佛教戒律规则。玄宗时又有高僧鉴真法师往日本传戒律，成为日本正规传戒之师。此期重要的佛教文献有赞宁法师的《续高僧传》、道世法师的《法苑珠林》、智昇法师的《开元释教录》、道宣法师的《广弘明集》。《续高僧传》是《高僧传》的继续；《广弘明集》是梁朝僧祐法师《弘明集》的继续，也是佛教论文汇编；《法苑珠林》是佛教常识集；《开元释教录》是佛教译经目录。

자학子學은 수당隋唐 때 매우 발달하였다. 특히 불교와 도교 두 종교가 그러했다. 불교는 수당 때 한창 왕성하였다. 수·당의 황제 대부분은 불교를 깊이 신봉하였다. 수문제는 평생 불교를 힘써 전파하여 사원 3792개를 건설하고 비구와 비구니 50여만 명을 증가시켰다. 당태종 역시 불법을 제창하였다. 친히 불법을 찬양하는 《대당삼장성교서大唐三藏聖教序》를 썼다. 무측천은 나아가 전문적으로 불경을 번역하는 번역소를 조직하였다. 당왕조는 그중 열 명의 황제들이 석가모니의 사리를 황궁에 공양하였다. 당태종 때 고승 현장법사玄奘法師는 19년에 걸쳐 고난과 역경을 마다하지 않고 불경을 가지러 인도로 갔다. 귀국 후 불경번역에 힘썼다. 63세로 세상을 떠나기 전까지 19년 동안 번역한 불경이 모두 74부, 1335권이었다. 그는 구마라십조사鳩摩羅什祖師 이후에 가장 위대한 불경번역가였다. 그 밖에 그는 또한 경전을 가져오면서 경험한 서역 각국의 풍토와 인정을《대당서역기大唐西域記》12권 분량으로 담았다. 이것은 서역의 역사와 문화를 연구하는 중요한 전적이 된다. 또한 고승 의정법사義淨法師는 광주廣州 바닷길을 통해 경전을 구하러 인도로 건너갔다. 그는 25년 만에 귀국해서는 총 56부, 230권에 달하는 불경을 번역하였다. 의정은 율종律宗을 연구하였다. 그의 번역을 통해 율종경전은 기본적으로 번역되어 나왔다. 의정은 또한《대당서역구법고승전大唐西域求法高僧傳》,《남해기귀내법전南海寄歸內法傳》을 썼다. 전자는 서역에서 인도로 건너가 불법을 탐구한 고승들의 전기이고, 후자는 불교계율과 규칙에 대한 기록이다. 현종 때 또한 고승 감진법사鑒真法師는 일본에 건너가 계율을 전했다. 그는 일본에 정식으로 계율을 전수한 법사가 되었다. 이 시기 중요한 불교문헌으로는 찬녕법사贊寧法師의 《속고승전續高僧傳》, 도세법사道世法師의 《법원주림法苑珠林》, 지승법사智昇法師의 《개원석교록開元釋教錄》, 도선법사道宣法師의 《광홍명집廣弘明集》이 있다. 《속고승전》은 《고승전高僧傳》의 속편이다. 《광홍명집》은 양조梁朝 승우법사僧祐法師가 지은 《홍명집弘明集》의 속편이자 불교논문의 휘편이다. 《법원주림》은 불교 상식집이고,《개원석교록》은 불교역경 목록이다.

隋唐时期佛教传入中国后，八大宗派也全部形成。这八宗分别是隋朝智顗法师创立的天台宗、隋朝吉藏法师创立的三论宗(又称空宗、般若宗)、唐朝玄奘法师创立的唯识宗(又称法相宗、慈恩宗)、唐朝法藏法师创立的华严宗(又称贤首宗)、唐朝道宣法师创立的律宗、唐朝继慧远大师的善导大师正式创立的净土宗、唐朝善无畏法师创立的密宗、南朝梁朝由达摩祖师创立的禅宗。其中净土宗和禅宗一直兴盛到今天，现在除西藏以外的内地佛教寺院大都是禅净双修。密宗独盛于西藏。净土宗因修行简单，在广大普通百姓中流行，禅宗则流行于历代文人中。

수당시기 불교가 중국에 전래된 후로 팔대종파八大宗派도 역시 모두 형성되었다. 이 팔종八宗은 각각 수나라 때 지의법사智顗法師가 창건한 천태종天台宗, 수나라 때 길장법사吉藏法師가 창건한 삼론종三論宗(또는 공종空宗, 반야종般若宗), 당조 현장법사가 창건한 유식종唯識宗(또는 법상종法相宗, 자은종慈恩宗), 당조 법장법사法藏法師가 창건한 화엄종華嚴宗(또는 현수종賢首宗), 당조 도선법사가 창건한 율종律宗, 당조 혜원대사慧遠大師를 계승한 선도대사善導大師가 정식으로 창건한 정토종淨土宗, 당조 선무외법사善無畏法師가 창건한 밀종密宗, 남조 양조梁朝 때 달마조사達磨祖師가 창건한 선종禪宗을 말한다. 그중 정토종과 선종은 줄곧 오늘날까지 흥성하였고 현재 티베트를 제외한 내지의 불교사원 대부분은 모두 선과 염불을 겸수한 선정쌍수禪淨雙修다. 밀종은 유일하게 티베트에서만 흥성하였다. 정토종은 수행법이 단순해서 널리 일반 백성들 사이에서 유행하였다. 선종은 곧 역대 문인들 사이에서 유행하였다.

禅宗从达摩传到慧可、僧粲(càn)、道信、弘忍，六传到武则天时代的慧能，慧能大师可以说是唐代佛学最伟大的代表人物。经过他的改造，佛学终于成为中国文化的一部分，他所构建的禅学则是佛学中国化的代表。佛教著作中唯一一部由中国人所著而能称经的，只有六祖慧能大师的《坛经》。慧能大师以后，禅几乎成了中国佛教的代名词。禅学的核心就是讲世间的万物万事都是无常变化、因条件组合而成的。无常变化就是佛教讲的空，条件就是佛教讲的因缘，因是内因，缘是外因。既然万物本性都是变化的空性，都是条件构成，条件又在运动变化，所以万事万物都是虚幻不实的，那么一切名利财色烦恼包括生死都是没有意义的。生死都没有意义了，那又何需为超越生死而烦恼？明白这一层的时候，人就开悟了。禅宗就是告诉你什么问题都不是问题，既然不是问题就不需要去解决，更不必为它烦恼。这就是禅宗也是唐朝佛学讨论的问题。

선종은 달마로부터 시작해서 혜가慧可, 승찬僧粲, 도신道信, 홍인弘忍에게로 전해졌다. 여섯 번째 전수자는 측천무후 때의 혜능慧能이었다. 혜능대사는 당대 불학의 가장 위대한 대표인물이라 할 수 있다. 그의 개조를 거쳐 불학은 마침내 중국문화의 일부분이 되었다. 그가 수립한 선학은 바로 불학의 중국화의 대표이다. 불학의 저작 중 유일한 한 부는 중국인들이 만든 것이다. 그래서 경전이라 부를 수 있는 것은 오 육조 혜능대사의 《단경壇經》뿐이다. 혜능대사 이후 선禪은 거의 중국불교의 대명사가 되었다. 선학의 핵심은 바로 세상의 모든 일과 사물은 모두 변화무상無常變化하고 일마다 원인이 있기 때문에 조합되고 완성되는 것이라고 설명한다. 변화무상은 바로 불교가 이야기하는 공空이다. 조건이란 바로 불교가 이야기하는 원인이다. 인因은 내적 인연이고 연緣은 외적 요인이다. 만물의 본성은 모두 변화하는 공성空性이니만큼 모두 조건에 따라 구성된다. 조건도 또한 운동하면서 변화한다. 따라서 만물과 만사萬事는 모두 허황되고 실제에 부합하지가 않다. 그렇다면 일체의 명리名利와 재색財色, 생사를 포함한 번뇌는 모두 의미가 없는 것이다. 생사가 모두 의미가 없다면야 또한 생사를 초월하기 위한 번뇌가 필요할까? 명백히 이즈음에서 인간은 곧 깨닫는다. 선종은 바로 우리에게 어떤 문제이던 간에 모두 문제가 되지 않는다고 알려준다. 어차피 문제가 아닌 바에야 해결할 필요가 없다. 더욱이 그것 때문에 괴로워할 필요도 없다는 것이다. 이것이 바로 선종이자 당조의 불학토론의 문제였다.

隋唐五代道教蓬勃发展, 隋文帝既信佛, 也信道, 其年号"开皇"就取自道经。唐王朝因姓李, 便自称是老子李耳的后代, 格外尊崇道教, 唐高祖给儒释道三家排座次, 将道教列在第一, 佛教第二, 儒教第三。太宗也尊崇道教, 迷恋炼丹术, 最后因服食丹药中毒而死。高宗更是将老子封为太上玄元皇帝, 要求王公百官学习《道德经》, 并作为科举考试内容。又把道教正式列为李唐王室的家教。高宗、睿宗还将自己女儿送去当道士。玄宗又封庄子为南华真人, 列子为冲虚真人, 文子为通玄真人, 并刻了中国道教史上第一部道书总集《开元道藏》。最后在两京及各州建玄元皇帝庙, 将高祖、太宗、高宗、中宗、睿宗五帝之神位供在老子像旁配祀。武宗狂热信道, 下令灭佛, 拆天下佛寺4600余所, 还俗僧尼260500余人。这便是历史上著名的唐武宗灭佛, 因武宗年号是会昌, 又称会昌法难。其实质是佛教太过兴盛, 威胁到唐王朝的统治, 冲击了唐王朝的财政收入, 武宗想通过灭佛富国强兵。五代皇帝也多信道, 周世宗还专门向华山道士陈抟(tuán)祖师学飞升之术。此期著名的道士有成玄英、李荣、司马承祯、吴筠(yún)、王玄览、杜光庭、吕洞宾、张果老、谭峭、陈抟等。

도교는 수당오대 시기에 흥성하고 발전했다. 수문제는 불교를 신봉하였을 뿐만 아니라 도교도 믿었다. 그 연호 "개황開皇"은 바로 도가의 경전에서 따온 것이다. 당왕조는 이씨李氏 성이었기 때문에 노자 이이李耳의 후대를 자처했다. 유달리 도교를 존숭했다. 당고조는 유학과 불교, 도교의 삼가三家의 자리를 배치했다. 도교를 제일 앞에 두고, 불교를 두 번째 줄에, 유교를 세 번째 줄에 배석했다. 태종 역시 도교를 존숭하여 연단술煉丹術에 심취했다. 결국 복식과 단약에 중독되어 죽었다. 고종은 나아가 노자를 태상현원황제太上玄元皇帝로 추봉했다. 그는 왕공王公·백관百官들에게《도덕경道德經》을 공부하기를 요구하는 가하면, 이를 과거시험내용으로 삼기도 했다. 또한 도교를 정식으로 이당李唐왕실의 가교家敎로 지정했다. 고종, 예종睿宗은 자기 딸을 출궁시켜 도사가 되도록 했다. 현종은 또한 장자莊子를 남화진인南華真人으로 추증하고 열자列子를 충허진인沖虛真人, 문자文子를 통현진인通玄真人에 봉했다. 또한 중국도교사상 첫 번째 도가서 총집인《개원도장開元道藏》을 편찬했다. 마지막에는 남북 양경兩京 및 각 주에 현원황제묘玄元皇帝廟를 짓고, 고조, 태종, 고종, 중종, 예종 오대황제들의 신위를 노자의 상 옆에 모셨다. 무종은 도교를 광적으로 신봉하여 불교탄압의 칙령을 내렸다. 전국의 사찰 4600여 개소를 철폐하고 승려 260,500여명을 환속시켰다. 이것이 바로 역사상 유명한 당무종의 멸불滅佛정책이다. 무종의 연호가 회창會昌이라서 이 일은 회창법난會昌法難이라고도 불린다. 그 실질은 불교가 지나치게 흥성하여 당왕조의 통치를 위협하고 당왕조의 재정수입에 타격을 준 데에 있다. 무종은 불교를 탄압함으로 해서 부국강병을 만들고자 했다. 오대황제 역시 도교를 신봉하였다. 주세종周世宗은 전문적으로 화산도사華山道士 진전조사陳摶祖師에게 비승지술飛升之術을 배웠다. 이 시기 유명한 도사로는 성현영成玄英, 이영李榮, 사마승정司馬承禎, 오균吳筠, 왕현람王玄覽, 두광정杜光庭, 여동빈呂洞賓, 장과로張果老, 담초譚峭, 진전陳摶 등이 있다.

隋唐五代子学中的哲学儒释道并行。隋朝大儒王通已有主张儒释道三教合流的见解。唐代由于佛道太盛，中唐时有大儒韩愈出来力排佛老，争儒学在中国文化中的正统地位。唐宪宗派人将陕西凤翔一个寺庙里的佛手指骨迎进皇宫供养，韩作了著名的《谏迎佛骨表》以劝阻，请将佛骨投入水火，来断绝百姓和后世的疑惑，结果被贬到广东潮州。韩愈著有《原道》篇，讲了反对佛道的理由、动机及禁止佛道的措施。另外针对佛教讲的一切都无意义的虚无，韩愈特别举出《礼记》中的《大学》来与之对抗。针对禅宗以心传心，由祖师代代传承，韩愈也列举了从尧、舜开始到禹、汤、文、武、周公、孔子、孟子的道统与之抗衡，并认为自己是孟子之后道统的传人。韩愈主要从政治经济上反对佛道，韩愈的弟子李翱则主要从哲学的角度反对。李翱针对佛道好谈性命之道的问题，举出《礼记》中的《中庸》与之对抗，又作《复性书》谈论性情修养的问题。在佛学兴盛的唐代，韩愈、李翱是仅有的两个旗帜鲜明以传承儒家大道为己任、反对佛教的思想家。另外柳宗元和刘禹锡也用儒家思想来诠释佛学，这些都为宋代道学的创立开辟了道路。

수당오대의 자학 중 철학은 유·불·도와 병행했다. 수왕조 때 대유大儒 왕통王通은 기존에 유·불·도 삼교합일三教合一의 견해를 내놓았다. 당대는 불교와 도교가 크게 흥성했기 때문에 중당시기에 대유학자 한유韓愈는 불도佛道를 극력 반대했다. 유학은 중국문화 중에서 정통적인 지위를 다투었다. 당헌종은 사람을 보내 섬서성 봉상현鳳翔縣의 한 사찰 안에 있던 부처의 손가락뼈를 황궁으로 모셔와 공양하게 했다. 그러자 한유는 그 유명한 《간영불골표諫迎佛骨表》를 지어 이를 만류했다. 부디 그 불골을 물이나 불 속에 그 던져 넣어 백성과 후대의 의혹을 단절시키라고 했다. 결국 그는 폄적당해 광동廣東 조주潮州로 쫓겨 갔다. 한유의 저서로는 《원도原道》편이 있는데, 그는 여기에서 불도를 반대하는 이유와 동기 및 불도를 금지하는 조치 등을 기록했다. 이 밖에 불교가 이야기하는 일체는 모두 무의미한 허무라는 점에 대해서 한유는 특별히 《예기禮記》중의 《대학大學》을 근거로 그에 대응했다. 선종禪宗의 이심전심 사상이 조사祖師 대대로 전승해왔다는 것에 대해서도 한유는 또한 요·순堯舜을 시작으로 해서 우禹·탕湯·문文·무武·주공周公·공자孔子·맹자孟子에 이르기까지의 도통을 열거하고 그에 필적함을 주장했다. 여기에다 스스로가 맹자 다음으로 도통을 이어받은 자라고 여겼다. 한유는 주로 정치 경제상에 있어서 불도를 반대했다. 한유의 제자 이고李翱는 즉 주로 철학의 시각에서 반대했다. 이고는 불도가 천성과 천명의 도를 이야기하기 좋아하는 문제에 대해서 《예기禮記》중의 《중용中庸》을 들며 그에 대응했다. 또한 《복성서複性書》를 지어 성정수양의 문제를 논하였다. 불학이 흥성한 당대에 한유, 이고는 단지 두 가지의 선명한 기치를 가지고 유가대도儒家大道의 전승을 자기의 임무로 삼고, 불교의 사상가를 반대하였다. 이 밖에 유종원과 유우석 또한 유가사상을 기반으로 해서 불학을 해석했다. 이러한 것들은 모두 송대 도학의 창립을 계도했다.

子学中的科学也有较大发展。天文历法方面，隋朝出现了经学家刘焯(zhuō)编的《皇极历》，唐朝又有天文学家李淳风编的《麟德历》、僧一行编的《开元大衍历》。唐太宗时的李淳风和唐玄宗时的僧一行是唐朝最伟大的天文学家。僧一行在全世界第一个发现恒星的自动，还在全世界第一个实测了子午线的长度。算学方面李淳风与王真儒等合作注释了汉、唐一千多年间的十部著名的数学著作，十部书的名称是：《周髀算经》、《九章算术》、《海岛算经》、《张丘建算经》、《夏侯阳算经》、《五经算术》、《辑古算经》、《缀术》、《五曹算经》、《孙子算经》，合称为"算经十书"。《算经十书》标志着中国古代数学的高峰。医学方面隋朝有太医巢元方的《诸病源候论》，是一部研究病因、疾病分类、鉴别和诊断的医学巨著，对后世影响至大。唐初有继张仲景后最伟大的太医孙思邈。孙思邈从北朝末年直活到唐高宗末年，享年近130岁，完全是活历史，所以魏征修史常去请教他。孙思邈重视医德，著有讲医德的《太医精诚》。另著有讲方药的《千金要方》、《千金翼方》各30卷，记载了5300多个药方。之所以取名千金，是因为孙思邈讲"人命至重，贵于千金"。后世称之为药王，陕西耀县还有纪念他的药王庙。唐玄宗时有名医王焘著《外台秘要》40卷，专讲各种治病秘方，外台是王焘的官职名。唐高宗时编修了全世界第一部由国家编的药典《唐本草》，共录药844种。唐代宗时的医家王冰给《黄帝内经》作了注释。农学方面唐朝出了全世界第一部研究茶的栽培、加工、泡制的茶学专著《茶经》，由肃宗时陆羽所著，他也因此被称为茶圣。建筑上隋朝有工匠李春在河北赵县建的全长50米的安济桥，又称赵州桥，坚固美观，历一千三百年至今犹存，是全世界保存下来的一座最古老的石拱桥。长安城也是当时全世界最大的城市建筑。唐高宗在西安为其母建的大雁塔，高64米，是中国古代最高的佛塔。唐代凡是中了进士的人都要到大雁塔游览，并题上自己的名字，叫雁塔题名，后专以雁塔题名来代指中了进士。唐代的陵墓建筑也很有特色，秦始皇开创建陵，是封土为陵，而唐代是依山建陵。太宗的昭陵规模最大，全长120里，还有167座功臣陪葬陵。保存最完好的有高宗与武则天的合葬陵乾陵，周长80里，气势雄伟。工艺方面出现了雕版印刷术，唐懿宗时印的《金刚经》是中国现存最早的雕版印刷品。另外唐朝还出现了彩色陶烧制的唐三彩陶器，有极高的价值。

자학 중에 과학 역시 비교적 큰 발전이 있었다. 천문역법 방면에서는 수나라 때 경학가 유작劉焯이 편찬한 《황극력皇極曆》이 나왔다. 당나라 때에는 또한 천문학자 이순풍李淳風이 엮은 《인덕력麟德曆》, 승일행僧一行이 편찬한 《개원대연력開元大衍曆》이 있었다. 당태종 때 이순풍과 당현종 때의 승일행은 당왕조 때 가장 위대한 천문학자였다. 승일행은 전 세계에서 처음으로 항성恒星의 자전을 발견했다. 또한 세계에서 처음으로 자오선의 길이를 실측하였다. 산학방면에서는 이순풍이 왕진유王真儒 등과 합작하여 한漢, 당唐 일천여년 간의 열권의 저명한 수학저작에 대해서 주석했다. 열권의 책은 《주비산경周髀算經》, 《구장산술九章算術》, 《해도산경海島算經》, 《장구건산경張丘建算經》, 《하후양산경夏侯陽算經》, 《오경산술五經算術》, 《집고산경輯古算經》, 《철술綴術》, 《오조산경五曹算經》, 《손자산경孫子算經》의 십경이다. 합쳐서 "산경십서算經十書"라 부른다. 《산경십서算經十書》는 중국고대수학의 절정을 보여준다. 의학방면에서는 수나라 때 태의 소원방巢元方의 《제병원후론諸病源候論》이 있다. 이것은 병인病因, 질병의 분류, 감별과 진단을 연구한 의학거작이다. 후대에 많은 영향을 끼쳤다. 당대 초기 장중경의 뒤를 이어 가장 위대한 태의로는 손사막孫思邈이 있다. 손사막은 북조말년에서 당고종 말년까지 살았다. 130세 가까이 살았다고 하니 완전히 한 역사를 산 셈이다. 그래서 위징은 늘 역사를 편찬하면서 그에게 가르침을 청했다. 손사막은 의덕醫德을 중시했다. 저서에 의덕을 강론한 《태의정성太醫精誠》이 있다. 이 밖에 방약方藥을 논한 《천금요방千金要方》, 《천금익방千金翼方》이 있으며 각각 30권

씩 총 5300여 가지의 방약을 기록하였다. 천금이라고 이름이 붙여진 것은 손사막이 "사람의 목숨이 가장 귀하고, 천금보다 귀하다(人命至重, 貴於千金)"라고 한 말 때문이다. 후대인들은 그를 약왕藥王이라 불렀다. 섬서성 요현耀縣에는 아직도 그를 기념하는 약왕묘藥王廟가 있다. 당현종 때에는 명의 왕도王燾가 쓴《외태비요外台秘要》40권이 있었다. 그는 여기에서 각종 질병을 치료하는 비방秘方을 전문적으로 소개하였다. 외태外台는 왕도의 관직명이다. 당고종 때에는 세계 최초로 국가가 약전藥典을 편찬한《당본초唐本草》이 나왔다. 모두 844종의 약물이 실려 있다. 당대종唐代宗 때의 의사 왕빙王冰은《황제내경黃帝内經》에 주석을 달았다. 농학방면에서는 당나라 때 전 세계 최초로 차의 재배와 가공, 그리고 차를 우려내는 방법을 연구한 다학 전문서적《다경茶經》이 나왔다. 숙종 때 육우陸羽가 지은 것으로 그 역시 이로 인해 그는 다성茶聖이라 불렸다. 건축분야에서는 수나라 때 건축기술자 이춘李春이 하북성 조현趙縣에서 전체 길이 50미터에 달하는 안제교安濟橋를 건설했다. 이는 또한 조주교趙州橋라고도 불린다. 견고하고 아름다우며 1300년을 지난 오늘날에도 견실하다. 이것은 전 세계에서 보존되어 오는 것 중 가장 오래된 아치형 돌다리다. 장안성 역시 당시 전 세계 최대의 도시 건축물이다. 대안탑大雁塔은 당고종이 서안西安에다 자신의 모친을 위해 지은 것이다. 높이 64미터로 중국 고대에서 가장 높은 불탑이다. 당대에는 일반적으로 진사에 합격한 자들은 거진 대안탑을 유람하면서 거기에다 자기 이름을 써 넣었다. 이를 안탑제명雁塔題名이라고 부르는데 훗날 이러한 행위를 하러 온 자들을 가리켜 진사에 들었다고 한다. 당대의 능묘건축 또한 매우 특색이 있었다. 진시황은 능의 건축을 개창했다. 즉 흙을 쌓아서 능묘로 만들었다. 그러다 당대唐代에는 산을 토대로 능을 만들었다. 그 중 태종의 소릉昭陵이 가장 규모가 크다. 전체 길이 120리에 달하며 또한 167좌의 공신들의 배장릉陪葬陵이 있다. 현존하는 가장 완전한 형태로는 고종과 무측천의 합장릉인 건릉乾陵이 있다. 둘레가 80리에 달하며 기세가 웅위하다. 공예방면에서는 조판인쇄술이 출현했다. 당의종唐懿宗 때에 새긴《금강경金剛經》은 중국에서 현존하는 가장 이른 시기의 조판 인쇄품이다. 그 밖에 당대에는 채색도소제彩色陶燒制의 당삼채도기唐三彩陶器도 출현했다. 매우 높은 가치가 있다.

艺术的书法方面, 隋朝有大书法家王羲之的七世孙智永法师, 享年100岁。著有行书《千字文》, 手书八百余本, 分赠诸寺庙。初唐有虞世南、褚遂良、欧阳询、薛稷(jì)(褚遂良的外孙)四大书法家, 盛唐有颜真卿、柳公权、张旭、怀素四大书法家。颜真卿、柳公权都将楷书写到了极致, 无与伦比。颜字肥厚, 柳字瘦硬, 世称"颜筋柳骨"。而颜字更是温润中正的儒家气象。张旭、怀素则是草书的极致。武则天时有书家孙过庭善草书, 并专门作了一本论书法理论的《书谱》, 极有影响。绘画方面隋朝有展子虔(qián), 善于画山水。唐代最伟大的画家是吴道子, 善于画人物, 生动传神, 今传世的孔子画像就是吴道子所画。初唐的阎立德、阎立本兄弟善于画人物, 阎立本的《历代帝王图》极有价值。中唐之际的张萱、周昉善于画仕女。山水画则分为南北派, 北派是贵族气息浓厚的青绿山水, 工笔重彩, 代表画家是李思训、李昭道父子。南派是文人气息浓厚的写意山水, 水墨点染, 代表画家是王维。画马著称的有韩干, 画牛著称的有韩滉(huàng)、戴嵩。五代十国时有名的画家长于山水的有荆浩、关仝、董源、巨然四大家，号称"荆关董巨"。长于花鸟的有西蜀的黄筌(quán)与南唐的郭熙，黄筌的画富贵，郭熙的画野逸。另外在雕塑方面，敦煌莫高窟石窟三分之二完成于隋唐时期，其敦煌飞天更是闻名遐迩。四川大足安岳石刻也在此期开始雕造。唐代音乐舞蹈的显著特点是吸收了印度、中亚、西域诸地的乐曲、乐器和乐工，演奏时规模宏大，气势壮观，超过各代。

예술의 서법 방면에서는 수나라에는 대서법가인 왕희지의 칠세손 지영법사智永法師가 있다. 그는 향년 100세까지 살았다. 저서에 행서《천자문千字文》이 있다. 친서 800여 본은 여러 사찰에 나누어주었다. 초당에는 우세남虞世南, 저수량褚遂良, 구양순歐陽詢, 설직薛稷(저수량의 외손)의 4대 서법가가 있었다. 성당에는 안진경顏眞卿, 유공권柳公權, 장욱張旭, 회소懷素의 4대 서법가가 있었다. 안진경과 유공근은 모두 해서에서 최고의 경지를 보여주었다. 그 어디에도 견줄 바가 없었다. 안진경의 서체는 탄탄하고 두툼하며 유공근의 서체는 선이 가늘면서 힘이 있었다. 세간에서는 안진경의 글씨에는 힘줄이 있고 유공권의 글씨에는 뼈가 있다는 뜻에서 "안근유골顏筋柳骨"이라 불렀다. 그리고 안진경의 글씨는 훨씬 온화하고 치우침이 없는 유가의 기상이 있었다. 한편 장욱과 회소는 초서草書의 극치를 보여주었다. 무측천 때 서법가 손과정孫過庭은 초서를 잘 썼다. 그는 또한 전문적으로 서법이론을 논한《서보書譜》를 펴냈는데 그 영향력은 지대했다. 회화방면에서는 수나라 때 전자건展子虔이 산수화에 능했다. 당대唐代 가장 위대한 화가로는 오도자吳道子가 있었다. 그는 인물화를 잘 그렸다. 묘사가 매우 생동적이었다. 오늘날 전해 내려오는 공자의 초상화는 바로 오도자의 작품이다. 초당 때 염입덕閻立德, 염립본閻立本 형제는 인물화를 잘 그렸다. 염입본의《역대제왕도歷代帝王圖》는 매우 가치가 있다. 중당 시기의 장훤張萱, 주방周昉은 미인도에 능했다. 산수화는 곧 남파와 북파로 나뉜다. 북파는 귀족의 정취가 농후한 청록산수靑綠山水형식의 공필중채工筆重彩화법을 추구한다. 이에 대표적인 화가로는 이사훈李思訓, 이소도李昭道 부자가 있다. 남파는 문인의 정취가 농후한 사의산수寫意山水기법의 수묵전염水墨點染화법을 썼다. 대표적인 화가로는 왕유王維가 있다. 말을 잘 그리는 것으로 유명한 자는 한간韓幹이고, 소를 잘 그리기로 이름난 사람은 한황韓滉, 대숭戴嵩이다. 오대십국 때 유명화가로는 산수를 잘 그린 형호荊浩, 관동關仝, 동원董源, 거연巨然의 4대가 있다. 이들을 "형관동거荊關董巨"라 불렀다. 화조花鳥를 잘 그린 사람으로는 서촉에 황전黃筌과 남당의 곽희郭熙가 있다. 황전의 그림은 부귀하고 곽희의 그림은 야일野逸한 맛이 있다. 이 밖에 조소방면에서는 돈황막고굴의 3분의 2가 수당시기에 완성되었다. 돈황의 비천도飛天圖는 특히 명성이 알려져 있다. 사천성 대족현大足縣의 대족안악석각大足安嶽石刻역시 이 시기에 조조雕造가 시작되었다. 당대 음악무용의 뚜렷한 특징은 인도, 중앙아시아, 서양의 여러 지역의 악곡과 악기, 악공을 흡수했다는 점이다. 연주 규모가 매우 컸으며 기세가 웅장했다. 각 시대를 초월했다.

唐朝文学空前繁荣，"诗歌"最为光彩夺目，唐朝被誉为诗歌的"黄金时代"。唐朝文学的代表是诗，唐诗又叫格律诗、近体诗，分为律诗、绝句两类。诗句因有五字、七字之别，故有五言律诗、七言律诗、五言绝句、七言绝句之分。格律诗讲究押韵，对仗与平仄。唐诗豪迈雄浑，清朗刚健，感情充沛，洋溢着大唐盛世的时代精神。初唐最有成就的大诗人是以反对齐梁艳体诗著称的四川射洪大诗人陈子昂。另有以骈文著称的初唐四杰王勃、骆宾王、卢照邻、杨炯。王勃乃王通的孙儿，虽26岁不幸溺水、惊悸而死，但一篇精美的骈文《滕王阁序》使他名垂千古。杜甫的祖父杜审言及宋之问、沈佺(quán)期、张若虚都是初唐的有名诗人。张若虚只一篇《春江花月夜》就横绝一世。盛唐的李白、杜甫则达到了中国文学史上最高的成就。李诗豪放飘逸，追求个性自由，达到了浪漫主义的巅峰，被称为"诗仙"；杜诗沉郁顿挫，关心民间疾苦，代表了现实主义的巅峰，被称为"诗圣"。盛唐另有边塞诗的代表高适、岑参、王之涣、王昌龄、崔颢(hào)。山水诗的代表是孟浩然，田园诗的代表是王维。中唐的诗人最有成就的有白居易、元稹(zhěn)、李贺。白居易和元稹发起了新乐府运动，提出"文章合为时而著，歌诗合为事而作"，主张诗文要反映社会现实，不能只是吟风弄月。同样26岁英年早逝的李贺，其诗奇诡、险怪、冷艳，被称为"诗鬼"。同时还有苦吟诗人贾岛、瘦硬诗人孟郊。晚唐最有成就的诗人是被称为小李杜的李商隐和杜牧，李商隐爱作无题的朦胧诗，杜牧喜作清新警拔的绝句。

당대 문학은 공전의 번영을 누렸다. 그중 "시가詩歌"가 가장 찬란했다. 당대는 시가의 "황금시대"라 불렸다. 당대 문학을 대표하는 것은 시다. 당시는 또한 율격시, 근체시로도 불렸다. 당시는 율시, 절구 두 종류로 나뉜다. 시구는 다섯 자, 일곱 자 형태가 있다. 그래서 오언율시, 칠언율시, 오언절구, 칠언절구로 구분한다. 격률시는 압운과 대우對偶와 평측平仄을 강구하였다. 당시는 호방하고 웅혼하며 청랑淸朗하고 강건하다. 감정이 충일하고 대당 성세의 시대정신이 가득 차 있다. 초당시기 가장 성취가 있던 시인은 제량齊梁의 염체시艶體詩를 배격하여 유명해진 사천 사홍射洪출신의 대시인 진자앙陳子昂이다. 이 밖에 변문駢文으로 이름이 알려진 초당사걸初唐四傑 왕발王勃, 낙빈왕駱賓王, 노조린盧照隣, 양형楊炯이 있다. 왕발은 곧 왕통王通의 손자다. 그는 안타깝게도 26세에 물에 빠져 심장마비로 죽었다. 그러나 한 편의 정교하고 빼어난 변문《등왕각서滕王閣序》는 그의 이름을 천고에 드높였다. 두보의 조부 두심언杜審言을 비롯하여 송지문宋之問, 심전기沈佺期, 장약허張若虛는 모두 초당의 유명시인이다. 장약허는《춘강화월야春江花月夜》단 한 편으로 한 세대를 풍미했다. 성당의 이백李白, 두보杜甫는 중국문학사상 최고의 성취를 이루었다. 이백의 시는 호방표일豪放飄逸하고, 개성의 자유를 추구했다. 낭만주의의 최고봉에 이르렀으며 "시선詩仙"이라 불렸다. 두보의 시풍은 침울돈좌沈鬱頓挫했다. 그는 민간의 질고에 대해 깊은 관심을 가졌다. 그는 현실주의의 최고봉을 대표하면서 "시성詩聖"이라 불렸다. 성당에 또 다른 시의 형태인 변새시邊塞詩의 대표적인 작가로는 고적高適, 잠삼岑參, 왕지환王之渙, 왕창령王昌齡, 최호崔顥가 있다. 산수시의 대표적인 작가는 맹호연孟浩然이고 전원시를 대표하는 작가는 왕유王維였다. 중당의 시인 중 가장 성취가 있던 사람은 백거이白居易, 원진元稹, 이하李賀다. 백거이와 원진은 신악부운동을 펼쳐서 "문장은 시대와 부합되게 지어야 하고, 노래와 시는 사건과 부합되게 지어야 한다(文章合爲時而著, 歌詩合爲事而作)"고 제창했다. 시문은 사회현실을 반영해야하지 단지 풍월을 읊기만 해서는 안 된다고 주장했다. 또한 26세 한창 나이에 요절한 이하는 그 시가 험괴하고 냉엄해서 "시귀詩鬼"라 불렸다. 이 밖에 고음시인苦吟詩人 가도賈島

가 있으며, 병들고 딱딱한 시를 읊은 수경시인瘦硬詩人 맹교孟郊가 있다. 만당에 최고 성취를 거둔 시인으로는 소이두小李杜라 불렸던 이상은李商隱과 두목杜牧이 있다. 이상은은 무제無題형식의 몽롱한 시를 즐겨 썼고 두목은 청신하고 기발한 기풍의 절구를 즐겨 썼다.

唐诗之外，中唐还兴起以韩愈、柳宗元为代表的古文运动。 古文运动的核心是要以先秦两汉的子史文章反对六朝的骈文，以儒家的孔孟之道反对魏晋以来大盛的佛道二教。 所以韩愈提出"文以载道"的口号，以先秦两汉之文载孔孟圣贤之道。 古文运动确实扫除了骈文华丽的文风。 韩愈、柳宗元连同宋朝的欧阳修、王安石、曾巩、苏洵、苏轼、苏辙合称唐宋八大家，皆以古文见长。 韩柳为唐宋八大家之首。 韩愈的文章博大雄浑，气盛言溢；柳宗元的文章幽深细腻，透彻精辟。 晚唐还有以讽刺批判见长的小品文，代表作家有皮日休、陆龟蒙、罗隐。 还值得一说的是中唐以后逐渐形成一种新文体就是词。 词是配合音乐唱的一种新诗体，句子长短不齐，又称长短句。 每首词都有固定的乐谱，必须依谱作词，所以叫填词。 每首词的名称叫词牌名，据清人统计词牌共有660种之多。 词以字数多少分小令、中调、长调，长调又名慢词。 58字以内为小令，59字到90字为中调，90字以上为长调。 词的特点是细腻典雅，适于描写人物丰富微妙的内心世界。 词初起于民间歌妓，后逐渐有文人创作。 李白、白居易、刘禹锡、韦应物都填过词。 至五代十国词开始兴盛。 唐末五代最有名并使词真正独立起来的词人是温庭筠，有词作60余首，风格香软恻艳(cè yàn)。 十国的西蜀与南唐词作很盛，后蜀赵崇祚(zuò)编了第一部文人词总集，共收西蜀十六位词人的作品，名曰《花间集》，其中最有代表性的是中唐诗人韦应物的四世孙韦庄的词。 南唐有名的词人是冯延巳(sì)和南唐中主李璟、后主李煜。 李煜的词抒写亡国之痛含蓄深沉，凄婉空灵，达到了宋以前词的最高峰。

당시唐詩 외에 중당에는 한유韓愈, 유종원柳宗元을 대표로 하는 고문운동이 일었다. 고문운동의 핵심은 선진양한의 자사子史와 문장文章을 통해서 육조의 변문을 반대하는 것이었다. 유가의 공맹지도孔孟之道를 통해서 위진魏晉이래 크게 흥성한 불교와 도교 이교二教를 반대하는 것이었다. 그래서 한유는 "문장은 도를 실어야 한다(文以載道)"는 구호를 제창하여 선진양한의 문장을 통해 공맹성현孔孟聖賢의 도를 밝히고자 했다. 고문운동은 확실히 변문의 화려한 문풍을 일소하였다. 한유와 유종원은 송대의 구양수歐陽脩, 왕안석王安石, 증공曾鞏, 소순蘇洵, 소식蘇軾, 소철蘇轍과 함께 당송팔대가唐宋八大家로 불린다. 모두 고문에 특출하였다. 한유와 유종원이 당송팔대가의 수장이다. 한유의 문장은 품이 크고 웅혼하며 기가 성하고 언어가 충일하다. 유종원의 문장은 그윽하고 섬세하며 치밀하고 통찰력이 있다. 만당에는 또한 풍자와 비판에 뛰어난 소품문小品文이 있었다. 그 대표적인 작가로 피일휴皮日休, 육구몽陸龜蒙, 나은羅隱이 있다. 또한 언급할 만한 것은 중당이후 점차 새로운 문체가 형성되었다는 것이다. 그것이 바로 사詞다. 사는 음악과 배합하여 부르는 일종의 새로운 시체詩體다. 문장이 짧고 자구가 고르지가 않았다. 그래서 장단구長短句라고도 한다. 매 사詞마다 모두 고정된 악보가 있었고 반드시 악보에 의해서 사를 지어야 했다. 그래서 전사塡詞라고 불렀다. 매 사마다 고유 명칭이 있었는데 이를 사패명詞牌名이라 한다. 청나라 때의 통계에 따르면 사패는 모두 660여종이 있다고 한다. 사는 자수字數의 많고 적음에 따라 소령小令, 중조中調, 장조長調로 나뉜다. 장조는 또한 만사慢詞라고도 한다. 자수가 68자 이내면 소령이고, 59자에서 90자까지는 중조, 90자 이상이면 장조라 한다. 사는 세밀하고 전아典雅한 것이 특징이다. 그래서 인물의 풍부하고 미묘한 내면세계를 묘사하는 데에 적합하다. 사는 초기에 민간의 가기歌妓에서 시작되었다. 그러던 것이 나중에는 점차 문인들이 창작을 하게 되었다. 이백, 백거이, 유우석, 위응물韋應物도 모두 사를 지었다. 오대십국에 이르러서는 사가 비로소 흥성하기 시작했다. 당말 오대에 가장 유명한 사인詞人이자 사를 진정한 의미에서 독립시킨 사람은 온정균溫庭筠이다. 그는 60여수의 사詞 작품을 남겼다. 그의 사의 풍격은 부드럽고 슬프면서도 산뜻하다. 십국 중 서촉과 남당에서는 사가 매우 흥성하였다. 후촉의 조숭조趙崇祚는 사인 중 최초로 문인 사총집詞總集을 펴냈다. 서촉 16명의 사인들의 작품을 공동으로 실었으며 《화간집花間集》이라 불린다. 그중 가장 대표성을 띠는 것은 중당시인 위응물의 사세손인 위장韋莊의 사詞다. 남당의 유명한 사인으로는 풍연사馮延巳와 남당의 중주中主 이경李璟, 후주의 이욱李煜이 있다. 이욱의 사는 망국의 아픔을 함축한 깊은 의미와 함께 처연하고 감정의 변화가 많은 의경을 묘사했다. 송대 이전의 사 중에서 최고봉의 수준에 이르렀다.

赵宋兴，受周禅。十八传，南北混。

Zhào sòng xīng, shòu zhōu shàn。 Shí bā chuán, nán běi hùn。

조씨의 송나라가 흥하고 후주後周로부터 선양을 받았다. 18대를 전해져 내려오다 남송과 북송이 혼전을 벌였다.

⊙ 解释

赵匡胤接受了后周"禅让"的帝位，建立宋朝。传了十八个皇帝，北方的少数民族南下侵扰，结果又成了南北混战的局面。

⊙ 해석

조광윤이 후주로부터 "선양"의 제위帝位를 받아들이고 송조宋朝를 건립했다. 이후 18대의 황제들에게 이어져 내려왔다. 북방의 소수민족이 남하하여 침략하였다. 결국 다시 남북 혼전의 양상이 되었다.

后周世宗柴荣奠定统一天下的基础，不幸39岁病逝，皇位传给7岁的恭帝。就在这年，公元960年，后周的禁军统领赵匡胤借口北上抵抗辽军，行至开封东北陈桥，授意将士为他穿上黄袍，拥立他做皇帝，史称"陈桥兵变"。然后还都，逼恭帝禅位，国号宋，定都开封，称为宋太祖，史称北宋。

후주 세종은 번영하여 천하통일의 기반을 마련하였다. 그러나 불행히도 39세에 병사하였다. 그 뒤로 7살 난 공제恭帝에게 황위가 전해졌다. 이 해가 기원전 960년으로 후주의 금군통령禁軍統領 조광윤이 북상을 빌미로 요나라 군에 대항하고 있을 때였다. 그가 개봉 동북부 진교陳橋에 이르렀을 때 장졸들이 넌지시 그에게 황포를 입혔다. 그리고는 그를 황제로 옹립하였다. 역사에서는 이를 "진교병변陳橋兵變"이라고 부른다. 그런 후에 조광윤은 도읍으로 돌아와서 공제에게 선위를 강요했다. 그는 국호를 송(宋)이라 하고 개봉에 도읍을 정했다. 송태조라 칭하였으며 역사에서는 북송이라고 부른다.

宋朝是上承五代十国下启元朝的朝代，分北宋和南宋两个阶段，共历十八帝(北宋9个皇帝，南宋9个皇帝)，享国318年(北宋168年，南宋150年)。"十八传，南北混"，是说北宋，南宋合在一起才有18代。这18代分别是北宋太祖，太宗，真宗，仁宗，英宗，神宗，哲宗，徽宗，钦宗9帝，南宋高宗，孝宗，光宗，宁宗，理宗，度宗，德宗，端宗，怀宗9帝。太祖得帝位后做了几件巩固统治，加强中央集权的事。一是将帮助他得天下的石守信等功臣召来宴饮，喝到酒酣之时，太祖惆怅地说："我枕不能安，如果将来一天你们的部下也给你们黄袍加身，你们也没有办法。"部下都流泪跪下请太祖指示生路。太祖说："你们不如放弃兵权，选好房买好地，厚积钱财，为子孙创立永久的基业。"部下都感激不尽，说太祖为我们想得太周到了，第二天都借口有病而请求解除兵权，这就是著名的"杯酒释兵权"。这样就再也没有能夺去皇位的军阀。二是听从皇太后建议，不将皇位传给幼王，而是传给了二弟赵匡义，称为太宗。这样虽有人想夺位也没有可乘之机。三是于公元979年灭掉十国中的最后一国北汉，统一了天下。四是广设官职，分散臣下的权力。在宰相下设参知政事，相当于副宰相，以分宰相政治上的权力；又设枢密使以分宰相军事上的权力。设三司以分宰相经济上的权力。州郡长官知州外又设通判一职，相互牵制。州郡的兵权、财权、司法权都收归朝廷。另外禁军的驻屯地点几年一变，但将帅并不随之变动，使兵不识将，将不识兵。这些都是宋太祖吸取唐朝五代节度使等武人专权教训的结果。

송조는 위로는 오대십국을 잇고 아래로는 원나라의 조대를 열었다. 송나라는 북송과 남송 두 단계로 나뉜다. 총 18명의 황제를 거치면서(북송 황제 9명, 남송 황제 9명) 318간 존속하였다(북송 168년, 남송150년). 즉 "십팔 대를 전해져 내려오다 남송과 북송이 혼전을 벌였다(十八傳, 南北混)"라는 말은 북송, 남송을 합쳐서 모두 18대라는 뜻이다. 이 18대의 황제들은 각각 북송의 태조太祖, 태종太宗, 진종真宗, 인종仁宗, 영종英宗, 신종神宗, 철종哲宗, 휘종徽宗, 흠종欽宗 9명의 황제이고, 남송에서의 고종高宗, 효종孝宗, 광종光宗, 영종寧宗, 이종理宗, 도종度宗, 덕종德宗, 단종端宗, 회종懷宗 9명의 황제를 말한다. 태조는 즉위 후 통치를 공고히 하고 중앙집권을 강화하는 등 몇 가지 조치를 단행했다. 하나는 그가 천하를 얻도록 도움을 준 석수신石守信 등 공신들을 연회에 초대한 일이다. 그는 주흥이 한창 무르익었을 때 상심한 듯 말했다. "내가 잠을 잘 잘 수가 없소. 만일 어느 날 그대들의 부하들이 역시 경들에게 황포를 입힌다면 경들 또한 어쩔 수 없을 것이오." 라고 하였다. 이에 부하들은 모두 눈물을 흘렸다. 무릎을 꿇고 태조에게 살 길을 일러달라고 청했다. 이에 태조는 말했다. "그대들은 병권을 내놓는 것이 낫겠소. 좋은 집을 잘 택하고 좋은 땅을 사시오. 재산을 많이 불려서 자손들에게 영원한 기반을 마련해주시오."라고 했다. 그러자 부하들은 모두 감격해 마지않았다. 태조께서 자신들을 위해 너무나 세심하게 생각을 하셨다고 말했다. 이튿날 대신들은 모두 병을 핑계로 병권을 해제하기를 청했다. 이것이 바로 그 유명한 "술잔으로 병권을 내놓게 했다(杯酒釋兵權)"는 일화다. 이렇게 해서 다시는 황위를 탈취하는 군벌들이 없게 되었다. 두 번째 조치는 황태후의 건의를 듣는 것이었다. 즉 황위를 어린 왕에게 전하지 않고 둘째 아우 조광의趙匡義에게 물려주기로 한 것이다. 그가 바로 태종太宗이다. 이렇게 해서 비록 누군가가 제위를 빼앗고자 해도 기회가 없었다. 세 번째 는 979년에 십국 중 마지막 나라인 북한北漢을 멸망시키고 천하를 통일한 것이다. 네 번째는 관직을 널리 설치하여 신하들의 권력을 분산시키는 것이었다. 재상 아래 참지정사参知政事를 두었는데 이는 부재상副宰相에 상당하는 자리였다. 재상의 정치에서의 권력을 분산시키기 위함이었다. 또한 추밀사樞密使를 설치하여 재상의 군사상의 권력을 분산시켰다. 삼사三司를 설치하여 재상의 경제상의 권력을 분산시켰다. 주군州郡의 장관長官·지주知州 외에 통판通判이라고 하는 한 관직을 설치하여 서로 견제하도록 했다. 주군의 병권, 재산권, 사법권은 모두 조정에 귀속되었다. 한편 금군禁軍의 주둔지에 몇 년 간 변란이 일어났다. 그런데도 장수들은 절대 그에 따라서 동요하지 않았다. 병사들은 장수를 알지 못하게 하였고 장수들은 병사를 알지 못하게 했다. 이러한 조치들은 모두 송태조가 당조唐朝와 오대五代 시기의 절도사節度使 등 무인전권武人專權으로부터 교훈을 받아들인 결과다.

任何事物都是有利有弊，宋太祖的做法虽然巩固了中央集权，但也带来了副作用。一是官职一多，出现冗官、冗兵、冗费的问题，国家的财政开支增大，加重了百姓的负担，激化了社会矛盾。北宋初第四年就爆发了王小波、李顺的农民起义。二是轻视武官，将帅士兵互不认识，军队的战斗力大大减弱。所以宋代一直受少数民族政权辽、西夏、金的威胁、侵略和骚扰。北宋从建立到太宗时都想收复北方辽朝占领的失地，虽有英勇的杨继业领导的杨家将北伐，结果几次都大败。宋真宗时辽军大举南下，真宗在宰相寇准的支持下亲自到河南前线澶渊督战，军心大振。但真宗急于求和，与辽国订下屈辱的"澶渊之盟"，认对方为兄弟之国，真宗称辽国萧太后为叔母。宋朝每年向辽国送银10万两，绢20万匹。宋仁宗时西夏国建立，并多次大规模进攻宋朝，宋皆大败，也签和约，宋朝每年给西夏银72000两，绢153000匹，茶叶3万斤。西夏则取消帝号，由宋朝封为夏国主。辽在宋与西夏订约时，也趁机要挟，将银增至20万两，绢增至30万匹。

어떠한 일이든 모두 장단점이 있다. 송태조의 조치는 비록 중앙집권은 공고히 하였으나 부작용도 가져왔다. 그 중 하나는 관직이 일거에 많아져 용관冗官, 용병冗兵, 용비冗費의 문제가 발생한 것이다. 국가의 재정지출은 증대하였고 백성들의 부담은 가중되며 사회모순은 격화되었다. 북송 초기 4년째 되는 해에 왕소파王小波, 이순李順의 농민봉기가 일어나고 말았다. 두 번째로는 무관을 경시한 것이다. 장수와 사병들은 서로를 알지 못했고 군대의 전투력은 대대적으로 약화되었다. 그래서 송대에는 계속해서 소수민족 정권인 요遼, 서하西夏, 금金으로부터 위협과 침략, 소동을 겪었다. 북송은 건국 때부터 태종때까지 모두 북방의 요나라에게 빼앗긴 영토를 수복하고자 했다. 비록 용맹한 양계업楊繼業이 이끄는 양씨 가문의 장수들이 북벌을 하였으나 결과적으로는 몇 차례나 모두 대패하고 말았다. 송진종宋真宗 때 요나라 군이 대거 남하하자 진종은 재상 구준寇准의 지지 하에 친히 하남의 전방 전연澶淵으로 가서 전투를 지휘했다. 군대의 사기는 크게 진작되었다. 그러나 진종은 서둘러 강화를 청해서 요나라와 굴욕적인 "전연지맹澶淵之盟"을 맺었다. 상대편을 형제의 나라로 삼은 것이다. 진종은 요나라 숙태후蕭太後를 숙모로 모셨다. 송조는 매년 요나라에게 은 10만 냥과 비단 20만 필을 보내야 했다. 송인종 때에는 서하국西夏國이 건립되었다. 서하국은 누차 대규모로 송나라에 쳐들어왔다. 송나라는 매번 대패하였으며 역시 화약을 맺었다. 송조는 매년 서하에 은 72,000냥과 비단 153,000필, 차 3만근을 보낸다는 조건이었다. 서하는 곧 황제의 호칭을 취소하였다. 송나라는 서하를 하국왕夏國王에 봉했다. 송과 서하가 강화를 맺을 때에 요나라는 또 그 기회를 틈타 압박하였다. 은 20만냥과 비단 30만필을 조공하라는 내용이었다.

宋朝在内忧外患下，仁宗与神宗先后两次变法。仁宗在参知政事范仲淹的主张下变法，称为"庆历新政"，核心内容分为整顿吏治、培养人才、发展生产、加强武备四个方面。但变法触动了官僚地主的利益，仅一年就失败，范仲淹被排挤出朝。神宗在宰相王安石的主张下变法，其核心是富国强兵。王安石以农田水利法发展生产，以青苗法解决豪强地主用高利贷剥削农民的问题，以方田均税法解决豪强地主占田逃税的问题，用均输法、市易法防止大商人投机倒把，以保甲法提高军队素质。王安石的变法持续了20多年，在一定程度上扭转了宋朝积贫积弱的局面，取得了显著的效果。但是，变法触动了大官僚大地主集团的利益，遭到激烈反对。王安石两次被罢相，神宗一死，新法又被全部废除。范仲淹和王安石都是人品极为高尚的人，他们的变法之所以失败，除了大官僚、大地主反对外，还有一个重要原因就是地方上缺少推行新法的人才，新法一到地方就完全走了样。

송조가 내우외환을 겪을 때 인종과 신종은 잇따라 두 차례의 변법을 시행했다. 인종은 참지정사 범중엄範仲淹의 주장 하에 변법을 시행했다. 이름하야 "경력신정慶歷新政"이다. 그 핵심적인 내용은 관리 제도를 정비하여 인재를 양성하고, 생산을 발전시키면서 무력을 강화하자는 4가지 영역이었다. 그러나 변법은 관료지주의 이익에 저촉되어 1년 만에 실패했다. 범중엄은 배척당해 조정에서 쫓겨났다. 신종은 재상 왕안석王安石의 주장 하에 변법을 단행했다. 그 핵심은 부국강병이었다. 왕안석은 농전수리법農田水利法으로 생산을 발전시키고 청묘법青苗法으로 토호지주가 고리대업으로 농민들을 착취하는 문제를 해결했다. 또한 방전균세법方田均税法으로 토호지주가 농토를 점유하고 탈세하는 문제를 해결했다. 균수법均輸法, 시역법市易法을 통해 대상인의 투기와 전매를 방지했다. 보갑법保甲法의 실시로 군대의 자질을 높였다. 왕안석의 변법은 20여년이나 지속되었다. 일정한 정도에서 송대의 빈익빈 부익부 현상을 바로잡는 등 뚜렷한 성과를 거두었다. 그러나 변법은 대관료와 대지주집단의 이익에 저촉되어 극렬한 반대에 부딪혔다. 왕안석은 두 차례나 재상직에서 파면 당했다. 신종이 죽자, 신법은 또다시 전면 폐지되었다. 범중엄과 왕안석은 모두 인품은 매우 고상한 인물들이었다. 그러나 그들의 변법이 실패한 이유는 대관료와 대지주의 반대 외에 한 가지 중요한 원인이 있었다. 그것은 바로 지방에서 신법을 추진하는 인재가 부족했기 때문이다. 신법은 지방으로 가면서 완전히 멀어졌다.

到了宋徽宗时代，北宋已经极为黑暗腐败。徽宗是位十分出色的艺术家，在书法、绘画上都有极高的成就；但政治上却昏庸，任用奸臣，买卖官爵，骄奢淫逸，徽宗在位时官吏数目增加了十一倍。又到民间搜刮各种奇石异树，制作工艺品。最终引起山东宋江、浙江方腊的起义。起义虽在北宋军队镇压下失败，但沉重打击了北宋统治，徽宗被迫下《罪己(jǐ)诏》。北宋晚期北方金国灭了辽国，又南下攻宋，徽宗急急忙忙将皇位交给儿子钦宗，自作太上皇。在迫不得已的情况下，钦宗起用主战派大臣李纲，李纲联合各地勤王之师击败金军，守住了都城开封。这就是宋朝历史上著名的"东京保卫战"。东京就是开封。金军撤去后，投降派势力太大，李纲被迫离开，统治集团仍然荒淫腐朽。不到半年，金军再次南下，占领开封；由于兵力有限，抓走徽钦二宗北返。北宋统治结束。徽宗8年后死于金国，活53岁。钦宗30年后也死于金国，活56岁。

송휘종宋徽宗 때에 북송은 이미 매우 암담한 부패현상을 겪고 있었다. 휘종은 매우 뛰어난 예술가였다. 서법과 회화에서 모두 높은 성취를 이루었다. 그러나 정치상에서는 오히려 혼용昏庸하였다. 간신을 임용하고 관직을 매매하였다. 또한 교만하고 사치스럽고 방탕을 일삼았다. 휘종 재위기간에 관리 수가 무려 11배나 증가하였다. 또한 민간에서 여러 기암괴석과 기이한 식물들을 착취해 공예품을 제작했다. 결국 산동의 송강宋江, 절강의 방납方臘의 봉기를 유발시켰다. 봉기는 비록 북송군대에 의해 진압되어 실패하였지만 북송통치에 심각한 타격을 입혔다. 휘종은 강요 하에 《죄기조罪己詔》를 내렸다. 북송 말기에 북방 금나라가 요나라를 멸망시켰다. 그들은 또한 남하하여 송나라를 공격하였다. 휘종은 황급히 황위를 아들 흠종欽宗에게 물려주고는 스스로 태상황이 되었다. 부득이한 사정 속에서 등극한 흠종은 주전파 대신 이강李綱을 기용하였다. 이강은 각지의 근왕병을 연합하여 금나라 군대를 격파시키고 도성 개봉을 지켰다. 이것이 바로 송대의 역사상 유명한 "동경보위전東京保衛戰"이다. 동경은 바로 개봉이다. 금나라 군대의 철수 이후 투항파의 세력이 너무 거세지자 이강은 외부의 압력으로 물러났다. 통치 집단은 여전히 황음무도하고 부패하였다. 반년도 안 돼서 금나라 군대는 다시 남하하여 개봉을 점령하였다. 군사력의 한계로 휘종과 흠종은 포로로 끌려갔다. 북송의 통치는 끝이 났다. 휘종은 8년 후 금나라에서 죽었다. 향년 53세였다. 흠종은 30년 후 역시 금나라에 서 죽었으며 향년 56세였다.

北宋皇室老幼都被金人抓走的时候，徽宗的第九子赵构因在外组织勤王之师幸免于难。同年五月，他即皇位，称宋高宗，迁都杭州那时叫临安，史称南宋。南宋刚创立，便重新起用主战的李纲为宰相，打算收复失地；但在投降派排挤下，李纲只做了75天宰相就被罢官。南宋王朝从此苟安江南，再不提抗战之事。1129年金兵再次南下，一直将高宗赶到温州，最后赶到海上；但在广大军民的坚强抵抗下，金兵不得不撤退。这一时期抗金名将有：王彦领导的脸上刺着"赤心报国，誓杀金贼"的八字军牵制金兵南下；韩世忠追击南下金兵，大败十万金兵，取得黃天荡大捷(南京东北)。最为声威远播的是精忠报国的岳飞抗金。1134年岳飞收复六州郡，1140年岳飞又在河南郾城大败金军，使金兵感叹"撼山易，撼岳家军难"。

북송황실의 남녀노소가 모두 금나라 군에게 잡혀갔을 때 휘종의 9번째 아들 조구趙構가 외부에서 근왕병들을 조직했다. 이로써 다행히 재난에서 벗어났다. 같은 해 5월, 조구는 황위에 올라 송고조宋高祖라 칭했다. 당시 임안臨安이라고 불렸던 항주杭州에 도읍을 건설했다. 역사에서는 남송이라고 칭한다. 남송은 건립 직후 곧 주전파 이강을 재기용해서 재상으로 삼는다. 잃어버린 영토를 수복하 자는 계획이었다. 그러나 투항파의 배제아래, 이강은 겨우 기용된 지 75일 만에 파직을 당한다. 남송왕조는 이로부터 한때 강남생활에 안일해하면서 다시는 항전의 일을 꺼내지 않았다. 1129년 금나라 군대가 다시 남하하였다. 고종은 곧바로 온주溫州로 도망쳐 마지막에는 바다로까지 쫓겨 갔다. 그러나 막대한 규모의 군대와 백성들의 완강한 저항아래 금나라 군대는 퇴각할 수밖에 없었 다. 이 시기 금나라에 저항한 유명한 장수로는 왕언王彦이 있다. 그는 얼굴에 "뜨거운 마음으로 보국 하고 금나라 적들을 맹세코 벤다(赤心報國, 誓殺金賊)"라고 하는 여덟 글자를 새긴 팔자군八字軍을 이끌고 금나라 군대의 남하를 견제하였다. 또한 한세충韓世忠 장군은 남하하는 금나라 군대를 추격하여 십만의 금나라 군사를 대패시켰다. 황천탕黃天蕩(남경동북)대첩을 거두었다. 역시 명성과 위엄이 가장 대단했던 사람은 악비嶽飛이다. 그는 몸과 마음을 다하여 국가에 충성하면서 금나라에 대항했다. 1134년에 그는 여섯 개의 주와 군을 수복하였다. 1140년에도 하남 언성郾城에서 금나라 부대를 대패시켰다. 그는 금나라 병사들로 하여금 "산이 흔들리기는 쉬워도 악가군이 흔들리기는 어렵구나 (撼山易, 撼嶽家軍難)"라는 감탄을 자아내게 했다.

抗金虽取得了这些胜利, 但终因南宋朝廷的苟安投降, 最终还是以失败告终。北宋末秦桧和徽钦二宗同被抓走, 被金人收买, 金人命其返回南宋, 劝说高宗投降求和。秦桧于1130年回到南宋朝廷, 诈称自己杀死守兵逃回, 见到高宗后提出了一套苟安江南的投降主张, 很符合高宗心意。就在岳飞取得郾城胜利之时, 高宗、秦桧密召岳飞入朝, 以谋反罪逮捕岳飞入狱, 1142年以"莫须有"的罪名将岳飞杀害。与此同时南宋与金签了投降的"绍兴和议", 规定宋向金称臣, 每年向金送贡银10万两, 绢25万匹。1163年孝宗即位主持北伐, 遭到惨败。1164年又签了"隆兴和议"。1195年宁宗即位又作北伐, 收复了一些失地, 但金兵南下后又大败。1208年再签"嘉定和议", 岁贡银增至30万两, 绢30万匹, 另赔款300万两。此时金国已经浸入金章宗后期, 国力渐衰, 北方蒙古诸部兴起, 1234年南宋理宗时, 蒙古灭金, 宋金对立的局面才结束。

항금抗金전쟁은 비록 이러한 승리를 거두었으나 끝내 남송조정이 구차한 안일을 꾀하느라 투항하고 말았다. 최후에는 역시나 실패로 끝이 났다. 북송말기 진회秦檜와 휘종, 흠종 두 황제가 모두 압송당해 금나라 인들에게 회유 당했다. 금나라 인들은 그들을 남송으로 돌려보내도록 명하였다. 고종더러 투항하여 화친을 구하라고 요구했다. 1130년 진회는 남송조정으로 돌아왔다. 그는 자기가 감시군을 죽이고 도망쳐왔노라고 사칭했다. 그는 고종을 배알한 후 강남에서 일신을 도모하면서 투항하자고 주장했다. 이것은 고종의 뜻과도 매우 부합했다. 곧 악비가 언성郾城에서 승리를 거둘 때 고종과 진회는 악비에게 입조하라고 비밀리에 소환한다. 곧 모반죄로 악비를 체포하여 투옥하기 위함이었다. 1142년 진회는 "그럴 수도 있을 것이다(莫須有)"라는 죄명으로 악비를 주살한다. 이와 동시에 남송은 금나라에 투항하는 의미의 "소흥화의紹興和議"를 체결하였다. 송나라는 금나라에 칭신稱臣을 하며 매년 금나라에 은 10만냥과 비단 25만필을 조공한다는 규정이었다. 1163년 송조는 효종이 즉위하여 북벌을 견지하였다가 참패를 당했다. 1164년 다시 "융흥화의隆興和議"를 맺었다. 1195년 영종寧宗은 즉위하면서 또다시 북벌을 주장했다. 이렇게 해서 일부 잃어버린 영토를 수복하였다. 그러나 금나라 병사가 남하하여 후에 또 대패하였다. 1208년 다시 "가정화의嘉定和議"를 맺는다. 매해 30만냥과 비단 30만필을 조공하기로 하고 별도로 300만냥을 배상하였다. 이 때 금나라는 이미 금장종金章宗의 후기로 접어들고 있었다. 국력은 점점 쇠하고 북방의 몽골의 여러 부족이 흥기하였다. 1234년 남송 이종理宗때 몽골이 금나라를 멸망시켰다. 송나라와 금나라의 대립 국면은 비로소 종식되었다.

蒙古灭金后, 把主要力量对准南宋, 要消灭南宋。1257年蒙古正式发动对南宋的全面进攻。一路攻武汉, 一路攻长沙, 一路攻四川。攻四川的一路打到重庆合川钓鱼城。钓鱼城位置险要, 易守难攻, 知州王坚与部将张珏坚守五个月之久。蒙古大汗蒙哥战死于此, 蒙军才撤退。这场战争史称"合州保卫战"。蒙哥一死, 蒙古将领都急于争夺王位, 又因南宋权臣贾似道一心求和, 愿称臣纳贡, 蒙古军答应条件后北返。忽必烈即位后又挥师南下, 攻南宋军事重镇湖北襄阳与樊城, 全城军民顽强抵抗, 相持6年之久, 这就是"襄樊保卫战", 但最终失守。1276年元军占领南宋都城临安, 将宋恭帝及皇室官吏等抓去。元军进逼临安时, 江西赣州知州文天祥组织民兵万人勤王。临安失陷后他与礼部侍郎陆秀夫立8岁的益王赵昰(shì)为帝, 称为端宗。两年后端帝死, 又立卫王赵昺(bǐng)为帝, 流亡迁徙于广东新会一带。后文天祥兵败被抓, 敌人让其招降反元的部下, 文天祥大义凛然抄写自己"人生自古谁无死, 留取丹心照汗青"的《过零丁洋》诗以表心志。敌人问文天祥: "立帝昰、帝昺于事何补?"文天祥说: "立二帝不一定能救大宋, 但我必须尽臣子之心, 救不了则是天意。"后来在狱中又作了著名的《正气歌》, 1283年从容就义。就义前文天祥向南方拜了三拜说: "我的事做完了; 从小学习圣贤书, 孔子教我成仁, 孟子教我取义, 如今我已经仁至义尽了。"南宋流亡政权, 在元军追袭下走投无路, 1279年2月陆秀夫背8岁的帝昺投海而死。南宋至此灭亡。南宋的民族矛盾是主要矛盾, 国内只有南宋初年湖南洞庭湖畔农民起义。

몽골은 금나라를 멸한 후 주요 역량을 남송으로 향하였다. 몽골은 남송을 멸망시키고자 했다. 1258년 몽골은 정식으로 남송에 대한 전면적인 공격을 발동한다. 한 노선은 무한武漢을 공격하고 한 노선은 장사長沙를 , 다른 하나는 사천四川을 공략했다. 사천을 공격하는 노선은 중경重慶 합천合川의 조어성釣魚城을 무너뜨렸다. 조어성은 험준한 요새에 자리 잡고 있었다. 수비는 쉬우나 공격은 어려운 곳이었다. 지주知州 왕견王堅과 부장 장각張珏은 5개월이라는 오랜 시간 동안 성을 지켜냈다. 몽골군은 대칸大汗 몽케蒙哥가 이곳에서 전사하자 그제야 퇴각하였다. 역사에서는 이 전투를 "합주보위전合州保衛戰"이라고 부른다. 몽케가 죽자 몽골군 장령들은 황급히 제위를 다투었다. 이에 남송 권신 가사도賈似道가 일심으로 화친을 구하고 칭신稱臣을 하며 납공을 청해왔다. 그리하여 몽골군은 그의 조건에 응한 후 돌려보냈다. 쿠빌라이가 즉위한 후 몽골군은 다시 군대를 이끌고 남하하였다. 남송군의 요충지 호북湖北양양襄陽과 번성樊城을 공격했다. 성 전체의 군과 민이 완강하게 저항하여 6년의 세월동안 서로 대치했다. 이를 "양번보위전襄樊保衛戰"이라고 한다. 그러나 마지막에는 함락되고 말았다. 1276년 원나라 군대가 남송의 도성 임안臨安을 점령하였다. 남송 공제恭帝와 황실 관리 등을 모두 압송하였다. 원나라 군사가 임안에 들어왔을 때 강서 감주贛州 지주知州 문천상文天祥은 민병 만 명을 모아 근왕병을 조직했다. 임안이 함락되자 그는 예부시랑 육수부陸秀夫와 함께 8살 난 익왕益王 조하昰를 황제로 세우고 단종端宗이라고 칭했다. 2년 후 단종이 죽자 다시 위왕衛王 조병趙昺을 황위에 앉힌다. 그러면서 유랑을 하였다. 광동성 신회新會 일대까지 옮겨갔다. 후에 문천상의 부대는 패하여 포로가 되었다. 적군은 그에게 원나라에 대항하는 그의 부하들을 전향하게끔 하도록 했다. 그러나 문천상은 대의롭고 의연하게 다음과 같이 써 내려갔다. "사람이 자고로 태어나서 죽음이 없는 자 누구더냐, 다만 일편단심을 역사책에 비출 뿐이다(人生自古誰無死, 留取丹心照汗青)"라고 하는

《과영정양過零丁洋》시 한 수를 써서 심지를 밝혔다. 적군은 문천상에게 "조하趙昰와 조병趙昺을 황제로 세운 것이 무슨 도움이 되겠는가?" 라고 물었다. 그러자 문천상은 "두 분의 황제가 꼭 대 송나라를 구할 수 있는 것은 아니다. 그러나 나는 반드시 신하의 마음을 다할 것이다. 구하지 못하는 것은 곧 하늘의 뜻이다."라고 하였다. 나중에 감옥에서 다시 《정기가正氣歌》를 썼다. 그는 1283년에 두려워하지 않고 정의를 위해 의연하게 죽었다. 정의를 위해 희생당하기 전 문천상은 남쪽을 향해 절을 세 번 올리면서 말했다. "나의 일은 끝났다. 나는 어릴 적부터 성현의 책을 공부하였다. 공자는 내게 성인成仁을 가르치셨고 맹자는 내게 취의取義를 가르치셨다. 오늘날 나는 이미 인仁을 겪고 의義에 이르렀으니 다 되었다."라고 하였다. 남송의 망명정권은 원나라 군의 추격 하에 궁지에 몰렸다. 1279년 2월 육수부陸秀夫가 8살 난 위왕衛王 조병趙昺을 등에 업고 바다에 뛰어들어 죽었다. 남송은 여기에서 멸망하였다. 남송의 민족갈등으로는 주요 갈등이 국내에 단지 남송 초기의 호남 동정호반洞庭湖畔의 농민봉기가 있었을 뿐이었다.

两宋虽一直受到少数民族的侵略，但经济却有较大发展。兴修了很多水利工程，兴起了很多繁荣的城市，如开封、洛阳、杭州、苏州、扬州、成都、南京等。出现了许多定期开放的集市，北方叫"赶集"，南方叫"赶场"或"赶墟"。城镇的兴起，对商品经济的发展起到了促进作用。造瓷业也是宋代一大产业，出现了很多烧瓷名窑。造船业、纺织业、造纸业也很发达。北宋真宗年间，成都还印制了世界上最早的纸币"交子"。南宋时纸币已很流行。南宋的主要疆域在南方，北方大量人口南迁，增加了劳动力，加强了生产技术的交流，中原的经济重心向南移动。北宋画家张择端的《清明上河图》就反映了当时开封商业的繁荣。

남송과 북송은 비록 소수민족의 침략을 받았지만 경제에서는 비교적 큰 발전이 있었다. 수리공정이 대대적으로 시공되었다. 개봉開封, 낙양洛陽, 항주杭州, 소주蘇州, 양주揚州, 성도成都, 남경南京 등 매우 큰 번영을 이룬 도시가 발달했다. 정기적으로 개방하는 시장이 생겨났다. 북방에서는 "장터에 장을 보러 간다"는 표현을 간접적으로 "깐지趕集"이라 했다. 남방에서는 "깐챵趕場" 혹은 "깐쉬趕墟"이라고 표현했다. 도시의 흥기는 상업경제의 발전을 촉진하는 효용을 불러왔다. 자기造瓷 제조업 또한 송대에 큰 산업이었다. 자기를 굽는 유명한 가마터가 다량으로 생겨났다. 조선업, 방직업, 제지업 또한 매우 발달했다. 북송 진종 연간에 성도成都에서는 또한 세계 최초의 지폐 "교자交子"를 인쇄했다. 남송 때에 지폐는 이미 유행하고 있었다. 남송의 주요 강역은 남방이었다. 북방의 다량의 인구가 남쪽으로 옮겨와 노동력이 증가하였다. 생산기술의 교류도 강화되었다. 중원의 경제중심은 남방으로 이동하였다. 북송의 화가 장택단張擇端의 《청명상하도清明上河圖》에는 당시 개봉開封의 상업의 번영이 반영되어 있다.

| 엮은이 |

박형춘

순천향대학교 중어중문학과 교수
순천향대학교 공자아카데미 원장 역임

삼자경으로 배우는 중국어 3

초판 인쇄 2017년 6월 19일
초판 발행 2017년 6월 26일

엮 은 이 | 박형춘(朴炯春)
펴 낸 이 | 하운근
펴 낸 곳 | 學古房

주   소 | 경기도 고양시 덕양구 통일로 140 삼송테크노밸리 A동 B224
전   화 | (02)353-9908 편집부(02)356-9903
팩   스 | (02)6959-8234
홈페이지 | http://hakgobang.co.kr/
전자우편 | hakgobang@naver.com, hakgobang@chol.com
등록번호 | 제311-1994-000001호

ISBN   978-89-6071-659-9 94720
            978-89-6071-658-2 (세트)

값 : 17,000원

　　이 도서의 국립중앙도서관 출판시도서목록(CIP)은 서지정보유통지원시스템 홈페이지
(http://seoji.nl.go.kr)와 국가자료공동목록시스템(http://www.nl.go.kr/kolisnet)에서 이용하실 수
있습니다.(CIP제어번호: CIP2017014364)

■ 파본은 교환해 드립니다.